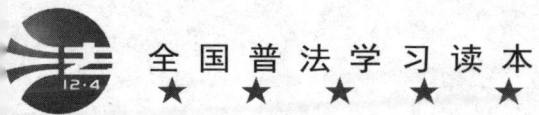

全国普法学习读本
★ ★ ★ ★ ★

>>>>>>>>>>

《中华人民共和国刑事诉讼法》学习读本

刑事诉讼法司法解释

■ 魏光朴　主编

加大全民普法力度，建设社会主义法治文化，树立宪法法律至上、法律面前人人平等的法治理念。
——中国共产党第十九次全国代表大会《决胜全面建成小康社会　夺取新时代中国特色社会主义伟大胜利》

汕头大学出版社

图书在版编目（CIP）数据

刑事诉讼法司法解释／魏光朴主编． -- 汕头：汕头大学出版社，2023.4（重印）

（《中华人民共和国刑事诉讼法》学习读本）

ISBN 978-7-5658-3335-9

Ⅰ．①刑… Ⅱ．①魏… Ⅲ．①刑事诉讼法-法律解释-中国 Ⅳ．①D925.205

中国版本图书馆 CIP 数据核字（2018）第 000897 号

刑事诉讼法司法解释　　XINGSHI SUSONGFA SIFA JIESHI

主　　编：	魏光朴
责任编辑：	邹　峰
责任技编：	黄东生
封面设计：	大华文苑
出版发行：	汕头大学出版社
	广东省汕头市大学路 243 号汕头大学校园内　邮政编码：515063
电　　话：	0754-82904613
印　　刷：	三河市元兴印务有限公司
开　　本：	690mm×960mm 1/16
印　　张：	18
字　　数：	226 千字
版　　次：	2018 年 1 月第 1 版
印　　次：	2023 年 4 月第 2 次印刷
定　　价：	59.60 元（全 2 册）

ISBN 978-7-5658-3335-9

版权所有，翻版必究

如发现印装质量问题，请与承印厂联系退换

前　言

习近平总书记指出："推进全民守法，必须着力增强全民法治观念。要坚持把全民普法和守法作为依法治国的长期基础性工作，采取有力措施加强法制宣传教育。要坚持法治教育从娃娃抓起，把法治教育纳入国民教育体系和精神文明创建内容，由易到难、循序渐进不断增强青少年的规则意识。要健全公民和组织守法信用记录，完善守法诚信褒奖机制和违法失信行为惩戒机制，形成守法光荣、违法可耻的社会氛围，使遵法守法成为全体人民共同追求和自觉行动。"

中共中央、国务院曾经转发了中央宣传部、司法部关于在公民中开展法治宣传教育的规划，并发出通知，要求各地区各部门结合实际认真贯彻执行。通知指出，全民普法和守法是依法治国的长期基础性工作。深入开展法治宣传教育，是全面建成小康社会和新农村的重要保障。

普法规划指出：各地区各部门要根据实际需要，从不同群体的特点出发，因地制宜开展有特色的法治宣传教育坚持集中法治宣传教育与经常性法治宣传教育相结合，深化法律进机关、进乡村、进社区、进学校、进企业、进单位的"法律六进"主题活动，完善工作标准，建立长效机制。

特别是农业、农村和农民问题，始终是关系党和人民事业发展的全局性和根本性问题。党中央、国务院发布的《关于推进社会主义新农村建设的若干意见》中明确提出要"加强农村法制建设，深入开展农村普法教育，增强农民的法制观念，提高农民依法行使权利和履行义务的自觉性。"多年普法实践证明，普及法律知识，提高法制观念，增强全社会依法办事意识具有重要作用。特别是在广大农村进行普法教育，是提高全民法律素质的需要。

多年来，我国在农村实行的改革开放取得了极大成功，农村发生了翻天覆地的变化，广大农民生活水平大大得到了提高。但是，由于历史和社会等原因，现阶段我国一些地区农民文化素质还不高，不学法、不懂法、不守法现象虽然较原来有所改变，但仍有相当一部分群众的法制观念仍很淡化，不懂、不愿借助法律来保护自身权益，这就极易受到不法的侵害，或极易进行违法犯罪活动，严重阻碍了全面建成小康社会和新农村步伐。

为此，根据党和政府的指示精神以及普法规划，特别是根据广大农村农民的现状，在有关部门和专家的指导下，特别编辑了这套《全国普法学习读本》。主要包括了广大人民群众应知应懂、实际实用的法律法规。为了辅导学习，附录还收入了相应法律法规的条例准则、实施细则、解读解答、案例分析等；同时为了突出法律法规的实际实用特点，兼顾地方性和特殊性，附录还收入了部分某些地方性法律法规以及非法律法规的政策文件、管理制度、应用表格等内容，拓展了本书的知识范围，使法律法规更"接地气"，便于读者学习掌握和实际应用。

在众多法律法规中，我们通过甄别，淘汰了废止的，精选了最新的、权威的和全面的。但有部分法律法规有些条款不适应当下情况了，却没有颁布新的，我们又不能擅自改动，只得保留原有条款，但附录却有相应的补充修改意见或通知等。众多法律法规根据不同内容和受众特点，经过归类组合，优化配套。整套普法读本非常全面系统，具有很强的学习性、实用性和指导性，非常适合用于广大农村和城乡普法学习教育与实践指导。总之，是全国全民普法的良好读本。

目　　录

第一章　管　辖 …………………………………………（1）
第二章　回　避 …………………………………………（6）
第三章　辩护与代理 ……………………………………（8）
第四章　证　据 …………………………………………（14）
第五章　强制措施 ………………………………………（31）
第六章　附带民事诉讼 …………………………………（36）
第七章　期间、送达、审理期限 ………………………（42）
第八章　审判组织 ………………………………………（44）
第九章　公诉案件第一审普通程序 ……………………（45）
第十章　自诉案件第一审程序 …………………………（64）
第十一章　单位犯罪案件的审理 ………………………（68）
第十二章　简易程序 ……………………………………（70）
第十三章　第二审程序 …………………………………（73）
第十四章　在法定刑以下判处刑罚和特殊假释的核准 ……（82）
第十五章　死刑复核程序 ………………………………（83）
第十六章　查封、扣押、冻结财物及其处理 …………（88）
第十七章　审判监督程序 ………………………………（92）
第十八章　涉外刑事案件的审理和司法协助 …………（98）
第十九章　执行程序 ……………………………………（105）
第二十章　未成年人刑事案件诉讼程序 ………………（116）
第二十一章　当事人和解的公诉案件诉讼程序 ………（124）

— 1 —

第二十二章　犯罪嫌疑人、被告人逃匿、死亡案件
　　　　　　违法所得的没收程序 …………………（126）
第二十三章　依法不负刑事责任的精神病人的
　　　　　　强制医疗程序 ………………………………（132）
第二十四章　附　　则 ……………………………………（137）

最高人民法院关于适用《中华人民共和国刑事诉讼法》的解释

法释〔2012〕21号

《最高人民法院关于适用〈中华人民共和国刑事诉讼法〉的解释》已于2012年11月5日由最高人民法院审判委员会第1559次会议通过,现予公布,自2013年1月1日起施行。

最高人民法院
2012年12月20日

第一章 管　辖

第一条 人民法院直接受理的自诉案件包括:
(一) 告诉才处理的案件:
1. 侮辱、诽谤案(刑法第二百四十六条规定的,但严重危害社会秩序和国家利益的除外);
2. 暴力干涉婚姻自由案(刑法第二百五十七条第一款规定的);
3. 虐待案(刑法第二百六十条第一款规定的);

4. 侵占案（刑法第二百七十条规定的）。

（二）人民检察院没有提起公诉，被害人有证据证明的轻微刑事案件：

1. 故意伤害案（刑法第二百三十四条第一款规定的）；

2. 非法侵入住宅案（刑法第二百四十五条规定的）；

3. 侵犯通信自由案（刑法第二百五十二条规定的）；

4. 重婚案（刑法第二百五十八条规定的）；

5. 遗弃案（刑法第二百六十一条规定的）；

6. 生产、销售伪劣商品案（刑法分则第三章第一节规定的，但严重危害社会秩序和国家利益的除外）；

7. 侵犯知识产权案（刑法分则第三章第七节规定的，但严重危害社会秩序和国家利益的除外）；

8. 刑法分则第四章、第五章规定的，对被告人可能判处三年有期徒刑以下刑罚的案件。

本项规定的案件，被害人直接向人民法院起诉的，人民法院应当依法受理。对其中证据不足、可以由公安机关受理的，或者认为对被告人可能判处三年有期徒刑以上刑罚的，应当告知被害人向公安机关报案，或者移送公安机关立案侦查。

（三）被害人有证据证明对被告人侵犯自己人身、财产权利的行为应当依法追究刑事责任，且有证据证明曾经提出控告，而公安机关或者人民检察院不予追究被告人刑事责任的案件。

第二条　犯罪地包括犯罪行为发生地和犯罪结果发生地。

针对或者利用计算机网络实施的犯罪，犯罪地包括犯罪行为发生地的网站服务器所在地，网络接入地，网站建立者、管理者所在地，被侵害的计算机信息系统及其管理者所在地，被告人、被害人使用的计算机信息系统所在地，以及被害人财产遭受损失地。

第三条　被告人的户籍地为其居住地。经常居住地与户籍地不一致的，经常居住地为其居住地。经常居住地为被告人被追诉前已连续居住一年以上的地方，但住院就医的除外。

被告单位登记的住所地为其居住地。主要营业地或者主要办事机构所在地与登记的住所地不一致的，主要营业地或者主要办事机构所在地为其居住地。

第四条　在中华人民共和国领域外的中国船舶内的犯罪，由该船舶最初停泊的中国口岸所在地的人民法院管辖。

第五条　在中华人民共和国领域外的中国航空器内的犯罪，由该航空器在中国最初降落地的人民法院管辖。

第六条　在国际列车上的犯罪，根据我国与相关国家签订的协定确定管辖；没有协定的，由该列车最初停靠的中国车站所在地或者目的地的铁路运输法院管辖。

第七条　中国公民在中国驻外使、领馆内的犯罪，由其主管单位所在地或者原户籍地的人民法院管辖。

第八条　中国公民在中华人民共和国领域外的犯罪，由其入境地或者离境前居住地的人民法院管辖；被害人是中国公民的，也可由被害人离境前居住地的人民法院管辖。

第九条　外国人在中华人民共和国领域外对中华人民共和国国家或者公民犯罪，根据《中华人民共和国刑法》应当受处罚的，由该外国人入境地、入境后居住地或者被害中国公民离境前居住地的人民法院管辖。

第十条 对中华人民共和国缔结或者参加的国际条约所规定的罪行,中华人民共和国在所承担条约义务的范围内,行使刑事管辖权的,由被告人被抓获地的人民法院管辖。

第十一条 正在服刑的罪犯在判决宣告前还有其他罪没有判决的,由原审地人民法院管辖;由罪犯服刑地或者犯罪地的人民法院审判更为适宜的,可以由罪犯服刑地或者犯罪地的人民法院管辖。

罪犯在服刑期间又犯罪的,由服刑地的人民法院管辖。

罪犯在脱逃期间犯罪的,由服刑地的人民法院管辖。但是,在犯罪地抓获罪犯并发现其在脱逃期间的犯罪的,由犯罪地的人民法院管辖。

第十二条 人民检察院认为可能判处无期徒刑、死刑,向中级人民法院提起公诉的案件,中级人民法院受理后,认为不需要判处无期徒刑、死刑的,应当依法审判,不再交基层人民法院审判。

第十三条 一人犯数罪、共同犯罪和其他需要并案审理的案件,其中一人或者一罪属于上级人民法院管辖的,全案由上级人民法院管辖。

第十四条 上级人民法院决定审判下级人民法院管辖的第一审刑事案件的,应当向下级人民法院下达改变管辖决定书,并书面通知同级人民检察院。

第十五条 基层人民法院对可能判处无期徒刑、死刑的第一审刑事案件,应当移送中级人民法院审判。

基层人民法院对下列第一审刑事案件,可以请求移送中级人民法院审判:

(一)重大、复杂案件;

（二）新类型的疑难案件；
（三）在法律适用上具有普遍指导意义的案件。

需要将案件移送中级人民法院审判的，应当在报请院长决定后，至迟于案件审理期限届满十五日前书面请求移送。中级人民法院应当在接到申请后十日内作出决定。不同意移送的，应当下达不同意移送决定书，由请求移送的人民法院依法审判；同意移送的，应当下达同意移送决定书，并书面通知同级人民检察院。

第十六条　有管辖权的人民法院因案件涉及本院院长需要回避等原因，不宜行使管辖权的，可以请求移送上一级人民法院管辖。上一级人民法院可以管辖，也可以指定与提出请求的人民法院同级的其他人民法院管辖。

第十七条　两个以上同级人民法院都有管辖权的案件，由最初受理的人民法院审判。必要时，可以移送被告人主要犯罪地的人民法院审判。

管辖权发生争议的，应当在审理期限内协商解决；协商不成的，由争议的人民法院分别层报共同的上级人民法院指定管辖。

第十八条　上级人民法院在必要时，可以指定下级人民法院将其管辖的案件移送其他下级人民法院审判。

第十九条　上级人民法院指定管辖，应当将指定管辖决定书分别送达被指定管辖的人民法院和其他有关的人民法院。

第二十条　原受理案件的人民法院在收到上级人民法院改变管辖决定书、同意移送决定书或者指定其他人民法院管辖决定书后，对公诉案件，应当书面通知同级人民检察院，并将案卷材料退回，同时书面通知当事人；对自诉案件，应当将案卷材料移送被指定管辖的人民法院,并书面通知当事人。

第二十一条　第二审人民法院发回重新审判的案件,人民检察院撤回起诉后,又向原第一审人民法院的下级人民法院重新提起公诉的,下级人民法院应当将有关情况层报原第二审人民法院。原第二审人民法院根据具体情况,可以决定将案件移送原第一审人民法院或者其他人民法院审判。

第二十二条　军队和地方互涉刑事案件,按照有关规定确定管辖。

第二章　回　避

第二十三条　审判人员具有下列情形之一的,应当自行回避,当事人及其法定代理人有权申请其回避:

（一）是本案的当事人或者是当事人的近亲属的;

（二）本人或者其近亲属与本案有利害关系的;

（三）担任过本案的证人、鉴定人、辩护人、诉讼代理人、翻译人员的;

（四）与本案的辩护人、诉讼代理人有近亲属关系的;

（五）与本案当事人有其他利害关系,可能影响公正审判的。

第二十四条　审判人员违反规定,具有下列情形之一的,当事人及其法定代理人有权申请其回避:

（一）违反规定会见本案当事人、辩护人、诉讼代理人的;

（二）为本案当事人推荐、介绍辩护人、诉讼代理人,或者

为律师、其他人员介绍办理本案的;

(三)索取、接受本案当事人及其委托人的财物或者其他利益的;

(四)接受本案当事人及其委托人的宴请,或者参加由其支付费用的活动的;

(五)向本案当事人及其委托人借用款物的;

(六)有其他不正当行为,可能影响公正审判的。

第二十五条 参与过本案侦查、审查起诉工作的侦查、检察人员,调至人民法院工作的,不得担任本案的审判人员。

在一个审判程序中参与过本案审判工作的合议庭组成人员或者独任审判员,不得再参与本案其他程序的审判。但是,发回重新审判的案件,在第一审人民法院作出裁判后又进入第二审程序或者死刑复核程序的,原第二审程序或者死刑复核程序中的合议庭组成人员不受本款规定的限制。

第二十六条 人民法院应当依法告知当事人及其法定代理人有权申请回避,并告知其合议庭组成人员、独任审判员、书记员等人员的名单。

第二十七条 审判人员自行申请回避,或者当事人及其法定代理人申请审判人员回避的,可以口头或者书面提出,并说明理由,由院长决定。

院长自行申请回避,或者当事人及其法定代理人申请院长回避的,由审判委员会讨论决定。审判委员会讨论时,由副院长主持,院长不得参加。

第二十八条 当事人及其法定代理人依照刑事诉讼法第二十九条和本解释第二十四条规定申请回避,应当提供证明材料。

第二十九条　应当回避的审判人员没有自行回避,当事人及其法定代理人也没有申请其回避的,院长或者审判委员会应当决定其回避。

第三十条　对当事人及其法定代理人提出的回避申请,人民法院可以口头或者书面作出决定,并将决定告知申请人。

当事人及其法定代理人申请回避被驳回的,可以在接到决定时申请复议一次。不属于刑事诉讼法第二十八条、第二十九条规定情形的回避申请,由法庭当庭驳回,并不得申请复议。

第三十一条　当事人及其法定代理人申请出庭的检察人员回避的,人民法院应当决定休庭,并通知人民检察院。

第三十二条　本章所称的审判人员,包括人民法院院长、副院长、审判委员会委员、庭长、副庭长、审判员、助理审判员和人民陪审员。

第三十三条　书记员、翻译人员和鉴定人适用审判人员回避的有关规定,其回避问题由院长决定。

第三十四条　辩护人、诉讼代理人可以依照本章的有关规定要求回避、申请复议。

第三章　辩护与代理

第三十五条　人民法院审判案件,应当充分保障被告人依法享有的辩护权利。

被告人除自己行使辩护权以外,还可以委托辩护人辩护。

下列人员不得担任辩护人:

（一）正在被执行刑罚或者处于缓刑、假释考验期间的人；

（二）依法被剥夺、限制人身自由的人；

（三）无行为能力或者限制行为能力的人；

（四）人民法院、人民检察院、公安机关、国家安全机关、监狱的现职人员；

（五）人民陪审员；

（六）与本案审理结果有利害关系的人；

（七）外国人或者无国籍人。

前款第四项至第七项规定的人员，如果是被告人的监护人、近亲属，由被告人委托担任辩护人的，可以准许。

第三十六条 审判人员和人民法院其他工作人员从人民法院离任后二年内，不得以律师身份担任辩护人。

审判人员和人民法院其他工作人员从人民法院离任后，不得担任原任职法院所审理案件的辩护人，但作为被告人的监护人、近亲属进行辩护的除外。

审判人员和人民法院其他工作人员的配偶、子女或者父母不得担任其任职法院所审理案件的辩护人，但作为被告人的监护人、近亲属进行辩护的除外。

第三十七条 律师，人民团体、被告人所在单位推荐的人，或者被告人的监护人、亲友被委托为辩护人的，人民法院应当核实其身份证明和授权委托书。

第三十八条 一名被告人可以委托一至二人作为辩护人。

一名辩护人不得为两名以上的同案被告人，或者未同案处理但犯罪事实存在关联的被告人辩护。

第三十九条 被告人没有委托辩护人的，人民法院自受理案件之日起三日内，应当告知其有权委托辩护人；被告人因经济困难或者其他原因没有委托辩护人的，应当告知其可以申请法律援助；被告人属于应当提供法律援助情形的，应当告知其将依法通知法律援助机构指派律师为其提供辩护。

告知可以采取口头或者书面方式。

第四十条 审判期间，在押的被告人要求委托辩护人的，人民法院应当在三日内向其监护人、近亲属或者其指定的人员转达要求。被告人应当提供有关人员的联系方式。有关人员无法通知的，应当告知被告人。

第四十一条 人民法院收到在押被告人提出的法律援助申请，应当在二十四小时内转交所在地的法律援助机构。

第四十二条 对下列没有委托辩护人的被告人，人民法院应当通知法律援助机构指派律师为其提供辩护：

（一）盲、聋、哑人；

（二）尚未完全丧失辨认或者控制自己行为能力的精神病人；

（三）可能被判处无期徒刑、死刑的人。

高级人民法院复核死刑案件，被告人没有委托辩护人的，应当通知法律援助机构指派律师为其提供辩护。

第四十三条 具有下列情形之一，被告人没有委托辩护人的，人民法院可以通知法律援助机构指派律师为其提供辩护：

（一）共同犯罪案件中，其他被告人已经委托辩护人；

（二）有重大社会影响的案件；

（三）人民检察院抗诉的案件；

（四）被告人的行为可能不构成犯罪；

（五）有必要指派律师提供辩护的其他情形。

第四十四条 人民法院通知法律援助机构指派律师提供辩护的，应当将法律援助通知书、起诉书副本或者判决书送达法律援助机构；决定开庭审理的，除适用简易程序审理的以外，应当在开庭十五日前将上述材料送达法律援助机构。

法律援助通知书应当写明案由、被告人姓名、提供法律援助的理由、审判人员的姓名和联系方式；已确定开庭审理的，应当写明开庭的时间、地点。

第四十五条 被告人拒绝法律援助机构指派的律师为其辩护，坚持自己行使辩护权的，人民法院应当准许。

属于应当提供法律援助的情形，被告人拒绝指派的律师为其辩护的，人民法院应当查明原因。理由正当的，应当准许，但被告人须另行委托辩护人；被告人未另行委托辩护人的，人民法院应当在三日内书面通知法律援助机构另行指派律师为其提供辩护。

第四十六条 审判期间，辩护人接受被告人委托的，应当在接受委托之日起三日内，将委托手续提交人民法院。

法律援助机构决定为被告人指派律师提供辩护的，承办律师应当在接受指派之日起三日内，将法律援助手续提交人民法院。

第四十七条 辩护律师可以查阅、摘抄、复制案卷材料。其他辩护人经人民法院许可，也可以查阅、摘抄、复制案卷材料。合议庭、审判委员会的讨论记录以及其他依法不公开的材料不得查阅、摘抄、复制。

辩护人查阅、摘抄、复制案卷材料的，人民法院应当提供方便，并保证必要的时间。

复制案卷材料可以采用复印、拍照、扫描等方式。

第四十八条 辩护律师可以同在押的或者被监视居住的被告人会见和通信。其他辩护人经人民法院许可，也可以同在押的或者被监视居住的被告人会见和通信。

第四十九条 辩护人认为在侦查、审查起诉期间公安机关、人民检察院收集的证明被告人无罪或者罪轻的证据材料未随案移送，申请人民法院调取的，应当以书面形式提出，并提供相关线索或者材料。人民法院接受申请后，应当向人民检察院调取。人民检察院移送相关证据材料后，人民法院应当及时通知辩护人。

第五十条 辩护律师申请向被害人及其近亲属、被害人提供的证人收集与本案有关的材料，人民法院认为确有必要的，应当签发准许调查书。

第五十一条 辩护律师向证人或者有关单位、个人收集、调取与本案有关的证据材料，因证人或者有关单位、个人不同意，申请人民法院收集、调取，或者申请通知证人出庭作证，人民法院认为确有必要的，应当同意。

第五十二条 辩护律师直接申请人民法院向证人或者有关单位、个人收集、调取证据材料，人民法院认为确有收集、调取必要，且不宜或者不能由辩护律师收集、调取的，应当同意。人民法院收集、调取证据材料时，辩护律师可以在场。

人民法院向有关单位收集、调取的书面证据材料，必须由提供人签名，并加盖单位印章；向个人收集、调取的书面证据材料，必须由提供人签名。

人民法院对有关单位、个人提供的证据材料，应当出具收据，写明证据材料的名称、收到的时间、件数、页数以及是否为原件等，由书记员或者审判人员签名。

收集、调取证据材料后，应当及时通知辩护律师查阅、摘抄、复制，并告知人民检察院。

第五十三条 本解释第五十条至第五十二条规定的申请，应当以书面形式提出，并说明理由，写明需要收集、调取证据材料的内容或者需要调查问题的提纲。

对辩护律师的申请，人民法院应当在五日内作出是否准许、同意的决定，并通知申请人；决定不准许、不同意的，应当说明理由。

第五十四条 人民法院自受理自诉案件之日起三日内，应当告知自诉人及其法定代理人、附带民事诉讼当事人及其法定代理人，有权委托诉讼代理人，并告知如果经济困难的，可以申请法律援助。

第五十五条 当事人委托诉讼代理人的，参照适用刑事诉讼法第三十二条和本解释的有关规定。

第五十六条 诉讼代理人有权根据事实和法律，维护被害人、自诉人或者附带民事诉讼当事人的诉讼权利和其他合法权益。

第五十七条 经人民法院许可，诉讼代理人可以查阅、摘抄、复制本案的案卷材料。

律师担任诉讼代理人，需要收集、调取与本案有关的证据材料的，参照适用本解释第五十一条至第五十三条的规定。

第五十八条 诉讼代理人接受当事人委托或者法律援助机构指派后，应当在三日内将委托手续或者法律援助手续提交人民法院。

第五十九条 辩护人、诉讼代理人复制案卷材料的,人民法院只收取工本费;法律援助律师复制必要的案卷材料的,应当免收或者减收费用。

第六十条 辩护律师向人民法院告知其委托人或者其他人准备实施、正在实施危害国家安全、公共安全以及严重危害他人人身安全犯罪的,人民法院应当记录在案,立即转告主管机关依法处理,并为反映有关情况的辩护律师保密。

第四章 证 据

第一节 一般规定

第六十一条 认定案件事实,必须以证据为根据。

第六十二条 审判人员应当依照法定程序收集、审查、核实、认定证据。

第六十三条 证据未经当庭出示、辨认、质证等法庭调查程序查证属实,不得作为定案的根据,但法律和本解释另有规定的除外。

第六十四条 应当运用证据证明的案件事实包括:

(一) 被告人、被害人的身份;

(二) 被指控的犯罪是否存在;

(三) 被指控的犯罪是否为被告人所实施;

(四) 被告人有无刑事责任能力,有无罪过,实施犯罪的动机、目的;

(五) 实施犯罪的时间、地点、手段、后果以及案件起因等;

（六）被告人在共同犯罪中的地位、作用；

（七）被告人有无从重、从轻、减轻、免除处罚情节；

（八）有关附带民事诉讼、涉案财物处理的事实；

（九）有关管辖、回避、延期审理等的程序事实；

（十）与定罪量刑有关的其他事实。

认定被告人有罪和对被告人从重处罚，应当适用证据确实、充分的证明标准。

第六十五条　行政机关在行政执法和查办案件过程中收集的物证、书证、视听资料、电子数据等证据材料，在刑事诉讼中可以作为证据使用；经法庭查证属实，且收集程序符合有关法律、行政法规规定的，可以作为定案的根据。

根据法律、行政法规规定行使国家行政管理职权的组织，在行政执法和查办案件过程中收集的证据材料，视为行政机关收集的证据材料。

第六十六条　人民法院依照刑事诉讼法第一百九十一条的规定调查核实证据，必要时，可以通知检察人员、辩护人、自诉人及其法定代理人到场。上述人员未到场的，应当记录在案。

人民法院调查核实证据时，发现对定罪量刑有重大影响的新的证据材料的，应当告知检察人员、辩护人、自诉人及其法定代理人。必要时，也可以直接提取，并及时通知检察人员、辩护人、自诉人及其法定代理人查阅、摘抄、复制。

第六十七条　下列人员不得担任刑事诉讼活动的见证人：

（一）生理上、精神上有缺陷或者年幼，不具有相应辨别能力或者不能正确表达的人；

（二）与案件有利害关系，可能影响案件公正处理的人；

（三）行使勘验、检查、搜查、扣押等刑事诉讼职权的公安、司法机关的工作人员或者其聘用的人员。

由于客观原因无法由符合条件的人员担任见证人的,应当在笔录材料中注明情况,并对相关活动进行录像。

第六十八条 公开审理案件时,公诉人、诉讼参与人提出涉及国家秘密、商业秘密或者个人隐私的证据的,法庭应当制止。有关证据确与本案有关的,可以根据具体情况,决定将案件转为不公开审理,或者对相关证据的法庭调查不公开进行。

第二节 物证、书证的审查与认定

第六十九条 对物证、书证应当着重审查以下内容:

(一)物证、书证是否为原物、原件,是否经过辨认、鉴定;物证的照片、录像、复制品或者书证的副本、复制件是否与原物、原件相符,是否由二人以上制作,有无制作人关于制作过程以及原物、原件存放于何处的文字说明和签名;

(二)物证、书证的收集程序、方式是否符合法律、有关规定;经勘验、检查、搜查提取、扣押的物证、书证,是否附有相关笔录、清单,笔录、清单是否经侦查人员、物品持有人、见证人签名,没有物品持有人签名的,是否注明原因;物品的名称、特征、数量、质量等是否注明清楚;

(三)物证、书证在收集、保管、鉴定过程中是否受损或者改变;

(四)物证、书证与案件事实有无关联;对现场遗留与犯罪有关的具备鉴定条件的血迹、体液、毛发、指纹等生物样本、痕迹、物品,是否已作 DNA 鉴定、指纹鉴定等,并与被告人或者被害人的相应生物检材、生物特征、物品等比对;

(五)与案件事实有关联的物证、书证是否全面收集。

第七十条 据以定案的物证应当是原物。原物不便搬运、不易保存,依法应当由有关部门保管、处理,或者依法应当返还的,可以拍摄、制作足以反映原物外形和特征的照片、录像、复制品。

物证的照片、录像、复制品,不能反映原物的外形和特征的,不得作为定案的根据。

物证的照片、录像、复制品,经与原物核对无误、经鉴定为真实或者以其他方式确认为真实的,可以作为定案的根据。

第七十一条 据以定案的书证应当是原件。取得原件确有困难的,可以使用副本、复制件。

书证有更改或者更改迹象不能作出合理解释,或者书证的副本、复制件不能反映原件及其内容的,不得作为定案的根据。

书证的副本、复制件,经与原件核对无误、经鉴定为真实或者以其他方式确认为真实的,可以作为定案的根据。

第七十二条 对与案件事实可能有关联的血迹、体液、毛发、人体组织、指纹、足迹、字迹等生物样本、痕迹和物品,应当提取而没有提取,应当检验而没有检验,导致案件事实存疑的,人民法院应当向人民检察院说明情况,由人民检察院依法补充收集、调取证据或者作出合理说明。

第七十三条 在勘验、检查、搜查过程中提取、扣押的物证、书证,未附笔录或者清单,不能证明物证、书证来源的,不得作为定案的根据。

物证、书证的收集程序、方式有下列瑕疵,经补正或者作出合理解释的,可以采用:

(一)勘验、检查、搜查、提取笔录或者扣押清单上没有侦查人员、物品持有人、见证人签名,或者对物品的名称、特征、

数量、质量等注明不详的;

（二）物证的照片、录像、复制品，书证的副本、复制件未注明与原件核对无异，无复制时间，或者无被收集、调取人签名、盖章的;

（三）物证的照片、录像、复制品，书证的副本、复制件没有制作人关于制作过程和原物、原件存放地点的说明，或者说明中无签名的;

（四）有其他瑕疵的。

对物证、书证的来源、收集程序有疑问，不能作出合理解释的，该物证、书证不得作为定案的根据。

第三节　证人证言、被害人陈述的审查与认定

第七十四条　对证人证言应当着重审查以下内容:

（一）证言的内容是否为证人直接感知;

（二）证人作证时的年龄，认知、记忆和表达能力，生理和精神状态是否影响作证;

（三）证人与案件当事人、案件处理结果有无利害关系;

（四）询问证人是否个别进行;

（五）询问笔录的制作、修改是否符合法律、有关规定，是否注明询问的起止时间和地点，首次询问时是否告知证人有关作证的权利义务和法律责任，证人对询问笔录是否核对确认;

（六）询问未成年证人时，是否通知其法定代理人或者有关人员到场，其法定代理人或者有关人员是否到场;

（七）证人证言有无以暴力、威胁等非法方法收集的情形;

（八）证言之间以及与其他证据之间能否相互印证，有无矛盾。

第七十五条 处于明显醉酒、中毒或者麻醉等状态，不能正常感知或者正确表达的证人所提供的证言，不得作为证据使用。

证人的猜测性、评论性、推断性的证言，不得作为证据使用，但根据一般生活经验判断符合事实的除外。

第七十六条 证人证言具有下列情形之一的，不得作为定案的根据：

（一）询问证人没有个别进行的；

（二）书面证言没有经证人核对确认的；

（三）询问聋、哑人，应当提供通晓聋、哑手势的人员而未提供的；

（四）询问不通晓当地通用语言、文字的证人，应当提供翻译人员而未提供的。

第七十七条 证人证言的收集程序、方式有下列瑕疵，经补正或者作出合理解释的，可以采用；不能补正或者作出合理解释的，不得作为定案的根据：

（一）询问笔录没有填写询问人、记录人、法定代理人姓名以及询问的起止时间、地点的；

（二）询问地点不符合规定的；

（三）询问笔录没有记录告知证人有关作证的权利义务和法律责任的；

（四）询问笔录反映出在同一时段，同一询问人员询问不同证人的。

第七十八条 证人当庭作出的证言，经控辩双方质证、法庭查证属实的,应当作为定案的根据。

证人当庭作出的证言与其庭前证言矛盾,证人能够作出合理解释,并有相关证据印证的,应当采信其庭审证言;不能作出合理解释,而其庭前证言有相关证据印证的,可以采信其庭前证言。

经人民法院通知,证人没有正当理由拒绝出庭或者出庭后拒绝作证,法庭对其证言的真实性无法确认的,该证人证言不得作为定案的根据。

第七十九条 对被害人陈述的审查与认定,参照适用本节的有关规定。

第四节 被告人供述和辩解的审查与认定

第八十条 对被告人供述和辩解应当着重审查以下内容:

(一)讯问的时间、地点,讯问人的身份、人数以及讯问方式等是否符合法律、有关规定;

(二)讯问笔录的制作、修改是否符合法律、有关规定,是否注明讯问的具体起止时间和地点,首次讯问时是否告知被告人相关权利和法律规定,被告人是否核对确认;

(三)讯问未成年被告人时,是否通知其法定代理人或者有关人员到场,其法定代理人或者有关人员是否到场;

(四)被告人的供述有无以刑讯逼供等非法方法收集的情形;

(五)被告人的供述是否前后一致,有无反复以及出现反复的原因;被告人的所有供述和辩解是否均已随案移送;

(六)被告人的辩解内容是否符合案情和常理,有无矛盾;

(七)被告人的供述和辩解与同案被告人的供述和辩解以及

其他证据能否相互印证，有无矛盾。

必要时，可以调取讯问过程的录音录像、被告人进出看守所的健康检查记录、笔录，并结合录音录像、记录、笔录对上述内容进行审查。

第八十一条 被告人供述具有下列情形之一的，不得作为定案的根据：

（一）讯问笔录没有经被告人核对确认的；

（二）讯问聋、哑人，应当提供通晓聋、哑手势的人员而未提供的；

（三）讯问不通晓当地通用语言、文字的被告人，应当提供翻译人员而未提供的。

第八十二条 讯问笔录有下列瑕疵，经补正或者作出合理解释的，可以采用；不能补正或者作出合理解释的，不得作为定案的根据：

（一）讯问笔录填写的讯问时间、讯问人、记录人、法定代理人等有误或者存在矛盾的；

（二）讯问人没有签名的；

（三）首次讯问笔录没有记录告知被讯问人相关权利和法律规定的。

第八十三条 审查被告人供述和辩解，应当结合控辩双方提供的所有证据以及被告人的全部供述和辩解进行。

被告人庭审中翻供，但不能合理说明翻供原因或者其辩解与全案证据矛盾，而其庭前供述与其他证据相互印证的，可以采信其庭前供述。

被告人庭前供述和辩解存在反复，但庭审中供认，且与其他证据相互印证的，可以采信其庭审供述；被告人庭前供述和辩解存在反复，庭审中不供认，且无其他证据与庭前供述印证的，不得采信其庭前供述。

第五节　鉴定意见的审查与认定

第八十四条　对鉴定意见应当着重审查以下内容：

（一）鉴定机构和鉴定人是否具有法定资质；

（二）鉴定人是否存在应当回避的情形；

（三）检材的来源、取得、保管、送检是否符合法律、有关规定，与相关提取笔录、扣押物品清单等记载的内容是否相符，检材是否充足、可靠；

（四）鉴定意见的形式要件是否完备，是否注明提起鉴定的事由、鉴定委托人、鉴定机构、鉴定要求、鉴定过程、鉴定方法、鉴定日期等相关内容，是否由鉴定机构加盖司法鉴定专用章并由鉴定人签名、盖章；

（五）鉴定程序是否符合法律、有关规定；

（六）鉴定的过程和方法是否符合相关专业的规范要求；

（七）鉴定意见是否明确；

（八）鉴定意见与案件待证事实有无关联；

（九）鉴定意见与勘验、检查笔录及相关照片等其他证据是否矛盾；

（十）鉴定意见是否依法及时告知相关人员，当事人对鉴定意见有无异议。

第八十五条　鉴定意见具有下列情形之一的，不得作为定案的根据：

（一）鉴定机构不具备法定资质，或者鉴定事项超出该鉴定机构业务范围、技术条件的；

（二）鉴定人不具备法定资质，不具有相关专业技术或者职称，或者违反回避规定的；

（三）送检材料、样本来源不明，或者因污染不具备鉴定条件的；

（四）鉴定对象与送检材料、样本不一致的；

（五）鉴定程序违反规定的；

（六）鉴定过程和方法不符合相关专业的规范要求的；

（七）鉴定文书缺少签名、盖章的；

（八）鉴定意见与案件待证事实没有关联的；

（九）违反有关规定的其他情形。

第八十六条 经人民法院通知，鉴定人拒不出庭作证的，鉴定意见不得作为定案的根据。

鉴定人由于不能抗拒的原因或者有其他正当理由无法出庭的，人民法院可以根据情况决定延期审理或者重新鉴定。

对没有正当理由拒不出庭作证的鉴定人，人民法院应当通报司法行政机关或者有关部门。

第八十七条 对案件中的专门性问题需要鉴定，但没有法定司法鉴定机构，或者法律、司法解释规定可以进行检验的，可以指派、聘请有专门知识的人进行检验，检验报告可以作为定罪量刑的参考。

对检验报告的审查与认定，参照适用本节的有关规定。

经人民法院通知，检验人拒不出庭作证的，检验报告不得作为定罪量刑的参考。

第六节 勘验、检查、辨认、侦查实验等笔录的审查与认定

第八十八条 对勘验、检查笔录应当着重审查以下内容：

（一）勘验、检查是否依法进行，笔录的制作是否符合法律、有关规定，勘验、检查人员和见证人是否签名或者盖章；

（二）勘验、检查笔录是否记录了提起勘验、检查的事由，勘验、检查的时间、地点、在场人员、现场方位、周围环境等，现场的物品、人身、尸体等的位置、特征等情况，以及勘验、检查、搜查的过程；文字记录与实物或者绘图、照片、录像是否相符；现场、物品、痕迹等是否伪造、有无破坏；人身特征、伤害情况、生理状态有无伪装或者变化等；

（三）补充进行勘验、检查的，是否说明了再次勘验、检查的原由，前后勘验、检查的情况是否矛盾。

第八十九条　勘验、检查笔录存在明显不符合法律、有关规定的情形，不能作出合理解释或者说明的，不得作为定案的根据。

第九十条　对辨认笔录应当着重审查辨认的过程、方法，以及辨认笔录的制作是否符合有关规定。

辨认笔录具有下列情形之一的，不得作为定案的根据：

（一）辨认不是在侦查人员主持下进行的；

（二）辨认前使辨认人见到辨认对象的；

（三）辨认活动没有个别进行的；

（四）辨认对象没有混杂在具有类似特征的其他对象中，或者供辨认的对象数量不符合规定的；

（五）辨认中给辨认人明显暗示或者明显有指认嫌疑的；

（六）违反有关规定、不能确定辨认笔录真实性的其他情形。

第九十一条　对侦查实验笔录应当着重审查实验的过程、

方法，以及笔录的制作是否符合有关规定。

侦查实验的条件与事件发生时的条件有明显差异，或者存在影响实验结论科学性的其他情形的，侦查实验笔录不得作为定案的根据。

第七节 视听资料、电子数据的审查与认定

第九十二条 对视听资料应当着重审查以下内容：

（一）是否附有提取过程的说明，来源是否合法；

（二）是否为原件，有无复制及复制份数；是复制件的，是否附有无法调取原件的原因、复制件制作过程和原件存放地点的说明，制作人、原视听资料持有人是否签名或者盖章；

（三）制作过程中是否存在威胁、引诱当事人等违反法律、有关规定的情形；

（四）是否写明制作人、持有人的身份，制作的时间、地点、条件和方法；

（五）内容和制作过程是否真实，有无剪辑、增加、删改等情形；

（六）内容与案件事实有无关联。

对视听资料有疑问的，应当进行鉴定。

第九十三条 对电子邮件、电子数据交换、网上聊天记录、博客、微博客、手机短信、电子签名、域名等电子数据，应当着重审查以下内容：

（一）是否随原始存储介质移送；在原始存储介质无法封存、不便移动或者依法应当由有关部门保管、处理、返还时，提取、复制电子数据是否由二人以上进行，是否足以保证电子数据的完整性，有无提取、复制过程及原始存储介质存放地点

的文字说明和签名；

（二）收集程序、方式是否符合法律及有关技术规范；经勘验、检查、搜查等侦查活动收集的电子数据，是否附有笔录、清单，并经侦查人员、电子数据持有人、见证人签名；没有持有人签名的，是否注明原因；远程调取境外或者异地的电子数据的，是否注明相关情况；对电子数据的规格、类别、文件格式等注明是否清楚；

（三）电子数据内容是否真实，有无删除、修改、增加等情形；

（四）电子数据与案件事实有无关联；

（五）与案件事实有关联的电子数据是否全面收集。

对电子数据有疑问的，应当进行鉴定或者检验。

第九十四条 视听资料、电子数据具有下列情形之一的，不得作为定案的根据：

（一）经审查无法确定真伪的；

（二）制作、取得的时间、地点、方式等有疑问，不能提供必要证明或者作出合理解释的。

第八节 非法证据排除

第九十五条 使用肉刑或者变相肉刑，或者采用其他使被告人在肉体上或者精神上遭受剧烈疼痛或者痛苦的方法，迫使被告人违背意愿供述的，应当认定为刑事诉讼法第五十四条规定的"刑讯逼供等非法方法"。

认定刑事诉讼法第五十四条规定的"可能严重影响司法公正"，应当综合考虑收集物证、书证违反法定程序以及所造成后果的严重程度等情况。

第九十六条 当事人及其辩护人、诉讼代理人申请人民法院排除以非法方法收集的证据的,应当提供涉嫌非法取证的人员、时间、地点、方式、内容等相关线索或者材料。

第九十七条 人民法院向被告人及其辩护人送达起诉书副本时,应当告知其申请排除非法证据的,应当在开庭审理前提出,但在庭审期间才发现相关线索或者材料的除外。

第九十八条 开庭审理前,当事人及其辩护人、诉讼代理人申请人民法院排除非法证据的,人民法院应当在开庭前及时将申请书或者申请笔录及相关线索、材料的复制件送交人民检察院。

第九十九条 开庭审理前,当事人及其辩护人、诉讼代理人申请排除非法证据,人民法院经审查,对证据收集的合法性有疑问的,应当依照刑事诉讼法第一百八十二条第二款的规定召开庭前会议,就非法证据排除等问题了解情况,听取意见。人民检察院可以通过出示有关证据材料等方式,对证据收集的合法性加以说明。

第一百条 法庭审理过程中,当事人及其辩护人、诉讼代理人申请排除非法证据的,法庭应当进行审查。经审查,对证据收集的合法性有疑问的,应当进行调查;没有疑问的,应当当庭说明情况和理由,继续法庭审理。当事人及其辩护人、诉讼代理人以相同理由再次申请排除非法证据的,法庭不再进行审查。

对证据收集合法性的调查,根据具体情况,可以在当事人及其辩护人、诉讼代理人提出排除非法证据的申请后进行,也可以在法庭调查结束前一并进行。

法庭审理过程中,当事人及其辩护人、诉讼代理人申请排除非法证据，人民法院经审查，不符合本解释第九十七条规定的，应当在法庭调查结束前一并进行审查，并决定是否进行证据收集合法性的调查。

第一百零一条 法庭决定对证据收集的合法性进行调查的，可以由公诉人通过出示、宣读讯问笔录或者其他证据，有针对性地播放讯问过程的录音录像，提请法庭通知有关侦查人员或者其他人员出庭说明情况等方式，证明证据收集的合法性。

公诉人提交的取证过程合法的说明材料，应当经有关侦查人员签名，并加盖公章。未经有关侦查人员签名的，不得作为证据使用。上述说明材料不能单独作为证明取证过程合法的根据。

第一百零二条 经审理，确认或者不能排除存在刑事诉讼法第五十四条规定的以非法方法收集证据情形的，对有关证据应当排除。

人民法院对证据收集的合法性进行调查后，应当将调查结论告知公诉人、当事人和辩护人、诉讼代理人。

第一百零三条 具有下列情形之一的，第二审人民法院应当对证据收集的合法性进行审查，并根据刑事诉讼法和本解释的有关规定作出处理：

（一）第一审人民法院对当事人及其辩护人、诉讼代理人排除非法证据的申请没有审查，且以该证据作为定案根据的；

（二）人民检察院或者被告人、自诉人及其法定代理人不服第一审人民法院作出的有关证据收集合法性的调查结论，提出抗诉、上诉的；

（三）当事人及其辩护人、诉讼代理人在第一审结束后才发现相关线索或者材料，申请人民法院排除非法证据的。

第九节 证据的综合审查与运用

第一百零四条 对证据的真实性，应当综合全案证据进行审查。

对证据的证明力，应当根据具体情况，从证据与待证事实的关联程度、证据之间的联系等方面进行审查判断。

证据之间具有内在联系，共同指向同一待证事实，不存在无法排除的矛盾和无法解释的疑问的，才能作为定案的根据。

第一百零五条 没有直接证据，但间接证据同时符合下列条件的，可以认定被告人有罪：

（一）证据已经查证属实；

（二）证据之间相互印证，不存在无法排除的矛盾和无法解释的疑问；

（三）全案证据已经形成完整的证明体系；

（四）根据证据认定案件事实足以排除合理怀疑，结论具有唯一性；

（五）运用证据进行的推理符合逻辑和经验。

第一百零六条 根据被告人的供述、指认提取到了隐蔽性很强的物证、书证，且被告人的供述与其他证明犯罪事实发生的证据相互印证，并排除串供、逼供、诱供等可能性的，可以认定被告人有罪。

第一百零七条 采取技术侦查措施收集的证据材料，经当庭出示、辨认、质证等法庭调查程序查证属实的，可以作为定案的根据。

使用前款规定的证据可能危及有关人员的人身安全，或者可能产生其他严重后果的，法庭应当采取不暴露有关人员身份、技术方法等保护措施，必要时，审判人员可以在庭外核实。

第一百零八条 对侦查机关出具的被告人到案经过、抓获经过等材料，应当审查是否有出具该说明材料的办案人、办案机关的签名、盖章。

对到案经过、抓获经过或者确定被告人有重大嫌疑的根据有疑问的，应当要求侦查机关补充说明。

第一百零九条 下列证据应当慎重使用，有其他证据印证的，可以采信：

（一）生理上、精神上有缺陷，对案件事实的认知和表达存在一定困难，但尚未丧失正确认知、表达能力的被害人、证人和被告人所作的陈述、证言和供述；

（二）与被告人有亲属关系或者其他密切关系的证人所作的有利被告人的证言，或者与被告人有利害冲突的证人所作的不利被告人的证言。

第一百一十条 证明被告人自首、坦白、立功的证据材料，没有加盖接受被告人投案、坦白、检举揭发等的单位的印章，或者接受人员没有签名的，不得作为定案的根据。

对被告人及其辩护人提出有自首、坦白、立功的事实和理由，有关机关未予认定，或者有关机关提出被告人有自首、坦白、立功表现，但证据材料不全的，人民法院应当要求有关机关提供证明材料，或者要求相关人员作证，并结合其他证据作出认定。

第一百一十一条 证明被告人构成累犯、毒品再犯的证据材料，应当包括前罪的裁判文书、释放证明等材料；材料不全的，应当要求有关机关提供。

第一百一十二条 审查被告人实施被指控的犯罪时或者审

判时是否达到相应法定责任年龄，应当根据户籍证明、出生证明文件、学籍卡、人口普查登记、无利害关系人的证言等证据综合判断。

证明被告人已满十四周岁、十六周岁、十八周岁或者不满七十五周岁的证据不足的，应当认定被告人不满十四周岁、不满十六周岁、不满十八周岁或者已满七十五周岁。

第五章 强制措施

第一百一十三条 人民法院审判案件，根据情况，对被告人可以决定拘传、取保候审、监视居住或者逮捕。

对被告人采取、撤销或者变更强制措施的，由院长决定。

第一百一十四条 对经依法传唤拒不到庭的被告人，或者根据案件情况有必要拘传的被告人，可以拘传。

拘传被告人，应当由院长签发拘传票，由司法警察执行，执行人员不得少于二人。

拘传被告人，应当出示拘传票。对抗拒拘传的被告人，可以使用戒具。

第一百一十五条 拘传被告人，持续的时间不得超过十二小时；案情特别重大、复杂，需要采取逮捕措施的，持续的时间不得超过二十四小时。不得以连续拘传的形式变相拘禁被告人。应当保证被拘传人的饮食和必要的休息时间。

第一百一十六条 被告人具有刑事诉讼法第六十五条第一款规定情形之一的，人民法院可以决定取保候审。

对被告人决定取保候审的,应当责令其提出保证人或者交纳保证金,不得同时使用保证人保证与保证金保证。

第一百一十七条　对下列被告人决定取保候审的,可以责令其提出一至二名保证人:

(一) 无力交纳保证金的;

(二) 未成年或者已满七十五周岁的;

(三) 不宜收取保证金的其他被告人。

第一百一十八条　人民法院应当审查保证人是否符合法定条件。符合条件的,应当告知其必须履行的义务,并由其出具保证书。

第一百一十九条　对决定取保候审的被告人使用保证金保证的,应当依照刑事诉讼法第七十条第一款的规定确定保证金的具体数额,并责令被告人或者为其提供保证金的单位、个人将保证金一次性存入公安机关指定银行的专门账户。

第一百二十条　人民法院向被告人宣布取保候审决定后,应当将取保候审决定书等相关材料送交当地同级公安机关执行;被告人不在本地居住的,送交其居住地公安机关执行。

对被告人使用保证金保证的,应当在核实保证金已经存入公安机关指定银行的专门账户后,将银行出具的收款凭证一并送交公安机关。

第一百二十一条　被告人被取保候审期间,保证人不愿继续履行保证义务或者丧失履行保证义务能力的,人民法院应当在收到保证人的申请或者公安机关的书面通知后三日内,责令被告人重新提出保证人或者交纳保证金,或者变更强制措施,并通知公安机关。

第一百二十二条　根据案件事实和法律规定,认为已经构成犯罪的被告人在取保候审期间逃匿的，如果系保证人协助被告人逃匿，或者保证人明知被告人藏匿地点但拒绝向司法机关提供，对保证人应当依法追究刑事责任。

第一百二十三条　人民法院发现使用保证金保证的被取保候审人违反刑事诉讼法第六十九条第一款、第二款规定的，应当提出没收部分或者全部保证金的书面意见，连同有关材料一并送交负责执行的公安机关处理。

人民法院收到公安机关已经没收保证金的书面通知或者变更强制措施的建议后，应当区别情形，在五日内责令被告人具结悔过，重新交纳保证金或者提出保证人，或者变更强制措施，并通知公安机关。

人民法院决定对被依法没收保证金的被告人继续取保候审的，取保候审的期限连续计算。

第一百二十四条　对被取保候审的被告人的判决、裁定生效后，应当解除取保候审、退还保证金的，如果保证金属于其个人财产，人民法院可以书面通知公安机关将保证金移交人民法院，用以退赔被害人、履行附带民事赔偿义务或者执行财产刑，剩余部分应当退还被告人。

第一百二十五条　对具有刑事诉讼法第七十二条第一款、第二款规定情形的被告人，人民法院可以决定监视居住。

人民法院决定对被告人监视居住的，应当核实其住处；没有固定住处的，应当为其指定居所。

第一百二十六条　人民法院向被告人宣布监视居住决定后，应当将监视居住决定书等相关材料送交被告人住处或者指定居所所在地的同级公安机关执行。

对被告人指定居所监视居住后，人民法院应当在二十四小时内，将监视居住的原因和处所通知其家属；确实无法通知的，应当记录在案。

第一百二十七条　人民检察院、公安机关已经对犯罪嫌疑人取保候审、监视居住，案件起诉至人民法院后，需要继续取保候审、监视居住或者变更强制措施的，人民法院应当在七日内作出决定，并通知人民检察院、公安机关。

决定继续取保候审、监视居住的，应当重新办理手续，期限重新计算；继续使用保证金保证的，不再收取保证金。

人民法院不得对被告人重复采取取保候审、监视居住措施。

第一百二十八条　对具有刑事诉讼法第七十九条第一款、第二款规定情形的被告人，人民法院应当决定逮捕。

第一百二十九条　被取保候审的被告人具有下列情形之一的，人民法院应当决定逮捕：

（一）故意实施新的犯罪的；

（二）企图自杀、逃跑的；

（三）毁灭、伪造证据，干扰证人作证或者串供的；

（四）对被害人、举报人、控告人实施打击报复的；

（五）经传唤，无正当理由不到案，影响审判活动正常进行的；

（六）擅自改变联系方式或者居住地，导致无法传唤，影响审判活动正常进行的；

（七）未经批准，擅自离开所居住的市、县，影响审判活动正常进行，或者两次未经批准，擅自离开所居住的市、县的；

（八）违反规定进入特定场所、与特定人员会见或者通信、从事特定活动，影响审判活动正常进行，或者两次违反有关规定的；

（九）依法应当决定逮捕的其他情形。

第一百三十条 被监视居住的被告人具有下列情形之一的，人民法院应当决定逮捕：

（一）具有前条第一项至第五项规定情形之一的；

（二）未经批准，擅自离开执行监视居住的处所，影响审判活动正常进行，或者两次未经批准，擅自离开执行监视居住的处所的；

（三）未经批准，擅自会见他人或者通信，影响审判活动正常进行，或者两次未经批准，擅自会见他人或者通信的；

（四）对因患有严重疾病、生活不能自理，或者因怀孕、正在哺乳自己婴儿而未予逮捕的被告人，疾病痊愈或者哺乳期已满的；

（五）依法应当决定逮捕的其他情形。

第一百三十一条 人民法院作出逮捕决定后，应当将逮捕决定书等相关材料送交同级公安机关执行，并将逮捕决定书抄送人民检察院。逮捕被告人后，人民法院应当将逮捕的原因和羁押的处所，在二十四小时内通知其家属；确实无法通知的，应当记录在案。

第一百三十二条 人民法院对决定逮捕的被告人，应当在逮捕后二十四小时内讯问。发现不应当逮捕的，应当变更强制措施或者立即释放。

第一百三十三条 被逮捕的被告人具有下列情形之一的，人民法院可以变更强制措施：

（一）患有严重疾病、生活不能自理的；

（二）怀孕或者正在哺乳自己婴儿的；

（三）系生活不能自理的人的唯一扶养人。

第一百三十四条 第一审人民法院判决被告人无罪、不负刑事责任或者免除刑事处罚，被告人在押的，应当在宣判后立即释放。

被逮捕的被告人具有下列情形之一的，人民法院应当变更强制措施或者予以释放：

（一）第一审人民法院判处管制、宣告缓刑、单独适用附加刑，判决尚未发生法律效力的；

（二）被告人被羁押的时间已到第一审人民法院对其判处的刑期期限的；

（三）案件不能在法律规定的期限内审结的。

第一百三十五条　人民法院决定变更强制措施或者释放被告人的，应当立即将变更强制措施决定书或者释放通知书送交公安机关执行。

第一百三十六条　对人民法院决定逮捕的被告人，人民检察院建议释放或者变更强制措施的，人民法院应当在收到建议后十日内将处理情况通知人民检察院。

第一百三十七条　被告人及其法定代理人、近亲属或者辩护人申请变更强制措施的，应当说明理由。人民法院收到申请后，应当在三日内作出决定。同意变更强制措施的，应当依照本解释规定处理；不同意的，应当告知申请人，并说明理由。

第六章　附带民事诉讼

第一百三十八条　被害人因人身权利受到犯罪侵犯或者财物被犯罪分子毁坏而遭受物质损失的，有权在刑事诉讼过程中提起附带民事诉讼；被害人死亡或者丧失行为能力的，其法定代理人、近亲属有权提起附带民事诉讼。

因受到犯罪侵犯，提起附带民事诉讼或者单独提起民事诉讼要求赔偿精神损失的，人民法院不予受理。

第一百三十九条　被告人非法占有、处置被害人财产的，应当依法予以追缴或者责令退赔。被害人提起附带民事诉讼的，人民法院不予受理。追缴、退赔的情况，可以作为量刑情节考虑。

第一百四十条　国家机关工作人员在行使职权时，侵犯他人人身、财产权利构成犯罪，被害人或者其法定代理人、近亲属提起附带民事诉讼的，人民法院不予受理，但应当告知其可以依法申请国家赔偿。

第一百四十一条　人民法院受理刑事案件后，对符合刑事诉讼法第九十九条和本解释第一百三十八条第一款规定的，可以告知被害人或者其法定代理人、近亲属有权提起附带民事诉讼。

有权提起附带民事诉讼的人放弃诉讼权利的，应当准许，并记录在案。

第一百四十二条　国家财产、集体财产遭受损失，受损失的单位未提起附带民事诉讼，人民检察院在提起公诉时提起附带民事诉讼的，人民法院应当受理。

人民检察院提起附带民事诉讼的，应当列为附带民事诉讼原告人。

被告人非法占有、处置国家财产、集体财产的，依照本解释第一百三十九条的规定处理。

第一百四十三条　附带民事诉讼中依法负有赔偿责任的人包括：

（一）刑事被告人以及未被追究刑事责任的其他共同侵害人；

（二）刑事被告人的监护人；

（三）死刑罪犯的遗产继承人；

（四）共同犯罪案件中，案件审结前死亡的被告人的遗产继承人；

（五）对被害人的物质损失依法应当承担赔偿责任的其他单位和个人。

附带民事诉讼被告人的亲友自愿代为赔偿的，应当准许。

第一百四十四条　被害人或者其法定代理人、近亲属仅对部分共同侵害人提起附带民事诉讼的，人民法院应当告知其可以对其他共同侵害人，包括没有被追究刑事责任的共同侵害人，一并提起附带民事诉讼，但共同犯罪案件中同案犯在逃的除外。

被害人或者其法定代理人、近亲属放弃对其他共同侵害人的诉讼权利的，人民法院应当告知其相应法律后果，并在裁判文书中说明其放弃诉讼请求的情况。

第一百四十五条　附带民事诉讼的起诉条件是：

（一）起诉人符合法定条件；

（二）有明确的被告人；

（三）有请求赔偿的具体要求和事实、理由；

（四）属于人民法院受理附带民事诉讼的范围。

第一百四十六条　共同犯罪案件，同案犯在逃的，不应列为附带民事诉讼被告人。逃跑的同案犯到案后，被害人或者其法定代理人、近亲属可以对其提起附带民事诉讼，但已经从其他共同犯罪人处获得足额赔偿的除外。

第一百四十七条　附带民事诉讼应当在刑事案件立案后及时提起。

提起附带民事诉讼应当提交附带民事起诉状。

第一百四十八条　侦查、审查起诉期间，有权提起附带民事诉讼的人提出赔偿要求，经公安机关、人民检察院调解，当事人双方已经达成协议并全部履行，被害人或者其法定代理人、近亲属又提起附带民事诉讼的，人民法院不予受理，但有证据证明调解违反自愿、合法原则的除外。

第一百四十九条　被害人或者其法定代理人、近亲属提起附带民事诉讼的，人民法院应当在七日内决定是否立案。符合刑事诉讼法第九十九条以及本解释有关规定的，应当受理；不符合的，裁定不予受理。

第一百五十条　人民法院受理附带民事诉讼后，应当在五日内将附带民事起诉状副本送达附带民事诉讼被告人及其法定代理人，或者将口头起诉的内容及时通知附带民事诉讼被告人及其法定代理人，并制作笔录。

人民法院送达附带民事起诉状副本时，应当根据刑事案件的审理期限，确定被告人及其法定代理人提交附带民事答辩状的时间。

第一百五十一条　附带民事诉讼当事人对自己提出的主张，有责任提供证据。

第一百五十二条　人民法院对可能因被告人的行为或者其他原因，使附带民事判决难以执行的案件，根据附带民事诉讼原告人的申请，可以裁定采取保全措施，查封、扣押或者冻结被告人的财产；附带民事诉讼原告人未提出申请的，必要时，人民法院也可以采取保全措施。

有权提起附带民事诉讼的人因情况紧急,不立即申请保全将会使其合法权益受到难以弥补的损害的,可以在提起附带民事诉讼前,向被保全财产所在地、被申请人居住地或者对案件有管辖权的人民法院申请采取保全措施。申请人在人民法院受理刑事案件后十五日内未提起附带民事诉讼的,人民法院应当解除保全措施。

人民法院采取保全措施,适用民事诉讼法第一百条至第一百零五条的有关规定,但民事诉讼法第一百零一条第三款的规定除外。

第一百五十三条 人民法院审理附带民事诉讼案件,可以根据自愿、合法的原则进行调解。经调解达成协议的,应当制作调解书。调解书经双方当事人签收后,即具有法律效力。

调解达成协议并即时履行完毕的,可以不制作调解书,但应当制作笔录,经双方当事人、审判人员、书记员签名或者盖章后即发生法律效力。

第一百五十四条 调解未达成协议或者调解书签收前当事人反悔的,附带民事诉讼应当同刑事诉讼一并判决。

第一百五十五条 对附带民事诉讼作出判决,应当根据犯罪行为造成的物质损失,结合案件具体情况,确定被告人应当赔偿的数额。

犯罪行为造成被害人人身损害的,应当赔偿医疗费、护理费、交通费等为治疗和康复支付的合理费用,以及因误工减少的收入。造成被害人残疾的,还应当赔偿残疾生活辅助具费等费用;造成被害人死亡的,还应当赔偿丧葬费等费用。

驾驶机动车致人伤亡或者造成公私财产重大损失,构成犯罪的,依照《中华人民共和国道路交通安全法》第七十六条的规定确定赔偿责任。

附带民事诉讼当事人就民事赔偿问题达成调解、和解协议的，赔偿范围、数额不受第二款、第三款规定的限制。

第一百五十六条 人民检察院提起附带民事诉讼的，人民法院经审理，认为附带民事诉讼被告人依法应当承担赔偿责任的，应当判令附带民事诉讼被告人直接向遭受损失的单位作出赔偿；遭受损失的单位已经终止，有权利义务继受人的，应当判令其向继受人作出赔偿；没有权利义务继受人的，应当判令其向人民检察院交付赔偿款，由人民检察院上缴国库。

第一百五十七条 审理刑事附带民事诉讼案件，人民法院应当结合被告人赔偿被害人物质损失的情况认定其悔罪表现，并在量刑时予以考虑。

第一百五十八条 附带民事诉讼原告人经传唤，无正当理由拒不到庭，或者未经法庭许可中途退庭的，应当按撤诉处理。

刑事被告人以外的附带民事诉讼被告人经传唤，无正当理由拒不到庭，或者未经法庭许可中途退庭的，附带民事部分可以缺席判决。

第一百五十九条 附带民事诉讼应当同刑事案件一并审判，只有为了防止刑事案件审判的过分迟延，才可以在刑事案件审判后，由同一审判组织继续审理附带民事诉讼；同一审判组织的成员确实不能继续参与审判的，可以更换。

第一百六十条 人民法院认定公诉案件被告人的行为不构成犯罪，对已经提起的附带民事诉讼，经调解不能达成协议的，应当一并作出刑事附带民事判决。

人民法院准许人民检察院撤回起诉的公诉案件，对已经提起的附带民事诉讼，可以进行调解；不宜调解或者经调解不能达成协议的,应当裁定驳回起诉,并告知附带民事诉讼原告人可以另行提起民事诉讼。

第一百六十一条 第一审期间未提起附带民事诉讼,在第二审期间提起的,第二审人民法院可以依法进行调解;调解不成的,告知当事人可以在刑事判决、裁定生效后另行提起民事诉讼。

第一百六十二条 人民法院审理附带民事诉讼案件,不收取诉讼费。

第一百六十三条 人民法院审理附带民事诉讼案件,除刑法、刑事诉讼法以及刑事司法解释已有规定的以外,适用民事法律的有关规定。

第一百六十四条 被害人或者其法定代理人、近亲属在刑事诉讼过程中未提起附带民事诉讼,另行提起民事诉讼的,人民法院可以进行调解,或者根据物质损失情况作出判决。

第七章 期间、送达、审理期限

第一百六十五条 以月计算的期限,自本月某日至下月同日为一个月。期限起算日为本月最后一日的,至下月最后一日为一个月。下月同日不存在的,自本月某日至下月最后一日为一个月。半个月一律按十五日计算。

第一百六十六条 当事人由于不能抗拒的原因或者有其他正当理由而耽误期限,依法申请继续进行应当在期满前完成的诉讼活动的，人民法院查证属实后，应当裁定准许。

第一百六十七条 送达诉讼文书，应当由收件人签收。收件人不在的，可以由其成年家属或者所在单位负责收件的人员代收。

收件人或者代收人在送达回证上签收的日期为送达日期。

收件人或者代收人拒绝签收的，送达人可以邀请见证人到场，说明情况，在送达回证上注明拒收的事由和日期，由送达人、见证人签名或者盖章，将诉讼文书留在收件人、代收人的住处或者单位；也可以把诉讼文书留在受送达人的住处，并采用拍照、录像等方式记录送达过程，即视为送达。

第一百六十八条 直接送达诉讼文书有困难的，可以委托收件人所在地的人民法院代为送达，或者邮寄送达。

第一百六十九条 委托送达的，应当将委托函、委托送达的诉讼文书及送达回证寄送受托法院。受托法院收到后，应当登记，在十日内送达收件人，并将送达回证寄送委托法院；无法送达的，应当告知委托法院，并将诉讼文书及送达回证退回。

第一百七十条 邮寄送达的，应当将诉讼文书、送达回证挂号邮寄给收件人。挂号回执上注明的日期为送达日期。

第一百七十一条 诉讼文书的收件人是军人的，可以通过其所在部队团级以上单位的政治部门转交。

收件人正在服刑的，可以通过执行机关转交。

收件人正在被采取强制性教育措施的，可以通过强制性教育机构转交。

由有关部门、单位代为转交诉讼文书的，应当请有关部门、单位收到后立即交收件人签收，并将送达回证及时寄送人民法院。

第一百七十二条　指定管辖案件的审理期限，自被指定管辖的人民法院收到指定管辖决定书和有关案卷、证据材料之日起计算。

第一百七十三条　申请上级人民法院批准延长审理期限，应当在期限届满十五日前层报。有权决定的人民法院不同意延长的，应当在审理期限届满五日前作出决定。

因特殊情况申请最高人民法院批准延长审理期限，最高人民法院经审查，予以批准的，可以延长审理期限一至三个月。期限届满案件仍然不能审结的，可以再次提出申请。

第一百七十四条　审判期间，对被告人作精神病鉴定的时间不计入审理期限。

第八章　审判组织

第一百七十五条　审判长由审判员担任。助理审判员由本院院长提出，经审判委员会通过，可以临时代行审判员职务，并可以担任审判长。

第一百七十六条　开庭审理和评议案件，应当由同一合议庭进行。合议庭成员在评议案件时，应当独立表达意见并说明理由。意见分歧的，应当按多数意见作出决定，但少数意见应当记入笔录。评议笔录由合议庭的组成人员在审阅确认无误后签名。评议情况应当保密。

第一百七十七条　审判员依法独任审判时，行使与审判长相同的职权。

第一百七十八条 合议庭审理、评议后,应当及时作出判决、裁定。

拟判处死刑的案件、人民检察院抗诉的案件,合议庭应当提请院长决定提交审判委员会讨论决定。

对合议庭成员意见有重大分歧的案件、新类型案件、社会影响重大的案件以及其他疑难、复杂、重大的案件,合议庭认为难以作出决定的,可以提请院长决定提交审判委员会讨论决定。

人民陪审员可以要求合议庭将案件提请院长决定是否提交审判委员会讨论决定。

对提请院长决定提交审判委员会讨论决定的案件,院长认为不必要的,可以建议合议庭复议一次。

独任审判的案件,审判员认为有必要的,也可以提请院长决定提交审判委员会讨论决定。

第一百七十九条 审判委员会的决定,合议庭、独任审判员应当执行;有不同意见的,可以建议院长提交审判委员会复议。

第九章 公诉案件第一审普通程序

第一节 审查受理与庭前准备

第一百八十条 对提起公诉的案件,人民法院应当在收到起诉书(一式八份,每增加一名被告人,增加起诉书五份)和

案卷、证据后,指定审判人员审查以下内容:

(一)是否属于本院管辖;

(二)起诉书是否写明被告人的身份,是否受过或者正在接受刑事处罚,被采取强制措施的种类、羁押地点、犯罪的时间、地点、手段、后果以及其他可能影响定罪量刑的情节;

(三)是否移送证明指控犯罪事实的证据材料,包括采取技术侦查措施的批准决定和所收集的证据材料;

(四)是否查封、扣押、冻结被告人的违法所得或者其他涉案财物,并附证明相关财物依法应当追缴的证据材料;

(五)是否列明被害人的姓名、住址、联系方式;是否附有证人、鉴定人名单;是否申请法庭通知证人、鉴定人、有专门知识的人出庭,并列明有关人员的姓名、性别、年龄、职业、住址、联系方式;是否附有需要保护的证人、鉴定人、被害人名单;

(六)当事人已委托辩护人、诉讼代理人,或者已接受法律援助的,是否列明辩护人、诉讼代理人的姓名、住址、联系方式;

(七)是否提起附带民事诉讼;提起附带民事诉讼的,是否列明附带民事诉讼当事人的姓名、住址、联系方式,是否附有相关证据材料;

(八)侦查、审查起诉程序的各种法律手续和诉讼文书是否齐全;

(九)有无刑事诉讼法第十五条第二项至第六项规定的不追究刑事责任的情形。

第一百八十一条 人民法院对提起公诉的案件审查后,应当按照下列情形分别处理:

（一）属于告诉才处理的案件，应当退回人民检察院，并告知被害人有权提起自诉；

（二）不属于本院管辖或者被告人不在案的，应当退回人民检察院；

（三）不符合前条第二项至第八项规定之一，需要补充材料的，应当通知人民检察院在三日内补送；

（四）依照刑事诉讼法第一百九十五条第三项规定宣告被告人无罪后，人民检察院根据新的事实、证据重新起诉的，应当依法受理；

（五）依照本解释第二百四十二条规定裁定准许撤诉的案件，没有新的事实、证据，重新起诉的，应当退回人民检察院；

（六）符合刑事诉讼法第十五条第二项至第六项规定情形的，应当裁定终止审理或者退回人民检察院；

（七）被告人真实身份不明，但符合刑事诉讼法第一百五十八条第二款规定的，应当依法受理。

对公诉案件是否受理，应当在七日内审查完毕。

第一百八十二条 开庭审理前，人民法院应当进行下列工作：

（一）确定审判长及合议庭组成人员；

（二）开庭十日前将起诉书副本送达被告人、辩护人；

（三）通知当事人、法定代理人、辩护人、诉讼代理人在开庭五日前提供证人、鉴定人名单，以及拟当庭出示的证据；申请证人、鉴定人、有专门知识的人出庭的，应当列明有关人员的姓名、性别、年龄、职业、住址、联系方式；

（四）开庭三日前将开庭的时间、地点通知人民检察院；

（五）开庭三日前将传唤当事人的传票和通知辩护人、诉讼代理人、法定代理人、证人、鉴定人等出庭的通知书送达；通知有关人员出庭，也可以采取电话、短信、传真、电子邮件等能够确认对方收悉的方式；

（六）公开审理的案件，在开庭三日前公布案由、被告人姓名、开庭时间和地点。

上述工作情况应当记录在案。

第一百八十三条 案件具有下列情形之一的，审判人员可以召开庭前会议：

（一）当事人及其辩护人、诉讼代理人申请排除非法证据的；

（二）证据材料较多、案情重大复杂的；

（三）社会影响重大的；

（四）需要召开庭前会议的其他情形。

召开庭前会议，根据案件情况，可以通知被告人参加。

第一百八十四条 召开庭前会议，审判人员可以就下列问题向控辩双方了解情况，听取意见：

（一）是否对案件管辖有异议；

（二）是否申请有关人员回避；

（三）是否申请调取在侦查、审查起诉期间公安机关、人民检察院收集但未随案移送的证明被告人无罪或者罪轻的证据材料；

（四）是否提供新的证据；

（五）是否对出庭证人、鉴定人、有专门知识的人的名单有异议；

（六）是否申请排除非法证据；

（七）是否申请不公开审理；

（八）与审判相关的其他问题。

审判人员可以询问控辩双方对证据材料有无异议，对有异议的证据，应当在庭审时重点调查；无异议的，庭审时举证、质证可以简化。

被害人或者其法定代理人、近亲属提起附带民事诉讼的，可以调解。

庭前会议情况应当制作笔录。

第一百八十五条　开庭审理前，合议庭可以拟出法庭审理提纲，提纲一般包括下列内容：

（一）合议庭成员在庭审中的分工；

（二）起诉书指控的犯罪事实的重点和认定案件性质的要点；

（三）讯问被告人时需了解的案情要点；

（四）出庭的证人、鉴定人、有专门知识的人、侦查人员的名单；

（五）控辩双方申请当庭出示的证据的目录；

（六）庭审中可能出现的问题及应对措施。

第一百八十六条　审判案件应当公开进行。

案件涉及国家秘密或者个人隐私的，不公开审理；涉及商业秘密，当事人提出申请的，法庭可以决定不公开审理。

不公开审理的案件，任何人不得旁听，但法律另有规定的除外。

第一百八十七条　精神病人、醉酒的人、未经人民法院批准的未成年人以及其他不宜旁听的人不得旁听案件审理。

第一百八十八条　被害人、诉讼代理人经传唤或者通知未到庭，不影响开庭审理的，人民法院可以开庭审理。

辩护人经通知未到庭，被告人同意的，人民法院可以开庭审理，但被告人属于应当提供法律援助情形的除外。

第一百八十九条 开庭审理前，书记员应当依次进行下列工作：

（一）受审判长委托，查明公诉人、当事人、证人及其他诉讼参与人是否到庭；

（二）宣读法庭规则；

（三）请公诉人及相关诉讼参与人入庭；

（四）请审判长、审判员（人民陪审员）入庭；

（五）审判人员就座后，向审判长报告开庭前的准备工作已经就绪。

第二节 宣布开庭与法庭调查

第一百九十条 审判长宣布开庭，传被告人到庭后，应当查明被告人的下列情况：

（一）姓名、出生日期、民族、出生地、文化程度、职业、住址，或者被告单位的名称、住所地、诉讼代表人的姓名、职务；

（二）是否受过法律处分及处分的种类、时间；

（三）是否被采取强制措施及强制措施的种类、时间；

（四）收到起诉书副本的日期；有附带民事诉讼的，附带民事诉讼被告人收到附带民事起诉状的日期。

被告人较多的，可以在开庭前查明上述情况，但开庭时审判长应当作出说明。

第一百九十一条 审判长宣布案件的来源、起诉的案由、附带民事诉讼当事人的姓名及是否公开审理；不公开审理的，应当宣布理由。

第一百九十二条 审判长宣布合议庭组成人员、书记员、公诉人名单及辩护人、鉴定人、翻译人员等诉讼参与人的名单。

第一百九十三条 审判长应当告知当事人及其法定代理人、辩护人、诉讼代理人在法庭审理过程中依法享有下列诉讼权利：

（一）可以申请合议庭组成人员、书记员、公诉人、鉴定人和翻译人员回避；

（二）可以提出证据，申请通知新的证人到庭、调取新的证据，申请重新鉴定或者勘验、检查；

（三）被告人可以自行辩护；

（四）被告人可以在法庭辩论终结后作最后陈述。

第一百九十四条 审判长应当询问当事人及其法定代理人、辩护人、诉讼代理人是否申请回避、申请何人回避和申请回避的理由。

当事人及其法定代理人、辩护人、诉讼代理人申请回避的，依照刑事诉讼法及本解释的有关规定处理。

同意或者驳回回避申请的决定及复议决定，由审判长宣布，并说明理由。必要时，也可以由院长到庭宣布。

第一百九十五条 审判长宣布法庭调查开始后，应当先由公诉人宣读起诉书；有附带民事诉讼的，再由附带民事诉讼原告人或者其法定代理人、诉讼代理人宣读附带民事起诉状。

第一百九十六条 起诉书指控的被告人的犯罪事实为两起以上的，法庭调查一般应当分别进行。

第一百九十七条 在审判长主持下，被告人、被害人可以就起诉书指控的犯罪事实分别陈述。

第一百九十八条 在审判长主持下，公诉人可以就起诉书指控的犯罪事实讯问被告人。

经审判长准许,被害人及其法定代理人、诉讼代理人可以就公诉人讯问的犯罪事实补充发问;附带民事诉讼原告人及其法定代理人、诉讼代理人可以就附带民事部分的事实向被告人发问;被告人的法定代理人、辩护人,附带民事诉讼被告人及其法定代理人、诉讼代理人可以在控诉一方就某一问题讯问完毕后向被告人发问。

第一百九十九条 讯问同案审理的被告人,应当分别进行。必要时,可以传唤同案被告人等到庭对质。

第二百条 经审判长准许,控辩双方可以向被害人、附带民事诉讼原告人发问。

第二百零一条 审判人员可以讯问被告人。必要时,可以向被害人、附带民事诉讼当事人发问。

第二百零二条 公诉人可以提请审判长通知证人、鉴定人出庭作证,或者出示证据。被害人及其法定代理人、诉讼代理人,附带民事诉讼原告人及其诉讼代理人也可以提出申请。

在控诉一方举证后,被告人及其法定代理人、辩护人可以提请审判长通知证人、鉴定人出庭作证,或者出示证据。

第二百零三条 控辩双方申请证人出庭作证,出示证据,应当说明证据的名称、来源和拟证明的事实。法庭认为有必要的,应当准许;对方提出异议,认为有关证据与案件无关或者明显重复、不必要,法庭经审查异议成立的,可以不予准许。

第二百零四条 已经移送人民法院的证据,控辩双方需要出示的,可以向法庭提出申请。法庭同意的,应当指令值庭法警出示、播放;需要宣读的,由值庭法警交由申请人宣读。

第二百零五条 公诉人、当事人或者辩护人、诉讼代理人对证人证言有异议，且该证人证言对定罪量刑有重大影响，或者对鉴定意见有异议，申请法庭通知证人、鉴定人出庭作证，人民法院认为有必要的，应当通知证人、鉴定人出庭；无法通知或者证人、鉴定人拒绝出庭的，应当及时告知申请人。

第二百零六条　证人具有下列情形之一，无法出庭作证的，人民法院可以准许其不出庭：

（一）在庭审期间身患严重疾病或者行动极为不便的；

（二）居所远离开庭地点且交通极为不便的；

（三）身处国外短期无法回国的；

（四）有其他客观原因，确实无法出庭的。

具有前款规定情形的，可以通过视频等方式作证。

第二百零七条　证人出庭作证所支出的交通、住宿、就餐等费用，人民法院应当给予补助。

第二百零八条　强制证人出庭的，应当由院长签发强制证人出庭令。

第二百零九条　审判危害国家安全犯罪、恐怖活动犯罪、黑社会性质的组织犯罪、毒品犯罪等案件，证人、鉴定人、被害人因出庭作证，本人或者其近亲属的人身安全面临危险的，人民法院应当采取不公开其真实姓名、住址和工作单位等个人信息，或者不暴露其外貌、真实声音等保护措施。

审判期间，证人、鉴定人、被害人提出保护请求的，人民法院应当立即审查；认为确有保护必要的，应当及时决定采取相应保护措施。

第二百一十条　决定对出庭作证的证人、鉴定人、被害人采取不公开个人信息的保护措施的，审判人员应当在开庭前核实其身份，对证人、鉴定人如实作证的保证书不得公开，在判决书、裁定书等法律文书中可以使用化名等代替其个人信息。

第二百一十一条 证人、鉴定人到庭后，审判人员应当核实其身份、与当事人以及本案的关系，并告知其有关作证的权利义务和法律责任。

证人、鉴定人作证前，应当保证向法庭如实提供证言、说明鉴定意见，并在保证书上签名。

第二百一十二条 向证人、鉴定人发问，应当先由提请通知的一方进行；发问完毕后，经审判长准许，对方也可以发问。

第二百一十三条 向证人发问应当遵循以下规则：

（一）发问的内容应当与本案事实有关；

（二）不得以诱导方式发问；

（三）不得威胁证人；

（四）不得损害证人的人格尊严。

前款规定适用于对被告人、被害人、附带民事诉讼当事人、鉴定人、有专门知识的人的讯问、发问。

第二百一十四条 控辩双方的讯问、发问方式不当或者内容与本案无关的，对方可以提出异议，申请审判长制止，审判长应当判明情况予以支持或者驳回；对方未提出异议的，审判长也可以根据情况予以制止。

第二百一十五条 审判人员认为必要时，可以询问证人、鉴定人、有专门知识的人。

第二百一十六条 向证人、鉴定人、有专门知识的人发问应当分别进行。证人、鉴定人、有专门知识的人经控辩双方发问或者审判人员询问后，审判长应当告知其退庭。

证人、鉴定人、有专门知识的人不得旁听对本案的审理。

第二百一十七条 公诉人、当事人及其辩护人、诉讼代理人申请法庭通知有专门知识的人出庭,就鉴定意见提出意见的,应当说明理由。法庭认为有必要的,应当通知有专门知识的人出庭。

申请有专门知识的人出庭,不得超过二人。有多种类鉴定意见的,可以相应增加人数。

有专门知识的人出庭,适用鉴定人出庭的有关规定。

第二百一十八条 举证方当庭出示证据后,由对方进行辨认并发表意见。控辩双方可以互相质问、辩论。

第二百一十九条 当庭出示的证据,尚未移送人民法院的,应当在质证后移交法庭。

第二百二十条 法庭对证据有疑问的,可以告知公诉人、当事人及其法定代理人、辩护人、诉讼代理人补充证据或者作出说明;必要时,可以宣布休庭,对证据进行调查核实。

对公诉人、当事人及其法定代理人、辩护人、诉讼代理人补充的和法庭庭外调查核实取得的证据,应当经过当庭质证才能作为定案的根据。但是,经庭外征求意见,控辩双方没有异议的除外。

有关情况,应当记录在案。

第二百二十一条 公诉人申请出示开庭前未移送人民法院的证据,辩护方提出异议的,审判长应当要求公诉人说明理由;理由成立并确有出示必要的,应当准许。

辩护方提出需要对新的证据作辩护准备的,法庭可以宣布休庭,并确定准备辩护的时间。

辩护方申请出示开庭前未提交的证据,参照适用前两款的规定。

第二百二十二条 法庭审理过程中,当事人及其辩护人、诉讼代理人申请通知新的证人到庭，调取新的证据，申请重新鉴定或者勘验的，应当提供证人的姓名、证据的存放地点，说明拟证明的案件事实，要求重新鉴定或者勘验的理由。法庭认为有必要的，应当同意，并宣布延期审理；不同意的，应当说明理由并继续审理。

延期审理的案件，符合刑事诉讼法第二百零二条第一款规定的，可以报请上级人民法院批准延长审理期限。

人民法院同意重新鉴定申请的，应当及时委托鉴定，并将鉴定意见告知人民检察院、当事人及其辩护人、诉讼代理人。

第二百二十三条 审判期间，公诉人发现案件需要补充侦查，建议延期审理的，合议庭应当同意，但建议延期审理不得超过两次。

人民检察院将补充收集的证据移送人民法院的，人民法院应当通知辩护人、诉讼代理人查阅、摘抄、复制。

补充侦查期限届满后，经法庭通知，人民检察院未将案件移送人民法院，且未说明原因的，人民法院可以决定按人民检察院撤诉处理。

第二百二十四条 人民法院向人民检察院调取需要调查核实的证据材料，或者根据被告人、辩护人的申请，向人民检察院调取在侦查、审查起诉期间收集的有关被告人无罪或者罪轻的证据材料，应当通知人民检察院在收到调取证据材料决定书后三日内移交。

第二百二十五条 法庭审理过程中，对与量刑有关的事实、证据，应当进行调查。

人民法院除应当审查被告人是否具有法定量刑情节外，还应当根据案件情况审查以下影响量刑的情节：

（一）案件起因；

（二）被害人有无过错及过错程度，是否对矛盾激化负有责任及责任大小；

（三）被告人的近亲属是否协助抓获被告人；

（四）被告人平时表现，有无悔罪态度；

（五）退赃、退赔及赔偿情况；

（六）被告人是否取得被害人或者其近亲属谅解；

（七）影响量刑的其他情节。

第二百二十六条　审判期间，合议庭发现被告人可能有自首、坦白、立功等法定量刑情节，而人民检察院移送的案卷中没有相关证据材料的，应当通知人民检察院移送。

审判期间，被告人提出新的立功线索的，人民法院可以建议人民检察院补充侦查。

第二百二十七条　对被告人认罪的案件，在确认被告人了解起诉书指控的犯罪事实和罪名，自愿认罪且知悉认罪的法律后果后，法庭调查可以主要围绕量刑和其他有争议的问题进行。

对被告人不认罪或者辩护人作无罪辩护的案件，法庭调查应当在查明定罪事实的基础上，查明有关量刑事实。

第三节　法庭辩论与最后陈述

第二百二十八条　合议庭认为案件事实已经调查清楚的，应当由审判长宣布法庭调查结束，开始就定罪、量刑的事实、证据和适用法律等问题进行法庭辩论。

第二百二十九条　法庭辩论应当在审判长的主持下，按照下列顺序进行：

（一）公诉人发言；

（二）被害人及其诉讼代理人发言；

（三）被告人自行辩护；

（四）辩护人辩护；

（五）控辩双方进行辩论。

第二百三十条　人民检察院可以提出量刑建议并说明理由，量刑建议一般应当具有一定的幅度。当事人及其辩护人、诉讼代理人可以对量刑提出意见并说明理由。

第二百三十一条　对被告人认罪的案件，法庭辩论时，可以引导控辩双方主要围绕量刑和其他有争议的问题进行。

对被告人不认罪或者辩护人作无罪辩护的案件，法庭辩论时，可以引导控辩双方先辩论定罪问题，后辩论量刑问题。

第二百三十二条　附带民事部分的辩论应当在刑事部分的辩论结束后进行，先由附带民事诉讼原告人及其诉讼代理人发言，后由附带民事诉讼被告人及其诉讼代理人答辩。

第二百三十三条　法庭辩论过程中，审判长应当充分听取控辩双方的意见，对控辩双方与案件无关、重复或者指责对方的发言应当提醒、制止。

第二百三十四条　法庭辩论过程中，合议庭发现与定罪、量刑有关的新的事实，有必要调查的，审判长可以宣布暂停辩论，恢复法庭调查，在对新的事实调查后，继续法庭辩论。

第二百三十五条　审判长宣布法庭辩论终结后，合议庭应当保证被告人充分行使最后陈述的权利。被告人在最后陈述中多次重复自己的意见的，审判长可以制止。陈述内容蔑视法庭、公诉人，损害他人及社会公共利益，或者与本案无关的，应当制止。

在公开审理的案件中，被告人最后陈述的内容涉及国家秘密、个人隐私或者商业秘密的，应当制止。

第二百三十六条 被告人在最后陈述中提出新的事实、证据，合议庭认为可能影响正确裁判的，应当恢复法庭调查；被告人提出新的辩解理由，合议庭认为可能影响正确裁判的，应当恢复法庭辩论。

第四节 评议案件与宣告判决

第二百三十七条 被告人最后陈述后，审判长应当宣布休庭，由合议庭进行评议。

第二百三十八条 开庭审理的全部活动，应当由书记员制作笔录；笔录经审判长审阅后，分别由审判长和书记员签名。

第二百三十九条 法庭笔录应当在庭审后交由当事人、法定代理人、辩护人、诉讼代理人阅读或者向其宣读。

法庭笔录中的出庭证人、鉴定人、有专门知识的人的证言、意见部分，应当在庭审后分别交由有关人员阅读或者向其宣读。

前两款所列人员认为记录有遗漏或者差错的，可以请求补充或者改正；确认无误后，应当签名；拒绝签名的，应当记录在案；要求改变庭审中陈述的，不予准许。

第二百四十条 合议庭评议案件，应当根据已经查明的事实、证据和有关法律规定，在充分考虑控辩双方意见的基础上，确定被告人是否有罪、构成何罪，有无从重、从轻、减轻或者免除处罚情节，应否处以刑罚、判处何种刑罚，附带民事诉讼如何解决，查封、扣押、冻结的财物及其孳息如何处理等，并依法作出判决、裁定。

第二百四十一条 对第一审公诉案件，人民法院审理后，应当按照下列情形分别作出判决、裁定：

（一）起诉指控的事实清楚，证据确实、充分，依据法律认定指控被告人的罪名成立的，应当作出有罪判决；

（二）起诉指控的事实清楚，证据确实、充分，指控的罪名与审理认定的罪名不一致的，应当按照审理认定的罪名作出有罪判决；

（三）案件事实清楚，证据确实、充分，依据法律认定被告人无罪的，应当判决宣告被告人无罪；

（四）证据不足，不能认定被告人有罪的，应当以证据不足、指控的犯罪不能成立，判决宣告被告人无罪；

（五）案件部分事实清楚，证据确实、充分的，应当作出有罪或者无罪的判决；对事实不清、证据不足部分，不予认定；

（六）被告人因不满十六周岁，不予刑事处罚的，应当判决宣告被告人不负刑事责任；

（七）被告人是精神病人，在不能辨认或者不能控制自己行为时造成危害结果，不予刑事处罚的，应当判决宣告被告人不负刑事责任；

（八）犯罪已过追诉时效期限且不是必须追诉，或者经特赦令免除刑罚的，应当裁定终止审理；

（九）被告人死亡的，应当裁定终止审理；根据已查明的案件事实和认定的证据，能够确认无罪的，应当判决宣告被告人无罪。

具有前款第二项规定情形的，人民法院应当在判决前听取控辩双方的意见，保障被告人、辩护人充分行使辩护权。必要时，可以重新开庭，组织控辩双方围绕被告人的行为构成何罪进行辩论。

第二百四十二条 宣告判决前，人民检察院要求撤回起诉的，人民法院应当审查撤回起诉的理由，作出是否准许的裁定。

第二百四十三条　审判期间，人民法院发现新的事实，可能影响定罪的，可以建议人民检察院补充或者变更起诉；人民检察院不同意或者在七日内未回复意见的，人民法院应当就起诉指控的犯罪事实，依照本解释第二百四十一条的规定作出判决、裁定。

第二百四十四条　对依照本解释第一百八十一条第一款第四项规定受理的案件，人民法院应当在判决中写明被告人曾被人民检察院提起公诉，因证据不足，指控的犯罪不能成立，被人民法院依法判决宣告无罪的情况；前案依照刑事诉讼法第一百九十五条第三项规定作出的判决不予撤销。

第二百四十五条　合议庭成员应当在评议笔录上签名，在判决书、裁定书等法律文书上署名。

第二百四十六条　裁判文书应当写明裁判依据，阐释裁判理由，反映控辩双方的意见并说明采纳或者不予采纳的理由。

第二百四十七条　当庭宣告判决的，应当在五日内送达判决书。定期宣告判决的，应当在宣判前，先期公告宣判的时间和地点，传唤当事人并通知公诉人、法定代理人、辩护人和诉讼代理人；判决宣告后，应当立即送达判决书。

判决书应当送达人民检察院、当事人、法定代理人、辩护人、诉讼代理人，并可以送达被告人的近亲属。判决生效后，还应当送达被告人的所在单位或者原户籍地的公安派出所，或者被告单位的注册登记机关。

第二百四十八条　宣告判决，一律公开进行。公诉人、辩护人、诉讼代理人、被害人、自诉人或者附带民事诉讼原告人未到庭的,不影响宣判的进行。

宣告判决结果时,法庭内全体人员应当起立。

第五节 法庭纪律与其他规定

第二百四十九条 法庭审理过程中,诉讼参与人、旁听人员应当遵守以下纪律:

(一)服从法庭指挥,遵守法庭礼仪;

(二)不得鼓掌、喧哗、哄闹、随意走动;

(三)不得对庭审活动进行录音、录像、摄影,或者通过发送邮件、博客、微博客等方式传播庭审情况,但经人民法院许可的新闻记者除外;

(四)旁听人员不得发言、提问;

(五)不得实施其他扰乱法庭秩序的行为。

第二百五十条 法庭审理过程中,诉讼参与人或者旁听人员扰乱法庭秩序的,审判长应当按照下列情形分别处理:

(一)情节较轻的,应当警告制止并进行训诫;

(二)不听制止的,可以指令法警强行带出法庭;

(三)情节严重的,报经院长批准后,可以对行为人处一千元以下的罚款或者十五日以下的拘留;

(四)未经许可录音、录像、摄影或者通过邮件、博客、微博客等方式传播庭审情况的,可以暂扣存储介质或者相关设备。

诉讼参与人、旁听人员对罚款、拘留的决定不服的,可以直接向上一级人民法院申请复议,也可以通过决定罚款、拘留的人民法院向上一级人民法院申请复议。通过决定罚款、拘留的人民法院申请复议的,该人民法院应当自收到复议申请之日起三日内,将复议申请、罚款或者拘留决定书和有关事实、证据材料一并报上一级人民法院复议。复议期间，不停止决定的执行。

第二百五十一条　担任辩护人、诉讼代理人的律师严重扰乱法庭秩序，被强行带出法庭或者被处以罚款、拘留的，人民法院应当通报司法行政机关，并可以建议依法给予相应处罚。

第二百五十二条　聚众哄闹、冲击法庭或者侮辱、诽谤、威胁、殴打司法工作人员或者诉讼参与人，严重扰乱法庭秩序，构成犯罪的，应当依法追究刑事责任。

第二百五十三条　辩护人严重扰乱法庭秩序，被强行带出法庭或者被处以罚款、拘留，被告人自行辩护的，庭审继续进行；被告人要求另行委托辩护人，或者被告人属于应当提供法律援助情形的，应当宣布休庭。

第二百五十四条　被告人当庭拒绝辩护人辩护，要求另行委托辩护人或者指派律师的，合议庭应当准许。被告人拒绝辩护人辩护后，没有辩护人的，应当宣布休庭；仍有辩护人的，庭审可以继续进行。

有多名被告人的案件，部分被告人拒绝辩护人辩护后，没有辩护人的，根据案件情况，可以对该被告人另案处理，对其他被告人的庭审继续进行。

重新开庭后，被告人再次当庭拒绝辩护人辩护的，可以准许，但被告人不得再次另行委托辩护人或者要求另行指派律师，由其自行辩护。

被告人属于应当提供法律援助的情形，重新开庭后再次当庭拒绝辩护人辩护的，不予准许。

第二百五十五条　法庭审理过程中，辩护人拒绝为被告人辩护的，应当准许；是否继续庭审，参照适用前条的规定。

第二百五十六条 依照前两条规定另行委托辩护人或者指派律师的，自案件宣布休庭之日起至第十五日止，由辩护人准备辩护，但被告人及其辩护人自愿缩短时间的除外。

第二百五十七条 有多名被告人的案件，部分被告人具有刑事诉讼法第二百条第一款规定情形的，人民法院可以对全案中止审理；根据案件情况，也可以对该部分被告人中止审理，对其他被告人继续审理。

对中止审理的部分被告人，可以根据案件情况另案处理。

第二百五十八条 人民检察院认为人民法院审理案件违反法定程序，在庭审后提出书面纠正意见，人民法院认为正确的，应当采纳。

第十章 自诉案件第一审程序

第二百五十九条 人民法院受理自诉案件必须符合下列条件：

（一）符合刑事诉讼法第二百零四条、本解释第一条的规定；

（二）属于本院管辖；

（三）被害人告诉；

（四）有明确的被告人、具体的诉讼请求和证明被告人犯罪事实的证据。

第二百六十条 本解释第一条规定的案件，如果被害人死亡、丧失行为能力或者因受强制、威吓等无法告诉，或者是限制行为能力人以及因年老、患病、盲、聋、哑等不能亲自告诉，其法定代理人、近亲属告诉或者代为告诉的,人民法院应当依法受理。

被害人的法定代理人、近亲属告诉或者代为告诉,应当提供与被害人关系的证明和被害人不能亲自告诉的原因的证明。

第二百六十一条 提起自诉应当提交刑事自诉状;同时提起附带民事诉讼的,应当提交刑事附带民事自诉状。

第二百六十二条 自诉状应当包括以下内容:

(一)自诉人(代为告诉人)、被告人的姓名、性别、年龄、民族、出生地、文化程度、职业、工作单位、住址、联系方式;

(二)被告人实施犯罪的时间、地点、手段、情节和危害后果等;

(三)具体的诉讼请求;

(四)致送的人民法院和具状时间;

(五)证据的名称、来源等;

(六)证人的姓名、住址、联系方式等。

对两名以上被告人提出告诉的,应当按照被告人的人数提供自诉状副本。

第二百六十三条 对自诉案件,人民法院应当在十五日内审查完毕。经审查,符合受理条件的,应当决定立案,并书面通知自诉人或者代为告诉人。

具有下列情形之一的,应当说服自诉人撤回起诉;自诉人不撤回起诉的,裁定不予受理:

(一)不属于本解释第一条规定的案件的;

(二)缺乏罪证的;

(三)犯罪已过追诉时效期限的;

(四)被告人死亡的;

（五）被告人下落不明的；

（六）除因证据不足而撤诉的以外，自诉人撤诉后，就同一事实又告诉的；

（七）经人民法院调解结案后，自诉人反悔，就同一事实再行告诉的。

第二百六十四条 对已经立案，经审查缺乏罪证的自诉案件，自诉人提不出补充证据的，人民法院应当说服其撤回起诉或者裁定驳回起诉；自诉人撤回起诉或者被驳回起诉后，又提出了新的足以证明被告人有罪的证据，再次提起自诉的，人民法院应当受理。

第二百六十五条 自诉人对不予受理或者驳回起诉的裁定不服的，可以提起上诉。

第二审人民法院查明第一审人民法院作出的不予受理裁定有错误的，应当在撤销原裁定的同时，指令第一审人民法院立案受理；查明第一审人民法院驳回起诉裁定有错误的，应当在撤销原裁定的同时，指令第一审人民法院进行审理。

第二百六十六条 自诉人明知有其他共同侵害人，但只对部分侵害人提起自诉的，人民法院应当受理，并告知其放弃告诉的法律后果；自诉人放弃告诉，判决宣告后又对其他共同侵害人就同一事实提起自诉的，人民法院不予受理。

共同被害人中只有部分人告诉的，人民法院应当通知其他被害人参加诉讼，并告知其不参加诉讼的法律后果。被通知人接到通知后表示不参加诉讼或者不出庭的，视为放弃告诉。第一审宣判后，被通知人就同一事实又提起自诉的，人民法院不予受理。但是，当事人另行提起民事诉讼的，不受本解释限制。

第二百六十七条 被告人实施两个以上犯罪行为，分别属于公诉案件和自诉案件，人民法院可以一并审理。对自诉部分的审理，适用本章的规定。

第二百六十八条 自诉案件当事人因客观原因不能取得的证据，申请人民法院调取的，应当说明理由，并提供相关线索或者材料。人民法院认为有必要的，应当及时调取。

第二百六十九条 对犯罪事实清楚，有足够证据的自诉案件，应当开庭审理。

第二百七十条 自诉案件，符合简易程序适用条件的，可以适用简易程序审理。

不适用简易程序审理的自诉案件，参照适用公诉案件第一审普通程序的有关规定。

第二百七十一条 人民法院审理自诉案件，可以在查明事实、分清是非的基础上，根据自愿、合法的原则进行调解。调解达成协议的，应当制作刑事调解书，由审判人员和书记员署名，并加盖人民法院印章。调解书经双方当事人签收后，即具有法律效力。调解没有达成协议，或者调解书签收前当事人反悔的，应当及时作出判决。

刑事诉讼法第二百零四条第三项规定的案件不适用调解。

第二百七十二条 判决宣告前，自诉案件的当事人可以自行和解，自诉人可以撤回自诉。

人民法院经审查，认为和解、撤回自诉确属自愿的，应当裁定准许；认为系被强迫、威吓等，并非出于自愿的，不予准许。

第二百七十三条 裁定准许撤诉或者当事人自行和解的自诉案件，被告人被采取强制措施的，人民法院应当立即解除。

第二百七十四条 自诉人经两次传唤，无正当理由拒不到庭，或者未经法庭准许中途退庭的，人民法院应当裁定按撤诉处理。

部分自诉人撤诉或者被裁定按撤诉处理的,不影响案件的继续审理。

第二百七十五条 被告人在自诉案件审判期间下落不明的,人民法院应当裁定中止审理。被告人到案后,应当恢复审理,必要时应当对被告人依法采取强制措施。

第二百七十六条 对自诉案件,应当参照刑事诉讼法第一百九十五条和本解释第二百四十一条的有关规定作出判决;对依法宣告无罪的案件,其附带民事部分应当依法进行调解或者一并作出判决。

第二百七十七条 告诉才处理和被害人有证据证明的轻微刑事案件的被告人或者其法定代理人在诉讼过程中,可以对自诉人提起反诉。反诉必须符合下列条件:

(一)反诉的对象必须是本案自诉人;

(二)反诉的内容必须是与本案有关的行为;

(三)反诉的案件必须符合本解释第一条第一项、第二项的规定。

反诉案件适用自诉案件的规定,应当与自诉案件一并审理。自诉人撤诉的,不影响反诉案件的继续审理。

第十一章 单位犯罪案件的审理

第二百七十八条 人民法院受理单位犯罪案件,除依照本解释第一百八十条的有关规定进行审查外,还应当审查起诉书是否列明被告单位的名称、住所地、联系方式、法定代表人、主要负责人以及代表被告单位出庭的诉讼代表人的姓名、职务、联系方式。需要人民检察院补充材料的,应当通知人民检察院在三日内补送。

第二百七十九条　被告单位的诉讼代表人,应当是法定代表人或者主要负责人;法定代表人或者主要负责人被指控为单位犯罪直接负责的主管人员或者因客观原因无法出庭的,应当由被告单位委托其他负责人或者职工作为诉讼代表人。但是,有关人员被指控为单位犯罪的其他直接责任人员或者知道案件情况、负有作证义务的除外。

第二百八十条　开庭审理单位犯罪案件,应当通知被告单位的诉讼代表人出庭;没有诉讼代表人参与诉讼的,应当要求人民检察院确定。

被告单位的诉讼代表人不出庭的,应当按照下列情形分别处理：

(一)诉讼代表人系被告单位的法定代表人或者主要负责人,无正当理由拒不出庭的,可以拘传其到庭;因客观原因无法出庭,或者下落不明的,应当要求人民检察院另行确定诉讼代表人;

(二)诉讼代表人系被告单位的其他人员的,应当要求人民检察院另行确定诉讼代表人出庭。

第二百八十一条　被告单位的诉讼代表人享有刑事诉讼法规定的有关被告人的诉讼权利。开庭时,诉讼代表人席位置于审判台前左侧,与辩护人席并列。

第二百八十二条　被告单位委托辩护人,参照适用本解释的有关规定。

第二百八十三条　对应当认定为单位犯罪的案件,人民检察院只作为自然人犯罪起诉的，人民法院应当建议人民检察院对犯罪单位补充起诉。人民检察院仍以自然人犯罪起诉的，人民法院应当依法审理，按照单位犯罪中的直接负责的主管人员或者其他直接责任人员追究刑事责任，并援引刑法分则关于追究单位犯罪中直接负责的主管人员和其他直接责任人员刑事责任的条款。

第二百八十四条　被告单位的违法所得及其孳息，尚未被依法追缴或者查封、扣押、冻结的，人民法院应当决定追缴或者查封、扣押、冻结。

第二百八十五条　为保证判决的执行，人民法院可以先行查封、扣押、冻结被告单位的财产，或者由被告单位提出担保。

第二百八十六条　审判期间，被告单位被撤销、注销、吊销营业执照或者宣告破产的，对单位犯罪直接负责的主管人员和其他直接责任人员应当继续审理。

第二百八十七条　审判期间，被告单位合并、分立的，应当将原单位列为被告单位，并注明合并、分立情况。对被告单位所判处的罚金以其在新单位的财产及收益为限。

第二百八十八条　审理单位犯罪案件，本章没有规定的，参照适用本解释的有关规定。

第十二章　简易程序

第二百八十九条　基层人民法院受理公诉案件后，经审查认为案件事实清楚、证据充分的，在将起诉书副本送达被告人时，应当询问被告人对指控的犯罪事实的意见，告知其适用简易程序的法律规定。被告人对指控的犯罪事实没有异议并同意适用简易程序的，可以决定适用简易程序，并在开庭前通知人民检察院和辩护人。

对人民检察院建议适用简易程序审理的案件，依照前款的规定处理；不符合简易程序适用条件的，应当通知人民检察院。

第二百九十条 具有下列情形之一的，不适用简易程序：

（一）被告人是盲、聋、哑人；

（二）被告人是尚未完全丧失辨认或者控制自己行为能力的精神病人；

（三）有重大社会影响的；

（四）共同犯罪案件中部分被告人不认罪或者对适用简易程序有异议的；

（五）辩护人作无罪辩护的；

（六）被告人认罪但经审查认为可能不构成犯罪的；

（七）不宜适用简易程序审理的其他情形。

第二百九十一条 适用简易程序审理的案件，符合刑事诉讼法第三十四条第一款规定的，人民法院应当告知被告人及其近亲属可以申请法律援助。

第二百九十二条 适用简易程序审理案件，人民法院应当在开庭三日前，将开庭的时间、地点通知人民检察院、自诉人、被告人、辩护人，也可以通知其他诉讼参与人。

通知可以采用简便方式，但应当记录在案。

第二百九十三条 适用简易程序审理案件，被告人有辩护人的，应当通知其出庭。

第二百九十四条 适用简易程序审理案件，审判长或者独任审判员应当当庭询问被告人对指控的犯罪事实的意见,告知被告人适用简易程序审理的法律规定,确认被告人是否同意适用简易程序。

第二百九十五条 适用简易程序审理案件,可以对庭审作如下简化:

(一)公诉人可以摘要宣读起诉书;

(二)公诉人、辩护人、审判人员对被告人的讯问、发问可以简化或者省略;

(三)对控辩双方无异议的证据,可以仅就证据的名称及所证明的事项作出说明;对控辩双方有异议,或者法庭认为有必要调查核实的证据,应当出示,并进行质证;

(四)控辩双方对与定罪量刑有关的事实、证据没有异议的,法庭审理可以直接围绕罪名确定和量刑问题进行。

适用简易程序审理案件,判决宣告前应当听取被告人的最后陈述。

第二百九十六条 适用简易程序独任审判过程中,发现对被告人可能判处的有期徒刑超过三年的,应当转由合议庭审理。

第二百九十七条 适用简易程序审理案件,一般应当当庭宣判。

第二百九十八条 适用简易程序审理案件,在法庭审理过程中,有下列情形之一的,应当转为普通程序审理:

(一)被告人的行为可能不构成犯罪的;

(二)被告人可能不负刑事责任的;

(三)被告人当庭对起诉指控的犯罪事实予以否认的;

(四)案件事实不清、证据不足的;

(五)不应当或者不宜适用简易程序的其他情形。

转为普通程序审理的案件,审理期限应当从决定转为普通程序之日起计算。

第十三章 第二审程序

第二百九十九条 地方各级人民法院在宣告第一审判决、裁定时,应当告知被告人、自诉人及其法定代理人不服判决、裁定的,有权在法定期限内以书面或者口头形式,通过本院或者直接向上一级人民法院提出上诉;被告人的辩护人、近亲属经被告人同意,也可以提出上诉;附带民事诉讼当事人及其法定代理人,可以对判决、裁定中的附带民事部分提出上诉。

被告人、自诉人、附带民事诉讼当事人及其法定代理人是否提出上诉,以其在上诉期满前最后一次的意思表示为准。

第三百条 人民法院受理的上诉案件,一般应当有上诉状正本及副本。

上诉状内容应当包括:第一审判决书、裁定书的文号和上诉人收到的时间,第一审人民法院的名称,上诉的请求和理由,提出上诉的时间。被告人的辩护人、近亲属经被告人同意提出上诉的,还应当写明其与被告人的关系,并应当以被告人作为上诉人。

第三百零一条 上诉、抗诉必须在法定期限内提出。不服判决的上诉、抗诉的期限为十日;不服裁定的上诉、抗诉的期限为五日。上诉、抗诉的期限,从接到判决书、裁定书的第二日起计算。

对附带民事判决、裁定的上诉、抗诉期限，应当按照刑事部分的上诉、抗诉期限确定。附带民事部分另行审判的，上诉期限也应当按照刑事诉讼法规定的期限确定。

第三百零二条 上诉人通过第一审人民法院提出上诉的，第一审人民法院应当审查。上诉符合法律规定的，应当在上诉期满后三日内将上诉状连同案卷、证据移送上一级人民法院，并将上诉状副本送交同级人民检察院和对方当事人。

第三百零三条 上诉人直接向第二审人民法院提出上诉的，第二审人民法院应当在收到上诉状后三日内将上诉状交第一审人民法院。第一审人民法院应当审查上诉是否符合法律规定。符合法律规定的，应当在接到上诉状后三日内将上诉状连同案卷、证据移送上一级人民法院，并将上诉状副本送交同级人民检察院和对方当事人。

第三百零四条 上诉人在上诉期限内要求撤回上诉的，人民法院应当准许。

第三百零五条 上诉人在上诉期满后要求撤回上诉的，第二审人民法院应当审查。经审查，认为原判认定事实和适用法律正确，量刑适当的，应当裁定准许撤回上诉；认为原判事实不清、证据不足或者将无罪判为有罪、轻罪重判等的，应当不予准许，继续按照上诉案件审理。

被判处死刑立即执行的被告人提出上诉，在第二审开庭后宣告裁判前申请撤回上诉的，应当不予准许，继续按照上诉案件审理。

第三百零六条 地方各级人民检察院对同级人民法院第一审判决、裁定的抗诉，应当通过第一审人民法院提交抗诉书。

第一审人民法院应当在抗诉期满后三日内将抗诉书连同案卷、证据移送上一级人民法院,并将抗诉书副本送交当事人。

第三百零七条 人民检察院在抗诉期限内撤回抗诉的,第一审人民法院不再向上一级人民法院移送案件;在抗诉期满后第二审人民法院宣告裁判前撤回抗诉的,第二审人民法院可以裁定准许,并通知第一审人民法院和当事人。

第三百零八条 在上诉、抗诉期满前撤回上诉、抗诉的,第一审判决、裁定在上诉、抗诉期满之日起生效。在上诉、抗诉期满后要求撤回上诉、抗诉,第二审人民法院裁定准许的,第一审判决、裁定应当自第二审裁定书送达上诉人或者抗诉机关之日起生效。

第三百零九条 第二审人民法院对第一审人民法院移送的上诉、抗诉案卷、证据,应当审查是否包括下列内容:

(一) 移送上诉、抗诉案件函;

(二) 上诉状或者抗诉书;

(三) 第一审判决书、裁定书八份(每增加一名被告人增加一份)及其电子文本;

(四) 全部案卷、证据,包括案件审理报告和其他应当移送的材料。

前款所列材料齐全的,第二审人民法院应当收案;材料不全的,应当通知第一审人民法院及时补送。

第三百一十条 第二审人民法院审理上诉、抗诉案件,应当就第一审判决、裁定认定的事实和适用法律进行全面审查,不受上诉、抗诉范围的限制。

第三百一十一条 共同犯罪案件,只有部分被告人提出上诉,或者自诉人只对部分被告人的判决提出上诉,或者人民检察院只对部分被告人的判决提出抗诉的,第二审人民法院应当对全案进行审查,一并处理。

第三百一十二条 共同犯罪案件,上诉的被告人死亡,其他被告人未上诉的,第二审人民法院仍应对全案进行审查。经审查,死亡的被告人不构成犯罪的,应当宣告无罪;构成犯罪的,应当终止审理。对其他同案被告人仍应作出判决、裁定。

第三百一十三条 刑事附带民事诉讼案件,只有附带民事诉讼当事人及其法定代理人上诉的,第二审人民法院应当对全案进行审查。经审查,第一审判决的刑事部分并无不当的,第二审人民法院只需就附带民事部分作出处理;第一审判决的附带民事部分事实清楚,适用法律正确的,应当以刑事附带民事裁定维持原判,驳回上诉。

第三百一十四条 刑事附带民事诉讼案件,只有附带民事诉讼当事人及其法定代理人上诉的,第一审刑事部分的判决在上诉期满后即发生法律效力。

应当送监执行的第一审刑事被告人是第二审附带民事诉讼被告人的,在第二审附带民事诉讼案件审结前,可以暂缓送监执行。

第三百一十五条 对上诉、抗诉案件,应当着重审查下列内容:

(一)第一审判决认定的事实是否清楚,证据是否确实、充分;

(二)第一审判决适用法律是否正确,量刑是否适当;

(三)在侦查、审查起诉、第一审程序中,有无违反法定诉讼程序的情形;

（四）上诉、抗诉是否提出新的事实、证据；

（五）被告人的供述和辩解情况；

（六）辩护人的辩护意见及采纳情况；

（七）附带民事部分的判决、裁定是否合法、适当；

（八）第一审人民法院合议庭、审判委员会讨论的意见。

第三百一十六条 第二审期间，被告人除自行辩护外，还可以继续委托第一审辩护人或者另行委托辩护人辩护。

共同犯罪案件，只有部分被告人提出上诉，或者自诉人只对部分被告人的判决提出上诉，或者人民检察院只对部分被告人的判决提出抗诉的，其他同案被告人也可以委托辩护人辩护。

第三百一十七条 下列案件，根据刑事诉讼法第二百二十三条第一款的规定，应当开庭审理：

（一）被告人、自诉人及其法定代理人对第一审认定的事实、证据提出异议，可能影响定罪量刑的上诉案件；

（二）被告人被判处死刑立即执行的上诉案件；

（三）人民检察院抗诉的案件；

（四）应当开庭审理的其他案件。

被判处死刑立即执行的被告人没有上诉，同案的其他被告人上诉的案件，第二审人民法院应当开庭审理。

被告人被判处死刑缓期执行的上诉案件，虽不属于第一款第一项规定的情形，有条件的，也应当开庭审理。

第三百一十八条 对上诉、抗诉案件，第二审人民法院经审查，认为原判事实不清、证据不足，或者具有刑事诉讼法第二百二十七条规定的违反法定诉讼程序情形，需要发回重新审判的，可以不开庭审理。

第三百一十九条　第二审期间，人民检察院或者被告人及其辩护人提交新证据的，人民法院应当及时通知对方查阅、摘抄或者复制。

第三百二十条　开庭审理第二审公诉案件，应当在决定开庭审理后及时通知人民检察院查阅案卷。自通知后的第二日起，人民检察院查阅案卷的时间不计入审理期限。

第三百二十一条　开庭审理上诉、抗诉的公诉案件，应当通知同级人民检察院派员出庭。

抗诉案件，人民检察院接到开庭通知后不派员出庭，且未说明原因的，人民法院可以裁定按人民检察院撤回抗诉处理，并通知第一审人民法院和当事人。

第三百二十二条　开庭审理上诉、抗诉案件，除参照适用第一审程序的有关规定外，应当按照下列规定进行：

（一）法庭调查阶段，审判人员宣读第一审判决书、裁定书后，上诉案件由上诉人或者辩护人先宣读上诉状或者陈述上诉理由，抗诉案件由检察员先宣读抗诉书；既有上诉又有抗诉的案件，先由检察员宣读抗诉书，再由上诉人或者辩护人宣读上诉状或者陈述上诉理由；

（二）法庭辩论阶段，上诉案件，先由上诉人、辩护人发言，后由检察员、诉讼代理人发言；抗诉案件，先由检察员、诉讼代理人发言，后由被告人、辩护人发言；既有上诉又有抗诉的案件，先由检察员、诉讼代理人发言，后由上诉人、辩护人发言。

第三百二十三条　开庭审理上诉、抗诉案件，可以重点围绕对第一审判决、裁定有争议的问题或者有疑问的部分进行。根据案件情况，可以按照下列方式审理：

（一）宣读第一审判决书，可以只宣读案由、主要事实、证据名称和判决主文等；

（二）法庭调查应当重点围绕对第一审判决提出异议的事实、证据以及提交的新的证据等进行；对没有异议的事实、证据和情节，可以直接确认；

（三）对同案审理案件中未上诉的被告人，未被申请出庭或者人民法院认为没有必要到庭的，可以不再传唤到庭；

（四）被告人犯有数罪的案件，对其中事实清楚且无异议的犯罪，可以不在庭审时审理。

同案审理的案件，未提出上诉、人民检察院也未对其判决提出抗诉的被告人要求出庭的，应当准许。出庭的被告人可以参加法庭调查和辩论。

第三百二十四条　第二审案件依法不开庭审理的，应当讯问被告人，听取其他当事人、辩护人、诉讼代理人的意见。合议庭全体成员应当阅卷，必要时应当提交书面阅卷意见。

第三百二十五条　审理被告人或者其法定代理人、辩护人、近亲属提出上诉的案件，不得加重被告人的刑罚，并应当执行下列规定：

（一）同案审理的案件，只有部分被告人上诉的，既不得加重上诉人的刑罚，也不得加重其他同案被告人的刑罚；

（二）原判事实清楚，证据确实、充分，只是认定的罪名不当的，可以改变罪名，但不得加重刑罚；

（三）原判对被告人实行数罪并罚的，不得加重决定执行的刑罚，也不得加重数罪中某罪的刑罚；

（四）原判对被告人宣告缓刑的，不得撤销缓刑或者延长缓刑考验期；

(五)原判没有宣告禁止令的,不得增加宣告;原判宣告禁止令的,不得增加内容、延长期限;

(六)原判对被告人判处死刑缓期执行没有限制减刑的,不得限制减刑;

(七)原判事实清楚,证据确实、充分,但判处的刑罚畸轻、应当适用附加刑而没有适用的,不得直接加重刑罚、适用附加刑,也不得以事实不清、证据不足为由发回第一审人民法院重新审判。必须依法改判的,应当在第二审判决、裁定生效后,依照审判监督程序重新审判。

人民检察院抗诉或者自诉人上诉的案件,不受前款规定的限制。

第三百二十六条 人民检察院只对部分被告人的判决提出抗诉,或者自诉人只对部分被告人的判决提出上诉的,第二审人民法院不得对其他同案被告人加重刑罚。

第三百二十七条 被告人或者其法定代理人、辩护人、近亲属提出上诉的案件,第二审人民法院发回重新审判后,除有新的犯罪事实,人民检察院补充起诉的以外,原审人民法院不得加重被告人的刑罚。

第三百二十八条 原判事实不清、证据不足,第二审人民法院发回重新审判的案件,原审人民法院重新作出判决后,被告人上诉或者人民检察院抗诉的,第二审人民法院应当依法作出判决、裁定,不得再发回重新审判。

第三百二十九条 第二审人民法院发现原审人民法院在重新审判过程中,有刑事诉讼法第二百二十七条规定的情形之一,或者违反第二百二十八条规定的,应当裁定撤销原判,发回重新审判。

第三百三十条　第二审人民法院审理对刑事部分提出上诉、抗诉，附带民事部分已经发生法律效力的案件，发现第一审判决、裁定中的附带民事部分确有错误的，应当依照审判监督程序对附带民事部分予以纠正。

第三百三十一条　第二审人民法院审理对附带民事部分提出上诉，刑事部分已经发生法律效力的案件，发现第一审判决、裁定中的刑事部分确有错误的，应当依照审判监督程序对刑事部分进行再审，并将附带民事部分与刑事部分一并审理。

第三百三十二条　第二审期间，第一审附带民事诉讼原告人增加独立的诉讼请求或者第一审附带民事诉讼被告人提出反诉的，第二审人民法院可以根据自愿、合法的原则进行调解；调解不成的，告知当事人另行起诉。

第三百三十三条　对第二审自诉案件，必要时可以调解，当事人也可以自行和解。调解结案的，应当制作调解书，第一审判决、裁定视为自动撤销；当事人自行和解的，应当裁定准许撤回自诉，并撤销第一审判决、裁定。

第三百三十四条　第二审期间，自诉案件的当事人提出反诉的，应当告知其另行起诉。

第三百三十五条　第二审人民法院可以委托第一审人民法院代为宣判，并向当事人送达第二审判决书、裁定书。第一审人民法院应当在代为宣判后五日内将宣判笔录送交第二审人民法院，并在送达完毕后及时将送达回证送交第二审人民法院。

委托宣判的，第二审人民法院应当直接向同级人民检察院送达第二审判决书、裁定书。

第十四章　在法定刑以下判处刑罚和特殊假释的核准

第三百三十六条　报请最高人民法院核准在法定刑以下判处刑罚的案件，应当按照下列情形分别处理：

（一）被告人未上诉、人民检察院未抗诉的，在上诉、抗诉期满后三日内报请上一级人民法院复核。上一级人民法院同意原判的，应当书面层报最高人民法院核准；不同意的，应当裁定发回重新审判，或者改变管辖按照第一审程序重新审理。原判是基层人民法院作出的，高级人民法院可以指定中级人民法院按照第一审程序重新审理；

（二）被告人上诉或者人民检察院抗诉的，应当依照第二审程序审理。第二审维持原判，或者改判后仍在法定刑以下判处刑罚的，应当依照前项规定层报最高人民法院核准。

第三百三十七条　报请最高人民法院核准在法定刑以下判处刑罚的案件，应当报送判决书、报请核准的报告各五份，以及全部案卷、证据。

第三百三十八条　对在法定刑以下判处刑罚的案件，最高人民法院予以核准的，应当作出核准裁定书；不予核准的，应当作出不核准裁定书，并撤销原判决、裁定，发回原审人民法院重新审判或者指定其他下级人民法院重新审判。

第三百三十九条　依照本解释第三百三十六条、第三百三十八条规定发回第二审人民法院重新审判的案件，第二审人民法院可以直接改判；必须通过开庭查清事实、核实证据或者纠正原审程序违法的，应当开庭审理。

第三百四十条　最高人民法院和上级人民法院复核在法定刑以下判处刑罚案件的审理期限，参照适用刑事诉讼法第二百三十二条的规定。

第三百四十一条　报请最高人民法院核准因罪犯具有特殊情况，不受执行刑期限制的假释案件，应当按照下列情形分别处理：

（一）中级人民法院依法作出假释裁定后，应当报请高级人民法院复核。高级人民法院同意的，应当书面报请最高人民法院核准；不同意的，应当裁定撤销中级人民法院的假释裁定；

（二）高级人民法院依法作出假释裁定的，应当报请最高人民法院核准。

第三百四十二条　报请最高人民法院核准因罪犯具有特殊情况，不受执行刑期限制的假释案件，应当报送报请核准的报告、罪犯具有特殊情况的报告、假释裁定书各五份，以及全部案卷。

第三百四十三条　对因罪犯具有特殊情况，不受执行刑期限制的假释案件，最高人民法院予以核准的，应当作出核准裁定书；不予核准的，应当作出不核准裁定书，并撤销原裁定。

第十五章　死刑复核程序

第三百四十四条　报请最高人民法院核准死刑案件，应当按照下列情形分别处理：

（一）中级人民法院判处死刑的第一审案件，被告人未上诉、人民检察院未抗诉的，在上诉、抗诉期满后十日内报请高级人民法院复核。高级人民法院同意判处死刑的，应当在作出裁定后十日内报请最高人民法院核准；不同意的，应当依照第二审程序提审或者发回重新审判；

（二）中级人民法院判处死刑的第一审案件，被告人上诉或者人民检察院抗诉，高级人民法院裁定维持的，应当在作出裁定后十日内报请最高人民法院核准；

（三）高级人民法院判处死刑的第一审案件，被告人未上诉、人民检察院未抗诉的，应当在上诉、抗诉期满后十日内报请最高人民法院核准。

高级人民法院复核死刑案件，应当讯问被告人。

第三百四十五条　中级人民法院判处死刑缓期执行的第一审案件，被告人未上诉、人民检察院未抗诉的，应当报请高级人民法院核准。

高级人民法院复核死刑缓期执行案件，应当讯问被告人。

第三百四十六条　报请复核的死刑、死刑缓期执行案件，应当一案一报。报送的材料包括报请复核的报告，第一、二审裁判文书，死刑案件综合报告各五份以及全部案卷、证据。死刑案件综合报告，第一、二审裁判文书和审理报告应当附送电子文本。

同案审理的案件应当报送全案案卷、证据。

曾经发回重新审判的案件，原第一、二审案卷应当一并报送。

第三百四十七条　报请复核的报告，应当写明案由、简要案情、审理过程和判决结果。

死刑案件综合报告应当包括以下内容：

（一）被告人、被害人的基本情况。被告人有前科或者曾受过行政处罚的，应当写明；

（二）案件的由来和审理经过。案件曾经发回重新审判的，应当写明发回重新审判的原因、时间、案号等；

（三）案件侦破情况。通过技术侦查措施抓获被告人、侦破案件，以及与自首、立功认定有关的情况，应当写明；

（四）第一审审理情况。包括控辩双方意见，第一审认定的犯罪事实，合议庭和审判委员会意见；

（五）第二审审理或者高级人民法院复核情况。包括上诉理由、检察机关意见，第二审审理或者高级人民法院复核认定的事实，证据采信情况及理由，控辩双方意见及采纳情况；

（六）需要说明的问题。包括共同犯罪案件中另案处理的同案犯的定罪量刑情况，案件有无重大社会影响，以及当事人的反应等情况；

（七）处理意见。写明合议庭和审判委员会的意见。

第三百四十八条 复核死刑、死刑缓期执行案件，应当全面审查以下内容：

（一）被告人的年龄，被告人有无刑事责任能力、是否系怀孕的妇女；

（二）原判认定的事实是否清楚，证据是否确实、充分；

（三）犯罪情节、后果及危害程度；

（四）原判适用法律是否正确，是否必须判处死刑，是否必须立即执行；

（五）有无法定、酌定从重、从轻或者减轻处罚情节；

（六）诉讼程序是否合法；

（七）应当审查的其他情况。

第三百四十九条 高级人民法院复核死刑缓期执行案件，应当按照下列情形分别处理：

（一）原判认定事实和适用法律正确、量刑适当、诉讼程序合法的，应当裁定核准；

（二）原判认定的某一具体事实或者引用的法律条款等存在瑕疵，但判处被告人死刑缓期执行并无不当的，可以在纠正后作出核准的判决、裁定；

（三）原判认定事实正确，但适用法律有错误，或者量刑过重的，应当改判；

（四）原判事实不清、证据不足的，可以裁定不予核准，并撤销原判，发回重新审判，或者依法改判；

（五）复核期间出现新的影响定罪量刑的事实、证据的，可以裁定不予核准，并撤销原判，发回重新审判，或者依照本解释第二百二十条规定审理后依法改判；

（六）原审违反法定诉讼程序，可能影响公正审判的，应当裁定不予核准，并撤销原判，发回重新审判。

高级人民法院复核死刑缓期执行案件，不得加重被告人的刑罚。

第三百五十条 最高人民法院复核死刑案件，应当按照下列情形分别处理：

（一）原判认定事实和适用法律正确、量刑适当、诉讼程序合法的，应当裁定核准；

（二）原判认定的某一具体事实或者引用的法律条款等存在瑕疵，但判处被告人死刑并无不当的，可以在纠正后作出核准的判决、裁定；

（三）原判事实不清、证据不足的，应当裁定不予核准，并撤销原判，发回重新审判；

（四）复核期间出现新的影响定罪量刑的事实、证据的，应当裁定不予核准，并撤销原判，发回重新审判；

（五）原判认定事实正确，但依法不应当判处死刑的，应当裁定不予核准，并撤销原判，发回重新审判；

（六）原审违反法定诉讼程序，可能影响公正审判的，应当裁定不予核准，并撤销原判，发回重新审判。

第三百五十一条　对一人有两罪以上被判处死刑的数罪并罚案件，最高人民法院复核后，认为其中部分犯罪的死刑判决、裁定事实不清、证据不足的，应当对全案裁定不予核准，并撤销原判，发回重新审判；认为其中部分犯罪的死刑判决、裁定认定事实正确，但依法不应当判处死刑的，可以改判，并对其他应当判处死刑的犯罪作出核准死刑的判决。

第三百五十二条　对有两名以上被告人被判处死刑的案件，最高人民法院复核后，认为其中部分被告人的死刑判决、裁定事实不清、证据不足的，应当对全案裁定不予核准，并撤销原判，发回重新审判；认为其中部分被告人的死刑判决、裁定认定事实正确，但依法不应当判处死刑的，可以改判，并对其他应当判处死刑的被告人作出核准死刑的判决。

第三百五十三条　最高人民法院裁定不予核准死刑的，根据案件情况，可以发回第二审人民法院或者第一审人民法院重新审判。

第一审人民法院重新审判的，应当开庭审理。第二审人民法院重新审判的，可以直接改判；必须通过开庭查清事实、核实证据或者纠正原审程序违法的，应当开庭审理。

第三百五十四条　高级人民法院依照复核程序审理后报请最高人民法院核准死刑，最高人民法院裁定不予核准，发回高级人民法院重新审判的，高级人民法院可以依照第二审程序提审或者发回重新审判。

第三百五十五条　最高人民法院裁定不予核准死刑，发回重新审判的案件，原审人民法院应当另行组成合议庭审理，但本解释第三百五十条第四项、第五项规定的案件除外。

第三百五十六条　死刑复核期间，辩护律师要求当面反映意见的，最高人民法院有关合议庭应当在办公场所听取其意见，并制作笔录；辩护律师提出书面意见的，应当附卷。

第三百五十七条　死刑复核期间，最高人民检察院提出意见的，最高人民法院应当审查，并将采纳情况及理由反馈最高人民检察院。

第三百五十八条　最高人民法院应当根据有关规定向最高人民检察院通报死刑案件复核结果。

第十六章　查封、扣押、冻结财物及其处理

第三百五十九条　人民法院对查封、扣押、冻结的被告人财物及其孳息，应当妥善保管，并制作清单，附卷备查；对人民检察院随案移送的被告人财物及其孳息，应当根据清单核查后妥善保管。任何单位和个人不得挪用或者自行处理。

查封不动产、车辆、船舶、航空器等财物，应当扣押其权

利证书,经拍照或者录像后原地封存,或者交持有人、被告人的近亲属保管,登记并写明财物的名称、型号、权属、地址等详细情况,并通知有关财物的登记、管理部门办理查封登记手续。

扣押物品,应当登记并写明物品名称、型号、规格、数量、重量、质量、成色、纯度、颜色、新旧程度、缺损特征和来源等。扣押货币、有价证券,应当登记并写明货币、有价证券的名称、数额、面额等,货币应当存入银行专门账户,并登记银行存款凭证的名称、内容。扣押文物、金银、珠宝、名贵字画等贵重物品以及违禁品,应当拍照,需要鉴定的,应当及时鉴定。对扣押的物品应当根据有关规定及时估价。

冻结存款、汇款、债券、股票、基金份额等财产,应当登记并写明编号、种类、面值、张数、金额等。

第三百六十条 对被害人的合法财产,权属明确的,应当依法及时返还,但须经拍照、鉴定、估价,并在案卷中注明返还的理由,将原物照片、清单和被害人的领取手续附卷备查;权属不明的,应当在人民法院判决、裁定生效后,按比例返还被害人,但已获退赔的部分应予扣除。

第三百六十一条 审判期间,权利人申请出卖被扣押、冻结的债券、股票、基金份额等财产,人民法院经审查,认为不损害国家利益、被害人利益,不影响诉讼正常进行的,以及扣押、冻结的汇票、本票、支票有效期即将届满的,可以在判决、裁定生效前依法出卖,所得价款由人民法院保管,并及时告知当事人或者其近亲属。

第三百六十二条 对作为证据使用的实物,包括作为物证的货币、有价证券等,应当随案移送。第一审判决、裁定宣告后，被告人上诉或者人民检察院抗诉的，第一审人民法院应当将上述证据移送第二审人民法院。

第三百六十三条 对不宜移送的实物，应当根据情况，分别审查以下内容：

（一）大宗的、不便搬运的物品，查封、扣押机关是否随案移送查封、扣押清单，并附原物照片和封存手续，注明存放地点等；

（二）易腐烂、霉变和不易保管的物品，查封、扣押机关变卖处理后，是否随案移送原物照片、清单、变价处理的凭证（复印件）等；

（三）枪支弹药、剧毒物品、易燃易爆物品以及其他违禁品、危险物品，查封、扣押机关根据有关规定处理后，是否随案移送原物照片和清单等。

上述不宜移送的实物，应当依法鉴定、估价的，还应当审查是否附有鉴定、估价意见。

对查封、扣押的货币、有价证券等未移送的，应当审查是否附有原物照片、清单或者其他证明文件。

第三百六十四条 法庭审理过程中，对查封、扣押、冻结的财物及其孳息，应当调查其权属情况，是否属于违法所得或者依法应当追缴的其他涉案财物。

案外人对查封、扣押、冻结的财物及其孳息提出权属异议的，人民法院应当审查并依法处理。

经审查，不能确认查封、扣押、冻结的财物及其孳息属于违法所得或者依法应当追缴的其他涉案财物的，不得没收。

第三百六十五条 对查封、扣押、冻结的财物及其孳息，应当在判决书中写明名称、金额、数量、存放地点及其处理方式等。涉案财物较多，不宜在判决主文中详细列明的，可以附清单。

涉案财物未随案移送的，应当在判决书中写明，并写明由查封、扣押、冻结机关负责处理。

第三百六十六条 查封、扣押、冻结的财物及其孳息，经审查，确属违法所得或者依法应当追缴的其他涉案财物的，应当判决返还被害人，或者没收上缴国库，但法律另有规定的除外。

判决返还被害人的涉案财物，应当通知被害人认领；无人认领的，应当公告通知；公告满三个月无人认领的，应当上缴国库；上缴国库后有人认领，经查证属实的，应当申请退库予以返还；原物已经拍卖、变卖的，应当返还价款。

对侵犯国有财产的案件，被害单位已经终止且没有权利义务继受人，或者损失已经被核销的，查封、扣押、冻结的财物及其孳息应当上缴国库。

第三百六十七条 随案移送的或者人民法院查封、扣押的财物及其孳息，由第一审人民法院在判决生效后负责处理。

涉案财物未随案移送的，人民法院应当在判决生效后十日内，将判决书、裁定书送达查封、扣押机关，并告知其在一个月内将执行回单送回。

第三百六十八条 对冻结的存款、汇款、债券、股票、基金份额等财产判决没收的，第一审人民法院应当在判决生效后，将判决书、裁定书送达相关金融机构和财政部门，通知相关金融机构依法上缴国库并在接到执行通知书后十五日内，将上缴国库的凭证、执行回单送回。

第三百六十九条 查封、扣押、冻结的财物与本案无关但已列入清单的,应当由查封、扣押、冻结机关依法处理。

查封、扣押、冻结的财物属于被告人合法所有的,应当在赔偿被害人损失、执行财产刑后及时返还被告人;财物未随案移送的,应当通知查封、扣押、冻结机关将赔偿被害人损失、执行财产刑的部分移送人民法院。

第三百七十条 查封、扣押、冻结财物及其处理,本解释没有规定的,参照适用法律、其他司法解释的有关规定。

第十七章 审判监督程序

第三百七十一条 当事人及其法定代理人、近亲属对已经发生法律效力的判决、裁定提出申诉的,人民法院应当审查处理。

案外人认为已经发生法律效力的判决、裁定侵害其合法权益,提出申诉的,人民法院应当审查处理。

申诉可以委托律师代为进行。

第三百七十二条 向人民法院申诉,应当提交以下材料:

(一)申诉状。应当写明当事人的基本情况、联系方式以及申诉的事实与理由;

(二)原一、二审判决书、裁定书等法律文书。经过人民法院复查或者再审的,应当附有驳回通知书、再审决定书、再审判决书、裁定书;

(三)其他相关材料。以有新的证据证明原判决、裁定认定的事实确有错误为由申诉的,应当同时附有相关证据材料;申请人民法院调查取证的，应当附有相关线索或者材料。

申诉不符合前款规定的，人民法院应当告知申诉人补充材料；申诉人对必要材料拒绝补充且无正当理由的，不予审查。

第三百七十三条　申诉由终审人民法院审查处理。但是，第二审人民法院裁定准许撤回上诉的案件，申诉人对第一审判决提出申诉的，可以由第一审人民法院审查处理。

上一级人民法院对未经终审人民法院审查处理的申诉，可以告知申诉人向终审人民法院提出申诉，或者直接交终审人民法院审查处理，并告知申诉人；案件疑难、复杂、重大的，也可以直接审查处理。

对未经终审人民法院及其上一级人民法院审查处理，直接向上级人民法院申诉的，上级人民法院可以告知申诉人向下级人民法院提出。

第三百七十四条　对死刑案件的申诉，可以由原核准的人民法院直接审查处理，也可以交由原审人民法院审查。原审人民法院应当写出审查报告，提出处理意见，层报原核准的人民法院审查处理。

第三百七十五条　对立案审查的申诉案件，应当在三个月内作出决定，至迟不得超过六个月。

经审查，具有下列情形之一的，应当根据刑事诉讼法第二百四十二条的规定，决定重新审判：

（一）有新的证据证明原判决、裁定认定的事实确有错误，可能影响定罪量刑的；

（二）据以定罪量刑的证据不确实、不充分、依法应当排除的；

（三）证明案件事实的主要证据之间存在矛盾的；

（四）主要事实依据被依法变更或者撤销的；

（五）认定罪名错误的；

（六）量刑明显不当的；

（七）违反法律关于溯及力规定的；

（八）违反法律规定的诉讼程序，可能影响公正裁判的；

（九）审判人员在审理该案件时有贪污受贿、徇私舞弊、枉法裁判行为的。

申诉不具有上述情形的，应当说服申诉人撤回申诉；对仍然坚持申诉的，应当书面通知驳回。

第三百七十六条 具有下列情形之一，可能改变原判决、裁定据以定罪量刑的事实的证据，应当认定为刑事诉讼法第二百四十二条第一项规定的"新的证据"：

（一）原判决、裁定生效后新发现的证据；

（二）原判决、裁定生效前已经发现，但未予收集的证据；

（三）原判决、裁定生效前已经收集，但未经质证的证据；

（四）原判决、裁定所依据的鉴定意见、勘验、检查等笔录或者其他证据被改变或者否定的。

第三百七十七条 申诉人对驳回申诉不服的，可以向上一级人民法院申诉。上一级人民法院经审查认为申诉不符合刑事诉讼法第二百四十二条和本解释第三百七十五条第二款规定的，应当说服申诉人撤回申诉；对仍然坚持申诉的，应当驳回或者通知不予重新审判。

第三百七十八条 各级人民法院院长发现本院已经发生法律效力的判决、裁定确有错误的，应当提交审判委员会讨论决定是否再审。

第三百七十九条 上级人民法院发现下级人民法院已经发

生法律效力的判决、裁定确有错误的，可以指令下级人民法院再审；原判决、裁定认定事实正确但适用法律错误，或者案件疑难、复杂、重大，或者有不宜由原审人民法院审理情形的，也可以提审。

上级人民法院指令下级人民法院再审的，一般应当指令原审人民法院以外的下级人民法院审理；由原审人民法院审理更有利于查明案件事实、纠正裁判错误的，可以指令原审人民法院审理。

第三百八十条　对人民检察院依照审判监督程序提出抗诉的案件，人民法院应当在收到抗诉书后一个月内立案。但是，有下列情形之一的，应当区别情况予以处理：

（一）对不属于本院管辖的，应当将案件退回人民检察院；

（二）按照抗诉书提供的住址无法向被抗诉的原审被告人送达抗诉书的，应当通知人民检察院在三日内重新提供原审被告人的住址；逾期未提供的，将案件退回人民检察院；

（三）以有新的证据为由提出抗诉，但未附相关证据材料或者有关证据不是指向原起诉事实的，应当通知人民检察院在三日内补送相关材料；逾期未补送的，将案件退回人民检察院。

决定退回的抗诉案件，人民检察院经补充相关材料后再次抗诉，经审查符合受理条件的，人民法院应当受理。

第三百八十一条　对人民检察院依照审判监督程序提出抗诉的案件，接受抗诉的人民法院应当组成合议庭审理。对原判事实不清、证据不足，包括有新的证据证明原判可能有错误，需要指令下级人民法院再审的，应当在立案之日起一个月内作出决定，并将指令再审决定书送达抗诉的人民检察院。

第三百八十二条　对决定依照审判监督程序重新审判的案

件，除人民检察院抗诉的以外，人民法院应当制作再审决定书。再审期间不停止原判决、裁定的执行，但被告人可能经再审改判无罪，或者可能经再审减轻原判刑罚而致刑期届满的，可以决定中止原判决、裁定的执行，必要时，可以对被告人采取取保候审、监视居住措施。

第三百八十三条 依照审判监督程序重新审判的案件，人民法院应当重点针对申诉、抗诉和决定再审的理由进行审理。必要时，应当对原判决、裁定认定的事实、证据和适用法律进行全面审查。

第三百八十四条 原审人民法院审理依照审判监督程序重新审判的案件，应当另行组成合议庭。

原来是第一审案件，应当依照第一审程序进行审判，所作的判决、裁定可以上诉、抗诉；原来是第二审案件，或者是上级人民法院提审的案件，应当依照第二审程序进行审判，所作的判决、裁定是终审的判决、裁定。

对原审被告人、原审自诉人已经死亡或者丧失行为能力的再审案件，可以不开庭审理。

第三百八十五条 开庭审理的再审案件，再审决定书或者抗诉书只针对部分原审被告人，其他同案原审被告人不出庭不影响审理的，可以不出庭参加诉讼。

第三百八十六条 除人民检察院抗诉的以外，再审一般不得加重原审被告人的刑罚。再审决定书或者抗诉书只针对部分原审被告人的，不得加重其他同案原审被告人的刑罚。

第三百八十七条 人民法院审理人民检察院抗诉的再审案件，人民检察院在开庭审理前撤回抗诉的，应当裁定准许；人民检察院接到出庭通知后不派员出庭，且未说明原因的，可以裁定按撤回抗诉处理，并通知诉讼参与人。

人民法院审理申诉人申诉的再审案件，申诉人在再审期间撤回申诉的，应当裁定准许；申诉人经依法通知无正当理由拒不到庭，或者未经法庭许可中途退庭的，应当裁定按撤回申诉处理，但申诉人不是原审当事人的除外。

第三百八十八条　开庭审理的再审案件，系人民法院决定再审的，由合议庭组成人员宣读再审决定书；系人民检察院抗诉的，由检察人员宣读抗诉书；系申诉人申诉的，由申诉人或者其辩护人、诉讼代理人陈述申诉理由。

第三百八十九条　再审案件经过重新审理后，应当按照下列情形分别处理：

（一）原判决、裁定认定事实和适用法律正确、量刑适当的，应当裁定驳回申诉或者抗诉，维持原判决、裁定；

（二）原判决、裁定定罪准确、量刑适当，但在认定事实、适用法律等方面有瑕疵的，应当裁定纠正并维持原判决、裁定；

（三）原判决、裁定认定事实没有错误，但适用法律错误，或者量刑不当的，应当撤销原判决、裁定，依法改判；

（四）依照第二审程序审理的案件，原判决、裁定事实不清或者证据不足的，可以在查清事实后改判，也可以裁定撤销原判，发回原审人民法院重新审判。

原判决、裁定事实不清或者证据不足，经审理事实已经查清的，应当根据查清的事实依法裁判；事实仍无法查清，证据不足，不能认定被告人有罪的，应当撤销原判决、裁定，判决宣告被告人无罪。

第三百九十条　原判决、裁定认定被告人姓名等身份信息有误，但认定事实和适用法律正确、量刑适当的，作出生效判决、裁定的人民法院可以通过裁定对有关信息予以更正。

第三百九十一条 对再审改判宣告无罪并依法享有申请国家赔偿权利的当事人，人民法院宣判时，应当告知其在判决发生法律效力后可以依法申请国家赔偿。

第十八章 涉外刑事案件的审理和司法协助

第三百九十二条 本解释所称的涉外刑事案件是指：

（一）在中华人民共和国领域内，外国人犯罪的或者我国公民侵犯外国人合法权利的刑事案件；

（二）符合刑法第七条、第十条规定情形的我国公民在中华人民共和国领域外犯罪的案件；

（三）符合刑法第八条、第十条规定情形的外国人对中华人民共和国国家或者公民犯罪的案件；

（四）符合刑法第九条规定情形的中华人民共和国在所承担国际条约义务范围内行使管辖权的案件。

第三百九十三条 第一审涉外刑事案件，除刑事诉讼法第二十条至第二十二条规定的以外，由基层人民法院管辖。必要时，中级人民法院可以指定辖区内若干基层人民法院集中管辖第一审涉外刑事案件，也可以依照刑事诉讼法第二十三条的规定，审理基层人民法院管辖的第一审涉外刑事案件。

第三百九十四条 外国人的国籍，根据其入境时的有效证件确认；国籍不明的，根据公安机关或者有关国家驻华使、领馆出具的证明确认。

国籍无法查明的，以无国籍人对待，适用本章有关规定，在裁判文书中写明"国籍不明"。

第三百九十五条 在刑事诉讼中，外国籍当事人享有我国法律规定的诉讼权利并承担相应义务。

第三百九十六条 涉外刑事案件审判期间，人民法院应当将下列事项及时通报同级人民政府外事主管部门，并通知有关国家驻华使、领馆：

（一）人民法院决定对外国籍被告人采取强制措施的情况，包括外国籍当事人的姓名（包括译名）、性别、入境时间、护照或者证件号码、采取的强制措施及法律依据、羁押地点等；

（二）开庭的时间、地点、是否公开审理等事项；

（三）宣判的时间、地点。

涉外刑事案件宣判后，应当及时将处理结果通报同级人民政府外事主管部门。

对外国籍被告人执行死刑的，死刑裁决下达后执行前，应当通知其国籍国驻华使、领馆。

外国籍被告人在案件审理中死亡的，应当及时通报同级人民政府外事主管部门，并通知有关国家驻华使、领馆。

第三百九十七条 需要向有关国家驻华使、领馆通知有关事项的，应当层报高级人民法院，由高级人民法院按照下列规定通知：

（一）外国籍当事人国籍国与我国签订有双边领事条约的，根据条约规定办理；未与我国签订双边领事条约，但参加《维也纳领事关系公约》的，根据公约规定办理；未与我国签订领事条约，也未参加《维也纳领事关系公约》，但与我国有外交关系的，可以根据外事主管部门的意见，按照互惠原则，根据有关规定和国际惯例办理；

（二）在外国驻华领馆领区内发生的涉外刑事案件，通知有关外国驻该地区的领馆；在外国领馆领区外发生的涉外刑事案件，通知有关外国驻华使馆；与我国有外交关系，但未设使、领馆的国家，可以通知其代管国家驻华使、领馆；无代管国家或者代管国家不明的，可以不通知；

（三）双边领事条约规定通知时限的，应当在规定的期限内通知；无双边领事条约规定的，应当根据或者参照《维也纳领事关系公约》和国际惯例尽快通知，至迟不得超过七日；

（四）双边领事条约没有规定必须通知，外国籍当事人要求不通知其国籍国驻华使、领馆的，可以不通知，但应当由其本人出具书面声明。

高级人民法院向外国驻华使、领馆通知有关事项，必要时，可以请人民政府外事主管部门协助。

第三百九十八条　人民法院受理涉外刑事案件后，应当告知在押的外国籍被告人享有与其国籍国驻华使、领馆联系，与其监护人、近亲属会见、通信，以及请求人民法院提供翻译的权利。

第三百九十九条　涉外刑事案件审判期间，外国籍被告人在押，其国籍国驻华使、领馆官员要求探视的，可以向受理案件的人民法院所在地的高级人民法院提出。人民法院应当根据我国与被告人国籍国签订的双边领事条约规定的时限予以安排；没有条约规定的，应当尽快安排。必要时，可以请人民政府外事主管部门协助。

涉外刑事案件审判期间，外国籍被告人在押，其监护人、近亲属申请会见的,可以向受理案件的人民法院所在地的高级人民法院提出,并依照本解释第四百零三条的规定提供与被告人关系的证明。人民法院经审查认为不妨碍案件审判的,可以批准。

被告人拒绝接受探视、会见的,可以不予安排,但应当由其本人出具书面声明。

探视、会见被告人应当遵守我国法律规定。

第四百条 人民法院审理涉外刑事案件,应当公开进行,但依法不应公开审理的除外。

公开审理的涉外刑事案件,外国籍当事人国籍国驻华使、领馆官员要求旁听的,可以向受理案件的人民法院所在地的高级人民法院提出申请,人民法院应当安排。

第四百零一条 人民法院审判涉外刑事案件,使用中华人民共和国通用的语言、文字,应当为外国籍当事人提供翻译。

人民法院的诉讼文书为中文本。外国籍当事人不通晓中文的,应当附有外文译本,译本不加盖人民法院印章,以中文本为准。

外国籍当事人通晓中国语言、文字,拒绝他人翻译,或者不需要诉讼文书外文译本的,应当由其本人出具书面声明。

第四百零二条 外国籍被告人委托律师辩护,或者外国籍附带民事诉讼原告人、自诉人委托律师代理诉讼的,应当委托具有中华人民共和国律师资格并依法取得执业证书的律师。

外国籍被告人在押的,其监护人、近亲属或者其国籍国驻华使、领馆可以代为委托辩护人。其监护人、近亲属代为委托的,应当提供与被告人关系的有效证明。

外国籍当事人委托其监护人、近亲属担任辩护人、诉讼代理人的,被委托人应当提供与当事人关系的有效证明。经审查,符合刑事诉讼法、有关司法解释规定的,人民法院应当准许。

外国籍被告人没有委托辩护人的,人民法院可以通知法律援助机构为其指派律师提供辩护。被告人拒绝辩护人辩护的,应当由其出具书面声明,或者将其口头声明记录在案。被告人属于应当提供法律援助情形的,依照本解释第四十五条规定处理。

第四百零三条 外国籍当事人从中华人民共和国领域外寄交或者托交给中国律师或者中国公民的委托书,以及外国籍当事人的监护人、近亲属提供的与当事人关系的证明,必须经所在国公证机关证明,所在国中央外交主管机关或者其授权机关认证,并经我国驻该国使、领馆认证,但我国与该国之间有互免认证协定的除外。

第四百零四条 对涉外刑事案件的被告人,可以决定限制出境;对开庭审理案件时必须到庭的证人,可以要求暂缓出境。作出限制出境的决定,应当通报同级公安机关或者国家安全机关;限制外国人出境的,应当同时通报同级人民政府外事主管部门和当事人国籍国驻华使、领馆。

人民法院决定限制外国人和中国公民出境的,应当书面通知被限制出境的人在案件审理终结前不得离境,并可以采取扣留护照或者其他出入境证件的办法限制其出境;扣留证件的,应当履行必要手续,并发给本人扣留证件的证明。

对需要在边防检查站阻止外国人和中国公民出境的,受理案件的人民法院应当层报高级人民法院,由高级人民法院填写口岸阻止人员出境通知书,向同级公安机关办理交控手续。控制口岸不在本省、自治区、直辖市的,应当通过有关省、自治区、直辖市公安机关办理交控手续。紧急情况下，确有必要的，也可以先向边防检查站交控，再补办交控手续。

第四百零五条 对来自境外的证据材料，人民法院应当对材料来源、提供人、提供时间以及提取人、提取时间等进行审查。经审查，能够证明案件事实且符合刑事诉讼法规定的，可以作为证据使用，但提供人或者我国与有关国家签订的双边条约对材料的使用范围有明确限制的除外；材料来源不明或者其真实性无法确认的，不得作为定案的根据。

当事人及其辩护人、诉讼代理人提供来自境外的证据材料的，该证据材料应当经所在国公证机关证明，所在国中央外交主管机关或者其授权机关认证，并经我国驻该国使、领馆认证。

第四百零六条 涉外刑事案件，符合刑事诉讼法第二百零二条第一款、第二百三十二条规定的，经有关人民法院批准或者决定，可以延长审理期限。

第四百零七条 涉外刑事案件宣判后，外国籍当事人国籍国驻华使、领馆要求提供裁判文书的，可以向受理案件的人民法院所在地的高级人民法院提出，人民法院可以提供。

第四百零八条 根据中华人民共和国缔结或者参加的国际条约，或者按照互惠原则，人民法院和外国法院可以相互请求刑事司法协助。

外国法院请求的事项有损中华人民共和国的主权、安全、社会公共利益的，人民法院不予协助。

第四百零九条 请求和提供司法协助，应当依照中华人民共和国缔结或者参加的国际条约规定的途径进行；没有条约关系的，通过外交途径进行。

第四百一十条 人民法院请求外国提供司法协助的，应当经高级人民法院审查后报最高人民法院审核同意。

外国法院请求我国提供司法协助,属于人民法院职权范围的,经最高人民法院审核同意后转有关人民法院办理。

第四百一十一条 人民法院请求外国提供司法协助的请求书及其所附文件,应当附有该国文字译本或者国际条约规定的其他文字文本。

外国法院请求我国提供司法协助的请求书及其所附文件,应当附有中文译本或者国际条约规定的其他文字文本。

第四百一十二条 人民法院向在中华人民共和国领域外居住的当事人送达刑事诉讼文书,可以采用下列方式:

(一)根据受送达人所在国与中华人民共和国缔结或者共同参加的国际条约规定的方式送达;

(二)通过外交途径送达;

(三)对中国籍当事人,可以委托我国驻受送达人所在国的使、领馆代为送达;

(四)当事人是自诉案件的自诉人或者附带民事诉讼原告人的,可以向有权代其接受送达的诉讼代理人送达;

(五)当事人是外国单位的,可以向其在中华人民共和国领域内设立的代表机构或者有权接受送达的分支机构、业务代办人送达;

(六)受送达人所在国法律允许的,可以邮寄送达;自邮寄之日起满三个月,送达回证未退回,但根据各种情况足以认定已经送达的,视为送达;

(七)受送达人所在国法律允许的,可以采用传真、电子邮件等能够确认受送达人收悉的方式送达。

第四百一十三条 人民法院通过外交途径向在中华人民共

和国领域外居住的受送达人送达刑事诉讼文书的,所送达的文书应当经高级人民法院审查后报最高人民法院审核。最高人民法院认为可以发出的,由最高人民法院交外交部主管部门转递。

外国法院通过外交途径请求人民法院送达刑事诉讼文书的,由该国驻华使馆将法律文书交我国外交部主管部门转最高人民法院。最高人民法院审核后认为属于人民法院职权范围,且可以代为送达的,应当转有关人民法院办理。

第四百一十四条 涉外刑事案件审理过程中的其他事宜,依照法律、司法解释和其他有关规定办理。

第十九章 执行程序

第一节 死刑的执行

第四百一十五条 被判处死刑缓期执行的罪犯,在死刑缓期执行期间故意犯罪的,应当由罪犯服刑地的中级人民法院依法审判,所作的判决可以上诉、抗诉。

认定构成故意犯罪的判决、裁定发生法律效力后,应当层报最高人民法院核准执行死刑。

第四百一十六条 死刑缓期执行的期间,从判决或者裁定核准死刑缓期执行的法律文书宣告或者送达之日起计算。

死刑缓期执行期满,依法应当减刑的,人民法院应当及时减刑。死刑缓期执行期满减为无期徒刑、有期徒刑的,刑期自死刑缓期执行期满之日起计算。

第四百一十七条 最高人民法院的执行死刑命令,由高级人民法院交付第一审人民法院执行。第一审人民法院接到执行死刑命令后,应当在七日内执行。

在死刑缓期执行期间故意犯罪,最高人民法院核准执行死刑的,由罪犯服刑地的中级人民法院执行。

第四百一十八条 第一审人民法院在接到执行死刑命令后、执行前,发现有下列情形之一的,应当暂停执行,并立即将请求停止执行死刑的报告和相关材料层报最高人民法院:

(一)罪犯可能有其他犯罪的;

(二)共同犯罪的其他犯罪嫌疑人到案,可能影响罪犯量刑的;

(三)共同犯罪的其他罪犯被暂停或者停止执行死刑,可能影响罪犯量刑的;

(四)罪犯揭发重大犯罪事实或者有其他重大立功表现,可能需要改判的;

(五)罪犯怀孕的;

(六)判决、裁定可能有影响定罪量刑的其他错误的。

最高人民法院经审查,认为可能影响罪犯定罪量刑的,应当裁定停止执行死刑;认为不影响的,应当决定继续执行死刑。

第四百一十九条 最高人民法院在执行死刑命令签发后、执行前,发现有前条第一款规定情形的,应当立即裁定停止执行死刑,并将有关材料移交下级人民法院。

第四百二十条 下级人民法院接到最高人民法院停止执行死刑的裁定后,应当会同有关部门调查核实停止执行死刑的事由,并及时将调查结果和意见层报最高人民法院审核。

第四百二十一条 对下级人民法院报送的停止执行死刑的调查结果和意见,由最高人民法院原作出核准死刑判决、裁定的合议庭负责审查，必要时，另行组成合议庭进行审查。

第四百二十二条　最高人民法院对停止执行死刑的案件，应当按照下列情形分别处理：

（一）确认罪犯怀孕的，应当改判；

（二）确认罪犯有其他犯罪，依法应当追诉的，应当裁定不予核准死刑，撤销原判，发回重新审判；

（三）确认原判决、裁定有错误或者罪犯有重大立功表现，需要改判的，应当裁定不予核准死刑，撤销原判，发回重新审判；

（四）确认原判决、裁定没有错误，罪犯没有重大立功表现，或者重大立功表现不影响原判决、裁定执行的，应当裁定继续执行死刑，并由院长重新签发执行死刑的命令。

第四百二十三条　第一审人民法院在执行死刑前，应当告知罪犯有权会见其近亲属。罪犯申请会见并提供具体联系方式的，人民法院应当通知其近亲属。罪犯近亲属申请会见的，人民法院应当准许，并及时安排会见。

第四百二十四条　第一审人民法院在执行死刑三日前，应当通知同级人民检察院派员临场监督。

第四百二十五条　死刑采用枪决或者注射等方法执行。

采用注射方法执行死刑的，应当在指定的刑场或者羁押场所内执行。

采用枪决、注射以外的其他方法执行死刑的，应当事先层报最高人民法院批准。

第四百二十六条　执行死刑前，指挥执行的审判人员对罪犯应当验明正身，讯问有无遗言、信札，并制作笔录，再交执行人员执行死刑。

执行死刑应当公布,禁止游街示众或者其他有辱罪犯人格的行为。

第四百二十七条 执行死刑后,应当由法医验明罪犯确实死亡,在场书记员制作笔录。负责执行的人民法院应当在执行死刑后十五日内将执行情况,包括罪犯被执行死刑前后的照片,上报最高人民法院。

第四百二十八条 执行死刑后,负责执行的人民法院应当办理以下事项:

(一)对罪犯的遗书、遗言笔录,应当及时审查;涉及财产继承、债务清偿、家事嘱托等内容的,将遗书、遗言笔录交给家属,同时复制附卷备查;涉及案件线索等问题的,抄送有关机关;

(二)通知罪犯家属在限期内领取罪犯骨灰;没有火化条件或者因民族、宗教等原因不宜火化的,通知领取尸体;过期不领取的,由人民法院通知有关单位处理,并要求有关单位出具处理情况的说明;对罪犯骨灰或者尸体的处理情况,应当记录在案;

(三)对外国籍罪犯执行死刑后,通知外国驻华使、领馆的程序和时限,根据有关规定办理。

第二节 死刑缓期执行、无期徒刑、
有期徒刑、拘役的交付执行

第四百二十九条 被判处死刑缓期执行、无期徒刑、有期徒刑、拘役的罪犯,交付执行时在押的,第一审人民法院应当在判决、裁定生效后十日内,将判决书、裁定书、起诉书副本、自诉状复印件、执行通知书、结案登记表送达看守所,由公安机关将罪犯交付执行。

罪犯需要收押执行刑罚,而判决、裁定生效前未被羁押的,人民法院应当根据生效的判决书、裁定书将罪犯送交看守所羁押,并依照前款的规定办理执行手续。

第四百三十条 同案审理的案件中,部分被告人被判处死刑,对未被判处死刑的同案被告人需要羁押执行刑罚的,应当在其判决、裁定生效后十日内交付执行。但是,该同案被告人参与实施有关死刑之罪的,应当在最高人民法院复核讯问被判处死刑的被告人后交付执行。

第四百三十一条 执行通知书回执经看守所盖章后,应当附卷备查。

第四百三十二条 被判处无期徒刑、有期徒刑或者拘役的罪犯,符合刑事诉讼法第二百五十四条第一款、第二款的规定,人民法院决定暂予监外执行的,应当制作暂予监外执行决定书,写明罪犯基本情况、判决确定的罪名和刑罚、决定暂予监外执行的原因、依据等,通知罪犯居住地的县级司法行政机关派员办理交接手续,并将暂予监外执行决定书抄送罪犯居住地的县级人民检察院和公安机关。

人民检察院认为人民法院的暂予监外执行决定不当,在法定期限内提出书面意见的,人民法院应当立即对该决定重新核查,并在一个月内作出决定。

第四百三十三条 暂予监外执行的罪犯具有下列情形之一的,原作出暂予监外执行决定的人民法院,应当在收到执行机关的收监执行建议书后十五日内,作出收监执行的决定:

(一)不符合暂予监外执行条件的;

(二)未经批准离开所居住的市、县,经警告拒不改正,或

者拒不报告行踪,脱离监管的;

(三)因违反监督管理规定受到治安管理处罚,仍不改正的;

(四)受到执行机关两次警告,仍不改正的;

(五)保外就医期间不按规定提交病情复查情况,经警告拒不改正的;

(六)暂予监外执行的情形消失后,刑期未满的;

(七)保证人丧失保证条件或者因不履行义务被取消保证人资格,不能在规定期限内提出新的保证人的;

(八)违反法律、行政法规和监督管理规定,情节严重的其他情形。

人民法院收监执行决定书,一经作出,立即生效。

第四百三十四条 人民法院应当将收监执行决定书送交罪犯居住地的县级司法行政机关,由其根据有关规定将罪犯交付执行。收监执行决定书应当同时抄送罪犯居住地的同级人民检察院和公安机关。

第四百三十五条 被收监执行的罪犯有不计入执行刑期情形的,人民法院应当在作出收监决定时,确定不计入执行刑期的具体时间。

第三节 管制、缓刑、剥夺政治权利的交付执行

第四百三十六条 对被判处管制、宣告缓刑的罪犯,人民法院应当核实其居住地。宣判时,应当书面告知罪犯到居住地县级司法行政机关报到的期限和不按期报到的后果。判决、裁定生效后十日内,应当将判决书、裁定书、执行通知书等法律

文书送达罪犯居住地的县级司法行政机关，同时抄送罪犯居住地的县级人民检察院。

第四百三十七条 对单处剥夺政治权利的罪犯，人民法院应当在判决、裁定生效后十日内，将判决书、裁定书、执行通知书等法律文书送达罪犯居住地的县级公安机关，并抄送罪犯居住地的县级人民检察院。

第四节 财产刑和附带民事裁判的执行

第四百三十八条 财产刑和附带民事裁判由第一审人民法院负责裁判执行的机构执行。

第四百三十九条 罚金在判决规定的期限内一次或者分期缴纳。期满无故不缴纳或者未足额缴纳的，人民法院应当强制缴纳。经强制缴纳仍不能全部缴纳的，在任何时候，包括主刑执行完毕后，发现被执行人有可供执行的财产的，应当追缴。

行政机关对被告人就同一事实已经处以罚款的，人民法院判处罚金时应当折抵，扣除行政处罚已执行的部分。

判处没收财产的，判决生效后，应当立即执行。

第四百四十条 执行财产刑和附带民事裁判过程中，案外人对被执行财产提出权属异议的，人民法院应当参照民事诉讼有关执行异议的规定进行审查并作出处理。

第四百四十一条 被判处财产刑，同时又承担附带民事赔偿责任的被执行人，应当先履行民事赔偿责任。

判处财产刑之前被执行人所负正当债务，需要以被执行的财产偿还的，经债权人请求，应当偿还。

第四百四十二条 被执行人或者被执行财产在外地的，可以委托当地人民法院执行。

受托法院在执行财产刑后,应当及时将执行的财产上缴国库。

第四百四十三条 执行财产刑过程中,具有下列情形之一的,人民法院应当裁定中止执行:

(一)执行标的物系人民法院或者仲裁机构正在审理案件的争议标的物,需等待该案件审理完毕确定权属的;

(二)案外人对执行标的物提出异议的;

(三)应当中止执行的其他情形。

中止执行的原因消除后,应当恢复执行。

第四百四十四条 执行财产刑过程中,具有下列情形之一的,人民法院应当裁定终结执行:

(一)据以执行的判决、裁定被撤销的;

(二)被执行人死亡或者被执行死刑,且无财产可供执行的;

(三)被判处罚金的单位终止,且无财产可供执行的;

(四)依照刑法第五十三条规定免除罚金的;

(五)应当终结执行的其他情形。

裁定终结执行后,发现被执行人的财产有被隐匿、转移等情形的,应当追缴。

第四百四十五条 财产刑全部或者部分被撤销的,已经执行的财产应当全部或者部分返还被执行人;无法返还的,应当依法赔偿。

第四百四十六条 因遭遇不能抗拒的灾祸缴纳罚金确有困难,被执行人申请减少或者免除罚金的,应当提交相关证明材料。人民法院应当在收到申请后一个月内作出裁定。符合法定减免条件的,应当准许;不符合条件的,驳回申请。

第四百四十七条 财产刑和附带民事裁判的执行,本解释没有规定的,参照适用民事执行的有关规定。

第五节 减刑、假释案件的审理

第四百四十八条 被判处死刑缓期执行的罪犯,在死刑缓期执行期间,没有故意犯罪的,死刑缓期执行期满后,应当裁定减刑;死刑缓期执行期满后,尚未裁定减刑前又犯罪的,应当依法减刑后对其所犯新罪另行审判。

第四百四十九条 对减刑、假释案件,应当按照下列情形分别处理:

(一)对被判处死刑缓期执行的罪犯的减刑,由罪犯服刑地的高级人民法院根据同级监狱管理机关审核同意的减刑建议书裁定;

(二)对被判处无期徒刑的罪犯的减刑、假释,由罪犯服刑地的高级人民法院,在收到同级监狱管理机关审核同意的减刑、假释建议书后一个月内作出裁定,案情复杂或者情况特殊的,可以延长一个月;

(三)对被判处有期徒刑和被减为有期徒刑的罪犯的减刑、假释,由罪犯服刑地的中级人民法院,在收到执行机关提出的减刑、假释建议书后一个月内作出裁定,案情复杂或者情况特殊的,可以延长一个月;

(四)对被判处拘役、管制的罪犯的减刑,由罪犯服刑地中级人民法院,在收到同级执行机关审核同意的减刑、假释建议书后一个月内作出裁定。

对暂予监外执行罪犯的减刑,应当根据情况,分别适用前款的有关规定。

第四百五十条 受理减刑、假释案件,应当审查执行机关移送的材料是否包括下列内容:

(一) 减刑、假释建议书;

(二) 终审法院的裁判文书、执行通知书、历次减刑裁定书的复制件;

(三) 证明罪犯确有悔改、立功或者重大立功表现具体事实的书面材料;

(四) 罪犯评审鉴定表、奖惩审批表等;

(五) 罪犯假释后对所居住社区影响的调查评估报告;

(六) 根据案件情况需要移送的其他材料。

经审查,材料不全的,应当通知提请减刑、假释的执行机关补送。

第四百五十一条 审理减刑、假释案件,应当审查财产刑和附带民事裁判的执行情况,以及罪犯退赃、退赔情况。罪犯积极履行判决确定的义务的,可以认定有悔改表现,在减刑、假释时从宽掌握;确有履行能力而不履行的,在减刑、假释时从严掌握。

第四百五十二条 审理减刑、假释案件,应当对以下内容予以公示:

(一) 罪犯的姓名、年龄等个人基本情况;

(二) 原判认定的罪名和刑期;

(三) 罪犯历次减刑情况;

(四) 执行机关的减刑、假释建议和依据。

公示应当写明公示期限和提出意见的方式。公示地点为罪犯服刑场所的公共区域;有条件的地方,可以面向社会公示。

第四百五十三条 审理减刑、假释案件,应当组成合议庭,可以采用书面审理的方式，但下列案件应当开庭审理：

（一）因罪犯有重大立功表现提请减刑的；

（二）提请减刑的起始时间、间隔时间或者减刑幅度不符合一般规定的；

（三）社会影响重大或者社会关注度高的；

（四）公示期间收到投诉意见的；

（五）人民检察院有异议的；

（六）有必要开庭审理的其他案件。

第四百五十四条 人民法院作出减刑、假释裁定后，应当在七日内送达提请减刑、假释的执行机关、同级人民检察院以及罪犯本人。人民检察院认为减刑、假释裁定不当，在法定期限内提出书面纠正意见的，人民法院应当在收到意见后另行组成合议庭审理，并在一个月内作出裁定。

第四百五十五条 减刑、假释裁定作出前，执行机关书面提请撤回减刑、假释建议的，是否准许，由人民法院决定。

第四百五十六条 人民法院发现本院已经生效的减刑、假释裁定确有错误的，应当另行组成合议庭审理；发现下级人民法院已经生效的减刑、假释裁定确有错误的，可以指令下级人民法院另行组成合议庭审理。

第六节 缓刑、假释的撤销

第四百五十七条 罪犯在缓刑、假释考验期限内犯新罪或者被发现在判决宣告前还有其他罪没有判决，应当撤销缓刑、假释的，由审判新罪的人民法院撤销原判决、裁定宣告的缓刑、假释，并书面通知原审人民法院和执行机关。

第四百五十八条 罪犯在缓刑、假释考验期限内，有下列情形之一的，原作出缓刑、假释判决、裁定的人民法院应当在收到执行机关的撤销缓刑、假释建议书后一个月内，作出撤销缓刑、假释的裁定：

（一）违反禁止令，情节严重的；

（二）无正当理由不按规定时间报到或者接受社区矫正期间脱离监管，超过一个月的；

（三）因违反监督管理规定受到治安管理处罚，仍不改正的；

（四）受到执行机关三次警告仍不改正的；

（五）违反有关法律、行政法规和监督管理规定，情节严重的其他情形。

人民法院撤销缓刑、假释的裁定，一经作出，立即生效。

人民法院应当将撤销缓刑、假释裁定书送交罪犯居住地的县级司法行政机关，由其根据有关规定将罪犯交付执行。撤销缓刑、假释裁定书应当同时抄送罪犯居住地的同级人民检察院和公安机关。

第二十章　未成年人刑事案件诉讼程序

第一节　一般规定

第四百五十九条　人民法院审理未成年人刑事案件，应当贯彻教育、感化、挽救的方针，坚持教育为主、惩罚为辅的原则，加强对未成年人的特殊保护。

第四百六十条　人民法院应当加强同政府有关部门以及共

青团、妇联、工会、未成年人保护组织等团体的联系，推动未成年人刑事案件人民陪审、情况调查、安置帮教等工作的开展，充分保障未成年人的合法权益，积极参与社会管理综合治理。

第四百六十一条　审理未成年人刑事案件，应当由熟悉未成年人身心特点、善于做未成年人思想教育工作的审判人员进行，并应当保持有关审判人员工作的相对稳定性。

未成年人刑事案件的人民陪审员，一般由熟悉未成年人身心特点，热心教育、感化、挽救失足未成年人工作，并经过必要培训的共青团、妇联、工会、学校、未成年人保护组织等单位的工作人员或者有关单位的退休人员担任。

第四百六十二条　中级人民法院和基层人民法院可以设立独立建制的未成年人案件审判庭。尚不具备条件的，应当在刑事审判庭内设立未成年人刑事案件合议庭，或者由专人负责审理未成年人刑事案件。

高级人民法院应当在刑事审判庭内设立未成年人刑事案件合议庭。具备条件的，可以设立独立建制的未成年人案件审判庭。

未成年人案件审判庭和未成年人刑事案件合议庭统称少年法庭。

第四百六十三条　下列案件由少年法庭审理：

（一）被告人实施被指控的犯罪时不满十八周岁、人民法院立案时不满二十周岁的案件；

（二）被告人实施被指控的犯罪时不满十八周岁、人民法院立案时不满二十周岁，并被指控为首要分子或者主犯的共同犯罪案件。

其他共同犯罪案件有未成年被告人的，或者其他涉及未成年人的刑事案件是否由少年法庭审理，由院长根据少年法庭工作的实际情况决定。

第四百六十四条 对分案起诉至同一人民法院的未成年人与成年人共同犯罪案件，可以由同一个审判组织审理；不宜由同一个审判组织审理的，可以分别由少年法庭、刑事审判庭审理。

未成年人与成年人共同犯罪案件，由不同人民法院或者不同审判组织分别审理的，有关人民法院或者审判组织应当互相了解共同犯罪被告人的审判情况，注意全案的量刑平衡。

第四百六十五条 对未成年人刑事案件，必要时，上级人民法院可以根据刑事诉讼法第二十六条的规定，指定下级人民法院将案件移送其他人民法院审判。

第四百六十六条 人民法院审理未成年人刑事案件，在讯问和开庭时，应当通知未成年被告人的法定代理人到场。法定代理人无法通知、不能到场或者是共犯的，也可以通知未成年被告人的其他成年亲属，所在学校、单位、居住地的基层组织或者未成年人保护组织的代表到场，并将有关情况记录在案。

到场的其他人员，除依法行使刑事诉讼法第二百七十条第二款规定的权利外，经法庭同意，可以参与对未成年被告人的法庭教育等工作。

适用简易程序审理未成年人刑事案件，适用前两款的规定。

询问未成年被害人、证人，适用第一款、第二款的规定。

第四百六十七条 开庭审理时被告人不满十八周岁的案件，一律不公开审理。经未成年被告人及其法定代理人同意，未成年被告人所在学校和未成年人保护组织可以派代表到场。到场代表的人数和范围,由法庭决定。到场代表经法庭同意,可以参与对未成年被告人的法庭教育工作。

对依法公开审理,但可能需要封存犯罪记录的案件,不得组织人员旁听。

第四百六十八条 确有必要通知未成年被害人、证人出庭作证的,人民法院应当根据案件情况采取相应的保护措施。有条件的,可以采取视频等方式对其陈述、证言进行质证。

第四百六十九条 审理未成年人刑事案件,不得向外界披露该未成年人的姓名、住所、照片以及可能推断出该未成年人身份的其他资料。

查阅、摘抄、复制的未成年人刑事案件的案卷材料,不得公开和传播。

被害人是未成年人的刑事案件,适用前两款的规定。

第四百七十条 审理未成年人刑事案件,本章没有规定的,适用本解释的有关规定。

第二节 开庭准备

第四百七十一条 人民法院向未成年被告人送达起诉书副本时,应当向其讲明被指控的罪行和有关法律规定,并告知其审判程序和诉讼权利、义务。

第四百七十二条 审判时不满十八周岁的未成年被告人没有委托辩护人的,人民法院应当通知法律援助机构指派律师为其提供辩护。

第四百七十三条 未成年被害人及其法定代理人因经济困难或者其他原因没有委托诉讼代理人的,人民法院应当帮助其申请法律援助。

第四百七十四条 对未成年人刑事案件，人民法院决定适用简易程序审理的，应当征求未成年被告人及其法定代理人、辩护人的意见。上述人员提出异议的，不适用简易程序。

第四百七十五条 被告人实施被指控的犯罪时不满十八周岁，开庭时已满十八周岁、不满二十周岁的，人民法院开庭时，一般应当通知其近亲属到庭。经法庭同意，近亲属可以发表意见。近亲属无法通知、不能到场或者是共犯的，应当记录在案。

第四百七十六条 对人民检察院移送的关于未成年被告人性格特点、家庭情况、社会交往、成长经历、犯罪原因、犯罪前后的表现、监护教育等情况的调查报告，以及辩护人提交的反映未成年被告人上述情况的书面材料，法庭应当接受。

必要时，人民法院可以委托未成年被告人居住地的县级司法行政机关、共青团组织以及其他社会团体组织对未成年被告人的上述情况进行调查，或者自行调查。

第四百七十七条 对未成年人刑事案件，人民法院根据情况，可以对未成年被告人进行心理疏导；经未成年被告人及其法定代理人同意，也可以对未成年被告人进行心理测评。

第四百七十八条 开庭前和休庭时，法庭根据情况，可以安排未成年被告人与其法定代理人或者刑事诉讼法第二百七十条第一款规定的其他成年亲属、代表会见。

第三节 审 判

第四百七十九条 人民法院应当在辩护台靠近旁听区一侧为未成年被告人的法定代理人或者刑事诉讼法第二百七十条第

一款规定的其他成年亲属、代表设置席位。

审理可能判处五年有期徒刑以下刑罚或者过失犯罪的未成年人刑事案件，可以采取适合未成年人特点的方式设置法庭席位。

第四百八十条 在法庭上不得对未成年被告人使用戒具，但被告人人身危险性大，可能妨碍庭审活动的除外。必须使用戒具的，在现实危险消除后，应当立即停止使用。

第四百八十一条 未成年被告人或者其法定代理人当庭拒绝辩护人辩护的，适用本解释第二百五十四条第一款、第二款的规定。

重新开庭后，未成年被告人或者其法定代理人再次当庭拒绝辩护人辩护的，不予准许。重新开庭时被告人已满十八周岁的，可以准许，但不得再另行委托辩护人或者要求另行指派律师，由其自行辩护。

第四百八十二条 法庭审理过程中，审判人员应当根据未成年被告人的智力发育程度和心理状态，使用适合未成年人的语言表达方式。

发现有对未成年被告人诱供、训斥、讽刺或者威胁等情形的，审判长应当制止。

第四百八十三条 控辩双方提出对未成年被告人判处管制、宣告缓刑等量刑建议的，应当向法庭提供有关未成年被告人能够获得监护、帮教以及对所居住社区无重大不良影响的书面材料。

第四百八十四条 对未成年被告人情况的调查报告，以及辩护人提交的有关未成年被告人情况的书面材料，法庭应当审查并听取控辩双方意见。上述报告和材料可以作为法庭教育和量刑的参考。

第四百八十五条　法庭辩论结束后,法庭可以根据案件情况,对未成年被告人进行教育;判决未成年被告人有罪的,宣判后,应当对未成年被告人进行教育。

对未成年被告人进行教育,可以邀请诉讼参与人、刑事诉讼法第二百七十条第一款规定的其他成年亲属、代表以及社会调查员、心理咨询师等参加。

适用简易程序审理的案件,对未成年被告人进行法庭教育,适用前两款的规定。

第四百八十六条　未成年被告人最后陈述后,法庭应当询问其法定代理人是否补充陈述。

第四百八十七条　对未成年人刑事案件宣告判决应当公开进行,但不得采取召开大会等形式。

对依法应当封存犯罪记录的案件,宣判时,不得组织人员旁听;有旁听人员的,应当告知其不得传播案件信息。

第四百八十八条　定期宣告判决的未成年人刑事案件,未成年被告人的法定代理人无法通知、不能到庭或者是共犯的,法庭可以通知刑事诉讼法第二百七十条第一款规定的其他成年亲属、代表到庭,并在宣判后向未成年被告人的成年亲属送达判决书。

第四节　执　行

第四百八十九条　将未成年罪犯送监执行刑罚或者送交社区矫正时,人民法院应当将有关未成年罪犯的调查报告及其在案件审理中的表现材料,连同有关法律文书,一并送达执行机关。

第四百九十条 犯罪时不满十八周岁,被判处五年有期徒刑以下刑罚以及免除刑事处罚的未成年人的犯罪记录,应当封存。

2012年12月31日以前审结的案件符合前款规定的,相关犯罪记录也应当封存。

司法机关或者有关单位向人民法院申请查询封存的犯罪记录的,应当提供查询的理由和依据。对查询申请,人民法院应当及时作出是否同意的决定。

第四百九十一条 人民法院可以与未成年罪犯管教所等服刑场所建立联系,了解未成年罪犯的改造情况,协助做好帮教、改造工作,并可以对正在服刑的未成年罪犯进行回访考察。

第四百九十二条 人民法院认为必要时,可以督促被收监服刑的未成年罪犯的父母或者其他监护人及时探视。

第四百九十三条 对被判处管制、宣告缓刑、裁定假释、决定暂予监外执行的未成年罪犯,人民法院可以协助社区矫正机构制定帮教措施。

第四百九十四条 人民法院可以适时走访被判处管制、宣告缓刑、免除刑事处罚、裁定假释、决定暂予监外执行等的未成年罪犯及其家庭,了解未成年罪犯的管理和教育情况,引导未成年罪犯的家庭承担管教责任,为未成年罪犯改过自新创造良好环境。

第四百九十五条 被判处管制、宣告缓刑、免除刑事处罚、裁定假释、决定暂予监外执行等的未成年罪犯,具备就学、就业条件的,人民法院可以就其安置问题向有关部门提出司法建议,并附送必要的材料。

第二十一章　当事人和解的公诉案件诉讼程序

第四百九十六条　对符合刑事诉讼法第二百七十七条规定的公诉案件,事实清楚、证据充分的,人民法院应当告知当事人可以自行和解;当事人提出申请的,人民法院可以主持双方当事人协商以达成和解。

根据案件情况,人民法院可以邀请人民调解员、辩护人、诉讼代理人、当事人亲友等参与促成双方当事人和解。

第四百九十七条　符合刑事诉讼法第二百七十七条规定的公诉案件,被害人死亡的,其近亲属可以与被告人和解。近亲属有多人的,达成和解协议,应当经处于同一继承顺序的所有近亲属同意。

被害人系无行为能力或者限制行为能力人的,其法定代理人、近亲属可以代为和解。

第四百九十八条　被告人的近亲属经被告人同意,可以代为和解。

被告人系限制行为能力人的,其法定代理人可以代为和解。

被告人的法定代理人、近亲属依照前两款规定代为和解的,和解协议约定的赔礼道歉等事项,应当由被告人本人履行。

第四百九十九条　对公安机关、人民检察院主持制作的和解协议书,当事人提出异议的,人民法院应当审查。经审查,和解自愿、合法的，予以确认，无需重新制作和解协议书；和解不具有自愿性、合法性的，应当认定无效。和解协议被认定无效后，双方当事人重新达成和解的，人民法院应当主持制作新的和解协议书。

第五百条 审判期间，双方当事人和解的，人民法院应当听取当事人及其法定代理人等有关人员的意见。双方当事人在庭外达成和解的，人民法院应当通知人民检察院，并听取其意见。经审查，和解自愿、合法的，应当主持制作和解协议书。

第五百零一条 和解协议书应当包括以下内容：

（一）被告人承认自己所犯罪行，对犯罪事实没有异议，并真诚悔罪；

（二）被告人通过向被害人赔礼道歉、赔偿损失等方式获得被害人谅解；涉及赔偿损失的，应当写明赔偿的数额、方式等；提起附带民事诉讼的，由附带民事诉讼原告人撤回附带民事诉讼；

（三）被害人自愿和解，请求或者同意对被告人依法从宽处罚。

和解协议书应当由双方当事人和审判人员签名，但不加盖人民法院印章。

和解协议书一式三份，双方当事人各持一份，另一份交人民法院附卷备查。

对和解协议中的赔偿损失内容，双方当事人要求保密的，人民法院应当准许，并采取相应的保密措施。

第五百零二条 和解协议约定的赔偿损失内容，被告人应当在协议签署后即时履行。

和解协议已经全部履行，当事人反悔的，人民法院不予支持，但有证据证明和解违反自愿、合法原则的除外。

第五百零三条　双方当事人在侦查、审查起诉期间已经达成和解协议并全部履行，被害人或者其法定代理人、近亲属又提起附带民事诉讼的，人民法院不予受理，但有证据证明和解违反自愿、合法原则的除外。

第五百零四条　被害人或者其法定代理人、近亲属提起附带民事诉讼后，双方愿意和解，但被告人不能即时履行全部赔偿义务的，人民法院应当制作附带民事调解书。

第五百零五条　对达成和解协议的案件，人民法院应当对被告人从轻处罚；符合非监禁刑适用条件的，应当适用非监禁刑；判处法定最低刑仍然过重的，可以减轻处罚；综合全案认为犯罪情节轻微不需要判处刑罚的，可以免除刑事处罚。

共同犯罪案件，部分被告人与被害人达成和解协议的，可以依法对该部分被告人从宽处罚，但应当注意全案的量刑平衡。

第五百零六条　达成和解协议的，裁判文书应当作出叙述，并援引刑事诉讼法的相关条文。

第二十二章　犯罪嫌疑人、被告人逃匿、死亡案件违法所得的没收程序

第五百零七条　依照刑法规定应当追缴违法所得及其他涉案财产，且符合下列情形之一的，人民检察院可以向人民法院

提出没收违法所得的申请：

（一）犯罪嫌疑人、被告人实施了贪污贿赂犯罪、恐怖活动犯罪等重大犯罪后逃匿，在通缉一年后不能到案的；

（二）犯罪嫌疑人、被告人死亡的。

第五百零八条 具有下列情形之一的，应当认定为刑事诉讼法第二百八十条第一款规定的"重大犯罪案件"：

（一）犯罪嫌疑人、被告人可能被判处无期徒刑以上刑罚的；

（二）案件在本省、自治区、直辖市或者全国范围内有较大影响的；

（三）其他重大犯罪案件。

第五百零九条 实施犯罪行为所取得的财物及其孳息，以及被告人非法持有的违禁品、供犯罪所用的本人财物，应当认定为刑事诉讼法第二百八十条第一款规定的"违法所得及其他涉案财产"。

第五百一十条 对人民检察院提出的没收违法所得申请，人民法院应当审查以下内容：

（一）是否属于本院管辖；

（二）是否写明犯罪嫌疑人、被告人涉嫌有关犯罪的情况，并附相关证据材料；

（三）是否附有通缉令或者死亡证明；

（四）是否列明违法所得及其他涉案财产的种类、数量、所在地，并附相关证据材料；

（五）是否附有查封、扣押、冻结违法所得及其他涉案财产的清单和相关法律手续；

（六）是否写明犯罪嫌疑人、被告人的近亲属和其他利害关

系人的姓名、住址、联系方式及其要求等情况;

(七)是否写明申请没收的理由和法律依据。

第五百一十一条 对没收违法所得的申请,人民法院应当在七日内审查完毕,并按照下列情形分别处理:

(一)不属于本院管辖的,应当退回人民检察院;

(二)材料不全的,应当通知人民检察院在三日内补送;

(三)属于违法所得没收程序受案范围和本院管辖,且材料齐全的,应当受理。

人民检察院尚未查封、扣押、冻结申请没收的财产或者查封、扣押、冻结期限即将届满,涉案财产有被隐匿、转移或者毁损、灭失危险的,人民法院可以查封、扣押、冻结申请没收的财产。

第五百一十二条 人民法院决定受理没收违法所得的申请后,应当在十五日内发出公告,公告期为六个月。公告应当写明以下内容:

(一)案由;

(二)犯罪嫌疑人、被告人通缉在逃或者死亡等基本情况;

(三)申请没收财产的种类、数量、所在地;

(四)犯罪嫌疑人、被告人的近亲属和其他利害关系人申请参加诉讼的期限、方式;

(五)应当公告的其他情况。

公告应当在全国公开发行的报纸或者人民法院的官方网站刊登,并在人民法院公告栏张贴、发布;必要时,可以在犯罪地、犯罪嫌疑人、被告人居住地、申请没收的不动产所在地张贴、发布。

人民法院已经掌握犯罪嫌疑人、被告人的近亲属和其他利害关系人的联系方式的,应当采取电话、传真、邮件等方式直接告知其公告内容,并记录在案。

第五百一十三条 对申请没收的财产主张所有权的人,应当认定为刑事诉讼法第二百八十一条第二款规定的"其他利害关系人"。

犯罪嫌疑人、被告人的近亲属和其他利害关系人申请参加诉讼的,应当在公告期间提出。犯罪嫌疑人、被告人的近亲属应当提供其与犯罪嫌疑人、被告人关系的证明材料,其他利害关系人应当提供申请没收的财产系其所有的证据材料。

犯罪嫌疑人、被告人的近亲属和其他利害关系人在公告期满后申请参加诉讼,能够合理说明原因,并提供证明申请没收的财产系其所有的证据材料的,人民法院应当准许。

第五百一十四条 公告期满后,人民法院应当组成合议庭对申请没收违法所得的案件进行审理。

利害关系人申请参加诉讼的,人民法院应当开庭审理。没有利害关系人申请参加诉讼的,可以不开庭审理。

第五百一十五条 开庭审理申请没收违法所得的案件,按照下列程序进行:

(一)审判长宣布法庭调查开始后,先由检察员宣读申请书,后由利害关系人、诉讼代理人发表意见;

(二)法庭应当依次就犯罪嫌疑人、被告人是否实施了贪污贿赂犯罪、恐怖活动犯罪等重大犯罪并已经通缉一年不能到案,或者是否已经死亡,以及申请没收的财产是否依法应当追缴进行调查;调查时,先由检察员出示有关证据,后由利害关系人发表意见、出示有关证据,并进行质证;

（三）法庭辩论阶段，先由检察员发言，后由利害关系人及其诉讼代理人发言，并进行辩论。

利害关系人接到通知后无正当理由拒不到庭，或者未经法庭许可中途退庭的，可以转为不开庭审理，但还有其他利害关系人参加诉讼的除外。

第五百一十六条　对申请没收违法所得的案件，人民法院审理后，应当按照下列情形分别处理：

（一）案件事实清楚，证据确实、充分，申请没收的财产确属违法所得及其他涉案财产的，除依法返还被害人的以外，应当裁定没收；

（二）不符合本解释第五百零七条规定的条件的，应当裁定驳回申请。

第五百一十七条　对没收违法所得或者驳回申请的裁定，犯罪嫌疑人、被告人的近亲属和其他利害关系人或者人民检察院可以在五日内提出上诉、抗诉。

第五百一十八条　对不服第一审没收违法所得或者驳回申请裁定的上诉、抗诉案件，第二审人民法院经审理，应当按照下列情形分别作出裁定：

（一）原裁定正确的，应当驳回上诉或者抗诉，维持原裁定；

（二）原裁定确有错误的，可以在查清事实后改变原裁定；也可以撤销原裁定，发回重新审判；

（三）原审违反法定诉讼程序，可能影响公正审判的，应当撤销原裁定，发回重新审判。

第五百一十九条　在审理申请没收违法所得的案件过程中，在逃的犯罪嫌疑人、被告人到案的，人民法院应当裁定终止审理。人民检察院向原受理申请的人民法院提起公诉的，可以由同一审判组织审理。

第五百二十条 在审理案件过程中，被告人死亡或者脱逃，符合刑事诉讼法第二百八十条第一款规定的，人民检察院可以向人民法院提出没收违法所得的申请。

人民检察院向原受理案件的人民法院提出申请的，可以由同一审判组织依照本章规定的程序审理。

第五百二十一条 审理申请没收违法所得案件的期限，参照公诉案件第一审普通程序和第二审程序的审理期限执行。

公告期间和请求刑事司法协助的时间不计入审理期限。

第五百二十二条 没收违法所得裁定生效后，犯罪嫌疑人、被告人到案并对没收裁定提出异议，人民检察院向原作出裁定的人民法院提起公诉的，可以由同一审判组织审理。

人民法院经审理，应当按照下列情形分别处理：

（一）原裁定正确的，予以维持，不再对涉案财产作出判决；

（二）原裁定确有错误的，应当撤销原裁定，并在判决中对有关涉案财产一并作出处理。

人民法院生效的没收裁定确有错误的，除第一款规定的情形外，应当依照审判监督程序予以纠正。已经没收的财产，应当及时返还；财产已经上缴国库的，由原没收机关从财政机关申请退库，予以返还；原物已经出卖、拍卖的，应当退还价款；造成犯罪嫌疑人、被告人以及利害关系人财产损失的，应当依法赔偿。

第五百二十三条 人民法院审理申请没收违法所得的案件，本章没有规定的，参照适用本解释的有关规定。

第二十三章 依法不负刑事责任的精神病人的强制医疗程序

第五百二十四条 实施暴力行为，危害公共安全或者严重危害公民人身安全，社会危害性已经达到犯罪程度，但经法定程序鉴定依法不负刑事责任的精神病人，有继续危害社会可能的，可以予以强制医疗。

第五百二十五条 人民检察院申请对依法不负刑事责任的精神病人强制医疗的案件，由被申请人实施暴力行为所在地的基层人民法院管辖；由被申请人居住地的人民法院审判更为适宜的，可以由被申请人居住地的基层人民法院管辖。

第五百二十六条 对人民检察院提出的强制医疗申请，人民法院应当审查以下内容：

（一）是否属于本院管辖；

（二）是否写明被申请人的身份，实施暴力行为的时间、地点、手段、所造成的损害等情况，并附相关证据材料；

（三）是否附有法医精神病鉴定意见和其他证明被申请人属于依法不负刑事责任的精神病人的证据材料；

（四）是否列明被申请人的法定代理人的姓名、住址、联系方式；

（五）需要审查的其他事项。

第五百二十七条 对人民检察院提出的强制医疗申请，人民法院应当在七日内审查完毕，并按照下列情形分别处理：

（一）不属于本院管辖的，应当退回人民检察院；

（二）材料不全的，应当通知人民检察院在三日内补送；

（三）属于强制医疗程序受案范围和本院管辖，且材料齐全的，应当受理。

第五百二十八条 审理强制医疗案件，应当通知被申请人或者被告人的法定代理人到场。被申请人或者被告人没有委托诉讼代理人的，应当通知法律援助机构指派律师担任其诉讼代理人，为其提供法律帮助。

第五百二十九条 审理强制医疗案件，应当组成合议庭，开庭审理。但是，被申请人、被告人的法定代理人请求不开庭审理，并经人民法院审查同意的除外。

审理人民检察院申请强制医疗的案件，应当会见被申请人。

第五百三十条 开庭审理申请强制医疗的案件，按照下列程序进行：

（一）审判长宣布法庭调查开始后，先由检察员宣读申请书，后由被申请人的法定代理人、诉讼代理人发表意见；

（二）法庭依次就被申请人是否实施了危害公共安全或者严重危害公民人身安全的暴力行为、是否属于依法不负刑事责任的精神病人、是否有继续危害社会的可能进行调查；调查时，先由检察员出示有关证据，后由被申请人的法定代理人、诉讼代理人发表意见、出示有关证据，并进行质证；

（三）法庭辩论阶段，先由检察员发言，后由被申请人的法定代理人、诉讼代理人发言，并进行辩论。

被申请人要求出庭，人民法院经审查其身体和精神状态，认为可以出庭的，应当准许。出庭的被申请人，在法庭调查、辩论阶段，可以发表意见。

检察员宣读申请书后，被申请人的法定代理人、诉讼代理人无异议的，法庭调查可以简化。

第五百三十一条 对申请强制医疗的案件，人民法院审理后，应当按照下列情形分别处理：

（一）符合刑事诉讼法第二百八十四条规定的强制医疗条件的，应当作出对被申请人强制医疗的决定；

（二）被申请人属于依法不负刑事责任的精神病人，但不符合强制医疗条件的，应当作出驳回强制医疗申请的决定；被申请人已经造成危害结果的，应当同时责令其家属或者监护人严加看管和医疗；

（三）被申请人具有完全或者部分刑事责任能力，依法应当追究刑事责任的，应当作出驳回强制医疗申请的决定，并退回人民检察院依法处理。

第五百三十二条 第一审人民法院在审理案件过程中发现被告人可能符合强制医疗条件的，应当依照法定程序对被告人进行法医精神病鉴定。经鉴定，被告人属于依法不负刑事责任的精神病人的，应当适用强制医疗程序，对案件进行审理。

开庭审理前款规定的案件，应当先由合议庭组成人员宣读对被告人的法医精神病鉴定意见，说明被告人可能符合强制医疗的条件，后依次由公诉人和被告人的法定代理人、诉讼代理人发表意见。经审判长许可，公诉人和被告人的法定代理人、诉讼代理人可以进行辩论。

第五百三十三条 对前条规定的案件，人民法院审理后，应当按照下列情形分别处理：

（一）被告人符合强制医疗条件的，应当判决宣告被告人不负刑事责任，同时作出对被告人强制医疗的决定；

（二）被告人属于依法不负刑事责任的精神病人，但不符合强制医疗条件的，应当判决宣告被告人无罪或者不负刑事责任；被告人已经造成危害结果的，应当同时责令其家属或者监护人严加看管和医疗；

（三）被告人具有完全或者部分刑事责任能力，依法应当追究刑事责任的，应当依照普通程序继续审理。

第五百三十四条　人民法院在审理第二审刑事案件过程中，发现被告人可能符合强制医疗条件的，可以依照强制医疗程序对案件作出处理，也可以裁定发回原审人民法院重新审判。

第五百三十五条　人民法院决定强制医疗的，应当在作出决定后五日内，向公安机关送达强制医疗决定书和强制医疗执行通知书，由公安机关将被决定强制医疗的人送交强制医疗。

第五百三十六条　被决定强制医疗的人、被害人及其法定代理人、近亲属对强制医疗决定不服的，可以自收到决定书之日起五日内向上一级人民法院申请复议。复议期间不停止执行强制医疗的决定。

第五百三十七条　对不服强制医疗决定的复议申请，上一级人民法院应当组成合议庭审理，并在一个月内，按照下列情形分别作出复议决定：

（一）被决定强制医疗的人符合强制医疗条件的，应当驳回复议申请，维持原决定；

（二）被决定强制医疗的人不符合强制医疗条件的，应当撤销原决定；

（三）原审违反法定诉讼程序，可能影响公正审判的，应当撤销原决定，发回原审人民法院重新审判。

第五百三十八条　对本解释第五百三十三条第一项规定的

判决、决定，人民检察院提出抗诉，同时被决定强制医疗的人、被害人及其法定代理人、近亲属申请复议的，上一级人民法院应当依照第二审程序一并处理。

第五百三十九条 审理强制医疗案件，本章没有规定的，参照适用公诉案件第一审普通程序和第二审程序的有关规定。

第五百四十条 被强制医疗的人及其近亲属申请解除强制医疗的，应当向决定强制医疗的人民法院提出。

被强制医疗的人及其近亲属提出的解除强制医疗申请被人民法院驳回，六个月后再次提出申请的，人民法院应当受理。

第五百四十一条 强制医疗机构提出解除强制医疗意见，或者被强制医疗的人及其近亲属申请解除强制医疗的，人民法院应当审查是否附有对被强制医疗的人的诊断评估报告。

强制医疗机构提出解除强制医疗意见，未附诊断评估报告的，人民法院应当要求其提供。

被强制医疗的人及其近亲属向人民法院申请解除强制医疗，强制医疗机构未提供诊断评估报告的，申请人可以申请人民法院调取。必要时，人民法院可以委托鉴定机构对被强制医疗的人进行鉴定。

第五百四十二条 强制医疗机构提出解除强制医疗意见，或者被强制医疗的人及其近亲属申请解除强制医疗的，人民法院应当组成合议庭进行审查，并在一个月内，按照下列情形分别处理：

（一）被强制医疗的人已不具有人身危险性，不需要继续强制医疗的，应当作出解除强制医疗的决定，并可责令被强制医疗的人的家属严加看管和医疗；

（二）被强制医疗的人仍具有人身危险性，需要继续强制医疗的,应当作出继续强制医疗的决定。

人民法院应当在作出决定后五日内,将决定书送达强制医疗机构、申请解除强制医疗的人、被决定强制医疗的人和人民检察院。决定解除强制医疗的,应当通知强制医疗机构在收到决定书的当日解除强制医疗。

第五百四十三条　人民检察院认为强制医疗决定或者解除强制医疗决定不当,在收到决定书后二十日内提出书面纠正意见的,人民法院应当另行组成合议庭审理,并在一个月内作出决定。

第二十四章　附　则

第五百四十四条　人民法院讯问被告人,宣告判决,审理减刑、假释案件,根据案件情况,可以采取视频方式进行。

第五百四十五条　向人民法院提出自诉、上诉、申诉、申请等的,应当以书面形式提出。书写有困难的,除另有规定的以外,可以口头提出,由人民法院工作人员制作笔录或者记录在案,并向口述人宣读或者交其阅读。

第五百四十六条　诉讼期间制作、形成的工作记录、告知笔录等材料,应当由制作人员和其他有关人员签名、盖章。宣告或者送达判决书、裁定书、决定书、通知书等诉讼文书的,应当由接受宣告或者送达的人在诉讼文书、送达回证上签名、盖章。

诉讼参与人未签名、盖章的,应当捺指印;刑事被告人除签名、盖章外,还应当捺指印。

当事人拒绝签名、盖章、捺指印的,办案人员应当在诉讼文书或者笔录材料中注明情况,有相关见证人见证,或者有录音录像证明的,不影响相关诉讼文书或者笔录材料的效力。

第五百四十七条 本解释的有关规定适用于军事法院、铁路运输法院等专门人民法院。

第五百四十八条 本解释自2013年1月1日起施行,最高人民法院1998年9月2日公布的《关于执行〈中华人民共和国刑事诉讼法〉若干问题的解释》同时废止;最高人民法院以前发布的司法解释和规范性文件,与本解释不一致的,以本解释为准。

全国普法学习读本
★★★★★

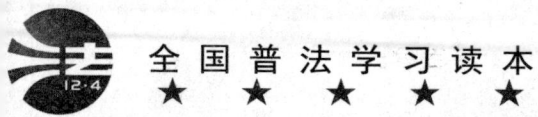

《中华人民共和国刑事诉讼法》学习读本

中华人民共和国刑事诉讼法

■ 魏光朴　主编

加大全民普法力度，建设社会主义法治文化，树立宪法法律至上、法律面前人人平等的法治理念。
　　——中国共产党第十九次全国代表大会《决胜全面建成小康社会　夺取新时代中国特色社会主义伟大胜利》

汕头大学出版社

图书在版编目（CIP）数据

中华人民共和国刑事诉讼法 / 魏光朴主编 . -- 汕头：汕头大学出版社，2023.4（重印）

（《中华人民共和国刑事诉讼法》学习读本）

ISBN 978-7-5658-3335-9

Ⅰ．①中… Ⅱ．①魏… Ⅲ．①刑事诉讼法-中国-学习参考资料 Ⅳ．①D925.204

中国版本图书馆 CIP 数据核字（2018）第 000690 号

中华人民共和国刑事诉讼法　ZHONGHUA RENMIN GONGHEGUO XINGSHI SUSONGFA

主　　编：	魏光朴
责任编辑：	邹　峰
责任技编：	黄东生
封面设计：	大华文苑
出版发行：	汕头大学出版社
	广东省汕头市大学路 243 号汕头大学校园内　邮政编码：515063
电　　话：	0754-82904613
印　　刷：	三河市元兴印务有限公司
开　　本：	690mm×960mm 1/16
印　　张：	18
字　　数：	226 千字
版　　次：	2018 年 1 月第 1 版
印　　次：	2023 年 4 月第 2 次印刷
定　　价：	59.60 元（全 2 册）

ISBN 978-7-5658-3335-9

版权所有，翻版必究
如发现印装质量问题，请与承印厂联系退换

前 言

习近平总书记指出："推进全民守法，必须着力增强全民法治观念。要坚持把全民普法和守法作为依法治国的长期基础性工作，采取有力措施加强法制宣传教育。要坚持法治教育从娃娃抓起，把法治教育纳入国民教育体系和精神文明创建内容，由易到难、循序渐进不断增强青少年的规则意识。要健全公民和组织守法信用记录，完善守法诚信褒奖机制和违法失信行为惩戒机制，形成守法光荣、违法可耻的社会氛围，使遵法守法成为全体人民共同追求和自觉行动。"

中共中央、国务院曾经转发了中央宣传部、司法部关于在公民中开展法治宣传教育的规划，并发出通知，要求各地区各部门结合实际认真贯彻执行。通知指出，全民普法和守法是依法治国的长期基础性工作。深入开展法治宣传教育，是全面建成小康社会和新农村的重要保障。

普法规划指出：各地区各部门要根据实际需要，从不同群体的特点出发，因地制宜开展有特色的法治宣传教育坚持集中法治宣传教育与经常性法治宣传教育相结合，深化法律进机关、进乡村、进社区、进学校、进企业、进单位的"法律六进"主题活动，完善工作标准，建立长效机制。

特别是农业、农村和农民问题，始终是关系党和人民事业发展的全局性和根本性问题。党中央、国务院发布的《关于推进社会主义新农村建设的若干意见》中明确提出要"加强农村法制建设，深入开展农村普法教育，增强农民的法制观念，提高农民依法行使权利和履行义务的自觉性。"多年普法实践证明，普及法律知识，提高法制观念，增强全社会依法办事意识具有重要作用。特别是在广大农村进行普法教育，是提高全民法律素质的需要。

多年来，我国在农村实行的改革开放取得了极大成功，农村发生了翻天覆地的变化，广大农民生活水平大大得到了提高。但是，由于历史和社会等原因，现阶段我国一些地区农民文化素质还不高，不学法、不懂法、不守法现象虽然较原来有所改变，但仍有相当一部分群众的法制观念仍很淡化，不懂、不愿借助法律来保护自身权益，这就极易受到不法的侵害，或极易进行违法犯罪活动，严重阻碍了全面建成小康社会和新农村步伐。

为此，根据党和政府的指示精神以及普法规划，特别是根据广大农村农民的现状，在有关部门和专家的指导下，特别编辑了这套《全国普法学习读本》。主要包括了广大人民群众应知应懂、实际实用的法律法规。为了辅导学习，附录还收入了相应法律法规的条例准则、实施细则、解读解答、案例分析等；同时为了突出法律法规的实际实用特点，兼顾地方性和特殊性，附录还收入了部分某些地方性法律法规以及非法律法规的政策文件、管理制度、应用表格等内容，拓展了本书的知识范围，使法律法规更"接地气"，便于读者学习掌握和实际应用。

在众多法律法规中，我们通过甄别，淘汰了废止的，精选了最新的、权威的和全面的。但有部分法律法规有些条款不适应当下情况了，却没有颁布新的，我们又不能擅自改动，只得保留原有条款，但附录却有相应的补充修改意见或通知等。众多法律法规根据不同内容和受众特点，经过归类组合，优化配套。整套普法读本非常全面系统，具有很强的学习性、实用性和指导性，非常适合用于广大农村和城乡普法学习教育与实践指导。总之，是全国全民普法的良好读本。

目 录

中华人民共和国刑事诉讼法

第一编　总　则	(2)
第一章　任务和基本原则	(2)
第二章　管　辖	(4)
第三章　回　避	(5)
第四章　辩护与代理	(6)
第五章　证　据	(9)
第六章　强制措施	(13)
第七章　附带民事诉讼	(21)
第八章　期间、送达	(21)
第九章　其他规定	(22)
第二编　立案、侦查和提起公诉	(23)
第一章　立　案	(23)
第二章　侦　查	(24)
第三章　提起公诉	(33)
第三编　审　判	(35)
第一章　审判组织	(35)
第二章　第一审程序	(36)
第三章　第二审程序	(43)
第四章　死刑复核程序	(47)
第五章　审判监督程序	(48)
第四编　执　行	(50)
第五编　特别程序	(54)

第一章	未成年人刑事案件诉讼程序 ……………………	(54)
第二章	当事人和解的公诉案件诉讼程序 …………………	(56)
第三章	犯罪嫌疑人、被告人逃匿、死亡案件违法所得的没收程序 ………………………………………	(57)
第四章	依法不负刑事责任的精神病人的强制医疗程序 ……	(58)
附　则	……………………………………………………	(59)

附　录

人民检察院刑事诉讼涉案财物管理规定 ………………… (60)
关于实施刑事诉讼法若干问题的规定 …………………… (73)
关于刑事诉讼法律援助工作的规定 ……………………… (83)
最高人民法院关于防范和制裁虚假诉讼的指导意见 …… (90)
关于全面推进以审判为中心的刑事诉讼制度改革的
　　实施意见 ………………………………………… (93)
最高人民法院、最高人民检察院、公安部关于严格执行
　　刑事诉讼法、切实纠防超期羁押的通知 ………… (101)
诉讼费用交纳办法 ………………………………………… (105)
违反刑法的案例分析 ……………………………………… (118)

中华人民共和国刑事诉讼法

中华人民共和国主席令
第五十五号

《全国人民代表大会关于修改〈中华人民共和国刑事诉讼法〉的决定》已由中华人民共和国第十一届全国人民代表大会第五次会议于 2012 年 3 月 14 日通过,现予公布,自 2013 年 1 月 1 日起施行。

中华人民共和国主席　胡锦涛
2012 年 3 月 14 日

（1979 年 7 月 1 日第五届全国人民代表大会第二次会议通过；根据 1996 年 3 月 17 日第八届全国人民代表大会第四次会议《关于修改〈中华人民共和国刑事诉讼法〉的决定》第一次修正；根据 2012 年 3 月 14 日第十一届全国人民代表大会第五次会议《关于修改〈中华人民共和国刑事诉讼法〉的决定》第二次修正）

第一编　总　则

第一章　任务和基本原则

第一条　为了保证刑法的正确实施，惩罚犯罪，保护人民，保障国家安全和社会公共安全，维护社会主义社会秩序，根据宪法，制定本法。

第二条　中华人民共和国刑事诉讼法的任务，是保证准确、及时地查明犯罪事实，正确应用法律，惩罚犯罪分子，保障无罪的人不受刑事追究，教育公民自觉遵守法律，积极同犯罪行为作斗争，维护社会主义法制，尊重和保障人权，保护公民的人身权利、财产权利、民主权利和其他权利，保障社会主义建设事业的顺利进行。

第三条　对刑事案件的侦查、拘留、执行逮捕、预审，由公安机关负责。检察、批准逮捕、检察机关直接受理的案件的侦查、提起公诉，由人民检察院负责。审判由人民法院负责。除法律特别规定的以外，其他任何机关、团体和个人都无权行使这些权力。

人民法院、人民检察院和公安机关进行刑事诉讼，必须严格遵守本法和其他法律的有关规定。

第四条　国家安全机关依照法律规定，办理危害国家安全的刑事案件，行使与公安机关相同的职权。

第五条　人民法院依照法律规定独立行使审判权，人民检察院依照法律规定独立行使检察权，不受行政机关、社会团体和个人的干涉。

第六条　人民法院、人民检察院和公安机关进行刑事诉讼，必须依靠群众，必须以事实为根据，以法律为准绳。对于一切公民，在适用法律上一律平等，在法律面前，不允许有任何特权。

第七条　人民法院、人民检察院和公安机关进行刑事诉讼,应当分工负责,互相配合,互相制约,以保证准确有效地执行法律。

第八条　人民检察院依法对刑事诉讼实行法律监督。

第九条　各民族公民都有用本民族语言文字进行诉讼的权利。人民法院、人民检察院和公安机关对于不通晓当地通用的语言文字的诉讼参与人,应当为他们翻译。

在少数民族聚居或者多民族杂居的地区,应当用当地通用的语言进行审讯,用当地通用的文字发布判决书、布告和其他文件。

第十条　人民法院审判案件,实行两审终审制。

第十一条　人民法院审判案件,除本法另有规定的以外,一律公开进行。被告人有权获得辩护,人民法院有义务保证被告人获得辩护。

第十二条　未经人民法院依法判决,对任何人都不得确定有罪。

第十三条　人民法院审判案件,依照本法实行人民陪审员陪审的制度。

第十四条　人民法院、人民检察院和公安机关应当保障犯罪嫌疑人、被告人和其他诉讼参与人依法享有的辩护权和其他诉讼权利。

诉讼参与人对于审判人员、检察人员和侦查人员侵犯公民诉讼权利和人身侮辱的行为,有权提出控告。

第十五条　有下列情形之一的,不追究刑事责任,已经追究的,应当撤销案件,或者不起诉,或者终止审理,或者宣告无罪:

(一) 情节显著轻微、危害不大,不认为是犯罪的;

(二) 犯罪已过追诉时效期限的;

(三) 经特赦令免除刑罚的;

(四) 依照刑法告诉才处理的犯罪,没有告诉或者撤回告诉的;

(五) 犯罪嫌疑人、被告人死亡的;

(六) 其他法律规定免予追究刑事责任的。

第十六条 对于外国人犯罪应当追究刑事责任的,适用本法的规定。

对于享有外交特权和豁免权的外国人犯罪应当追究刑事责任的,通过外交途径解决。

第十七条 根据中华人民共和国缔结或者参加的国际条约,或者按照互惠原则,我国司法机关和外国司法机关可以相互请求刑事司法协助。

第二章 管 辖

第十八条 刑事案件的侦查由公安机关进行,法律另有规定的除外。

贪污贿赂犯罪,国家工作人员的渎职犯罪,国家机关工作人员利用职权实施的非法拘禁、刑讯逼供、报复陷害、非法搜查的侵犯公民人身权利的犯罪以及侵犯公民民主权利的犯罪,由人民检察院立案侦查。对于国家机关工作人员利用职权实施的其他重大的犯罪案件,需要由人民检察院直接受理的时候,经省级以上人民检察院决定,可以由人民检察院立案侦查。

自诉案件,由人民法院直接受理。

第十九条 基层人民法院管辖第一审普通刑事案件,但是依照本法由上级人民法院管辖的除外。

第二十条 中级人民法院管辖下列第一审刑事案件:

(一)危害国家安全、恐怖活动案件;

(二)可能判处无期徒刑、死刑的案件。

第二十一条 高级人民法院管辖的第一审刑事案件,是全省(自治区、直辖市)性的重大刑事案件。

第二十二条 最高人民法院管辖的第一审刑事案件,是全国性的重大刑事案件。

第二十三条　上级人民法院在必要的时候，可以审判下级人民法院管辖的第一审刑事案件；下级人民法院认为案情重大、复杂需要由上级人民法院审判的第一审刑事案件，可以请求移送上一级人民法院审判。

第二十四条　刑事案件由犯罪地的人民法院管辖。如果由被告人居住地的人民法院审判更为适宜的，可以由被告人居住地的人民法院管辖。

第二十五条　几个同级人民法院都有权管辖的案件，由最初受理的人民法院审判。在必要的时候，可以移送主要犯罪地的人民法院审判。

第二十六条　上级人民法院可以指定下级人民法院审判管辖不明的案件，也可以指定下级人民法院将案件移送其他人民法院审判。

第二十七条　专门人民法院案件的管辖另行规定。

第三章　回　避

第二十八条　审判人员、检察人员、侦查人员有下列情形之一的，应当自行回避，当事人及其法定代理人也有权要求他们回避：

（一）是本案的当事人或者是当事人的近亲属的；

（二）本人或者他的近亲属和本案有利害关系的；

（三）担任过本案的证人、鉴定人、辩护人、诉讼代理人的；

（四）与本案当事人有其他关系，可能影响公正处理案件的。

第二十九条　审判人员、检察人员、侦查人员不得接受当事人及其委托的人的请客送礼，不得违反规定会见当事人及其委托的人。

审判人员、检察人员、侦查人员违反前款规定的，应当依法追究法律责任。当事人及其法定代理人有权要求他们回避。

第三十条　审判人员、检察人员、侦查人员的回避，应当分别由院长、检察长、公安机关负责人决定；院长的回避，由本院审判委员会决定；检察长和公安机关负责人的回避，由同级人民检察院检察委员会决定。

对侦查人员的回避作出决定前，侦查人员不能停止对案件的侦查。

对驳回申请回避的决定，当事人及其法定代理人可以申请复议一次。

第三十一条　本章关于回避的规定适用于书记员、翻译人员和鉴定人。

辩护人、诉讼代理人可以依照本章的规定要求回避、申请复议。

第四章　辩护与代理

第三十二条　犯罪嫌疑人、被告人除自己行使辩护权以外，还可以委托一至二人作为辩护人。下列的人可以被委托为辩护人：

（一）律师；

（二）人民团体或者犯罪嫌疑人、被告人所在单位推荐的人；

（三）犯罪嫌疑人、被告人的监护人、亲友。

正在被执行刑罚或者依法被剥夺、限制人身自由的人，不得担任辩护人。

第三十三条　犯罪嫌疑人自被侦查机关第一次讯问或者采取强制措施之日起，有权委托辩护人；在侦查期间，只能委托律师作为辩护人。被告人有权随时委托辩护人。

侦查机关在第一次讯问犯罪嫌疑人或者对犯罪嫌疑人采取强制措施的时候，应当告知犯罪嫌疑人有权委托辩护人。人民检察院自收到移送审查起诉的案件材料之日起三日以内，应当告知犯罪嫌疑人有权委托辩护人。人民法院自受理案件之日起三日以内，应当告知被告人有权委托辩护人。犯罪嫌疑人、被告人在押期间要求委托辩护人的，人民法院、人民检察院和公安机关应当及时转达其要求。

犯罪嫌疑人、被告人在押的，也可以由其监护人、近亲属代为委托辩护人。

辩护人接受犯罪嫌疑人、被告人委托后，应当及时告知办理案件的机关。

第三十四条　犯罪嫌疑人、被告人因经济困难或者其他原因没有委托辩护人的，本人及其近亲属可以向法律援助机构提出申请。对符合法律援助条件的，法律援助机构应当指派律师为其提供辩护。

犯罪嫌疑人、被告人是盲、聋、哑人，或者是尚未完全丧失辨认或者控制自己行为能力的精神病人，没有委托辩护人的，人民法院、人民检察院和公安机关应当通知法律援助机构指派律师为其提供辩护。

犯罪嫌疑人、被告人可能被判处无期徒刑、死刑，没有委托辩护人的，人民法院、人民检察院和公安机关应当通知法律援助机构指派律师为其提供辩护。

第三十五条　辩护人的责任是根据事实和法律，提出犯罪嫌疑人、被告人无罪、罪轻或者减轻、免除其刑事责任的材料和意见，维护犯罪嫌疑人、被告人的诉讼权利和其他合法权益。

第三十六条　辩护律师在侦查期间可以为犯罪嫌疑人提供法律帮助；代理申诉、控告；申请变更强制措施；向侦查机关了解犯罪嫌疑人涉嫌的罪名和案件有关情况，提出意见。

第三十七条　辩护律师可以同在押的犯罪嫌疑人、被告人会见和通信。其他辩护人经人民法院、人民检察院许可，也可以同在押的犯罪嫌疑人、被告人会见和通信。

辩护律师持律师执业证书、律师事务所证明和委托书或者法律援助公函要求会见在押的犯罪嫌疑人、被告人的，看守所应当及时安排会见，至迟不得超过四十八小时。

危害国家安全犯罪、恐怖活动犯罪、特别重大贿赂犯罪案件，在侦查期间辩护律师会见在押的犯罪嫌疑人，应当经侦查机关许可。上述案件，侦查机关应当事先通知看守所。

辩护律师会见在押的犯罪嫌疑人、被告人，可以了解案件有关情况，提供法律咨询等；自案件移送审查起诉之日起，可以向犯罪嫌疑人、被告人核实有关证据。辩护律师会见犯罪嫌疑人、被告人时不被监听。

辩护律师同被监视居住的犯罪嫌疑人、被告人会见、通信，适用第一款、第三款、第四款的规定。

第三十八条 辩护律师自人民检察院对案件审查起诉之日起，可以查阅、摘抄、复制本案的案卷材料。其他辩护人经人民法院、人民检察院许可，也可以查阅、摘抄、复制上述材料。

第三十九条 辩护人认为在侦查、审查起诉期间公安机关、人民检察院收集的证明犯罪嫌疑人、被告人无罪或者罪轻的证据材料未提交的，有权申请人民检察院、人民法院调取。

第四十条 辩护人收集的有关犯罪嫌疑人不在犯罪现场、未达到刑事责任年龄、属于依法不负刑事责任的精神病人的证据，应当及时告知公安机关、人民检察院。

第四十一条 辩护律师经证人或者其他有关单位和个人同意，可以向他们收集与本案有关的材料，也可以申请人民检察院、人民法院收集、调取证据，或者申请人民法院通知证人出庭作证。

辩护律师经人民检察院或者人民法院许可，并且经被害人或者其近亲属、被害人提供的证人同意，可以向他们收集与本案有关的材料。

第四十二条 辩护人或者其他任何人，不得帮助犯罪嫌疑人、被告人隐匿、毁灭、伪造证据或者串供，不得威胁、引诱证人作伪证以及进行其他干扰司法机关诉讼活动的行为。

违反前款规定的,应当依法追究法律责任,辩护人涉嫌犯罪的,应当由办理辩护人所承办案件的侦查机关以外的侦查机关办理。辩护人是律师的,应当及时通知其所在的律师事务所或者所属的律师协会。

第四十三条 在审判过程中,被告人可以拒绝辩护人继续为他辩护,也可以另行委托辩护人辩护。

第四十四条 公诉案件的被害人及其法定代理人或者近亲属,附带民事诉讼的当事人及其法定代理人,自案件移送审查起诉之日起,有权委托诉讼代理人。自诉案件的自诉人及其法定代理人,附带民事诉讼的当事人及其法定代理人,有权随时委托诉讼代理人。

人民检察院自收到移送审查起诉的案件材料之日起三日以内,应当告知被害人及其法定代理人或者其近亲属、附带民事诉讼的当事人及其法定代理人有权委托诉讼代理人。人民法院自受理自诉案件之日起三日以内,应当告知自诉人及其法定代理人、附带民事诉讼的当事人及其法定代理人有权委托诉讼代理人。

第四十五条 委托诉讼代理人,参照本法第三十二条的规定执行。

第四十六条 辩护律师对在执业活动中知悉的委托人的有关情况和信息,有权予以保密。但是,辩护律师在执业活动中知悉委托人或者其他人,准备或者正在实施危害国家安全、公共安全以及严重危害他人人身安全的犯罪的,应当及时告知司法机关。

第四十七条 辩护人、诉讼代理人认为公安机关、人民检察院、人民法院及其工作人员阻碍其依法行使诉讼权利的,有权向同级或者上一级人民检察院申诉或者控告。人民检察院对申诉或者控告应当及时进行审查,情况属实的,通知有关机关予以纠正。

第五章 证 据

第四十八条 可以用于证明案件事实的材料,都是证据。

证据包括：

（一）物证；

（二）书证；

（三）证人证言；

（四）被害人陈述；

（五）犯罪嫌疑人、被告人供述和辩解；

（六）鉴定意见；

（七）勘验、检查、辨认、侦查实验等笔录；

（八）视听资料、电子数据。

证据必须经过查证属实，才能作为定案的根据。

第四十九条 公诉案件中被告人有罪的举证责任由人民检察院承担，自诉案件中被告人有罪的举证责任由自诉人承担。

第五十条 审判人员、检察人员、侦查人员必须依照法定程序，收集能够证实犯罪嫌疑人、被告人有罪或者无罪、犯罪情节轻重的各种证据。严禁刑讯逼供和以威胁、引诱、欺骗以及其他非法方法收集证据，不得强迫任何人证实自己有罪。必须保证一切与案件有关或者了解案情的公民，有客观地充分地提供证据的条件，除特殊情况外，可以吸收他们协助调查。

第五十一条 公安机关提请批准逮捕书、人民检察院起诉书、人民法院判决书，必须忠实于事实真象。故意隐瞒事实真象的，应当追究责任。

第五十二条 人民法院、人民检察院和公安机关有权向有关单位和个人收集、调取证据。有关单位和个人应当如实提供证据。

行政机关在行政执法和查办案件过程中收集的物证、书证、视听资料、电子数据等证据材料，在刑事诉讼中可以作为证据使用。

对涉及国家秘密、商业秘密、个人隐私的证据，应当保密。

凡是伪造证据、隐匿证据或者毁灭证据的，无论属于何方，必须受法律追究。

第五十三条　对一切案件的判处都要重证据，重调查研究，不轻信口供。只有被告人供述，没有其他证据的，不能认定被告人有罪和处以刑罚；没有被告人供述，证据确实、充分的，可以认定被告人有罪和处以刑罚。

证据确实、充分，应当符合以下条件：

（一）定罪量刑的事实都有证据证明；

（二）据以定案的证据均经法定程序查证属实；

（三）综合全案证据，对所认定事实已排除合理怀疑。

第五十四条　采用刑讯逼供等非法方法收集的犯罪嫌疑人、被告人供述和采用暴力、威胁等非法方法收集的证人证言、被害人陈述，应当予以排除。收集物证、书证不符合法定程序，可能严重影响司法公正的，应当予以补正或者作出合理解释；不能补正或者作出合理解释的，对该证据应当予以排除。

在侦查、审查起诉、审判时发现有应当排除的证据的，应当依法予以排除，不得作为起诉意见、起诉决定和判决的依据。

第五十五条　人民检察院接到报案、控告、举报或者发现侦查人员以非法方法收集证据的，应当进行调查核实。对于确有以非法方法收集证据情形的，应当提出纠正意见；构成犯罪的，依法追究刑事责任。

第五十六条　法庭审理过程中，审判人员认为可能存在本法第五十四条规定的以非法方法收集证据情形的，应当对证据收集的合法性进行法庭调查。

当事人及其辩护人、诉讼代理人有权申请人民法院对以非法方法收集的证据依法予以排除。申请排除以非法方法收集的证据的，应当提供相关线索或者材料。

第五十七条　在对证据收集的合法性进行法庭调查的过程中，人民检察院应当对证据收集的合法性加以证明。

现有证据材料不能证明证据收集的合法性的，人民检察院可以提请人民法院通知有关侦查人员或者其他人员出庭说明情况；人民法院可以通知有关侦查人员或者其他人员出庭说明情况。有关侦查人员或者其他人员也可以要求出庭说明情况。经人民法院通知，有关人员应当出庭。

第五十八条　对于经过法庭审理，确认或者不能排除存在本法第五十四条规定的以非法方法收集证据情形的，对有关证据应当予以排除。

第五十九条　证人证言必须在法庭上经过公诉人、被害人和被告人、辩护人双方质证并且查实以后，才能作为定案的根据。法庭查明证人有意作伪证或者隐匿罪证的时候，应当依法处理。

第六十条　凡是知道案件情况的人，都有作证的义务。

生理上、精神上有缺陷或者年幼，不能辨别是非、不能正确表达的人，不能作证人。

第六十一条　人民法院、人民检察院和公安机关应当保障证人及其近亲属的安全。

对证人及其近亲属进行威胁、侮辱、殴打或者打击报复，构成犯罪的，依法追究刑事责任；尚不够刑事处罚的，依法给予治安管理处罚。

第六十二条　对于危害国家安全犯罪、恐怖活动犯罪、黑社会性质的组织犯罪、毒品犯罪等案件，证人、鉴定人、被害人因在诉讼中作证，本人或者其近亲属的人身安全面临危险的，人民法院、人民检察院和公安机关应当采取以下一项或者多项保护措施：

（一）不公开真实姓名、住址和工作单位等个人信息；

（二）采取不暴露外貌、真实声音等出庭作证措施；

（三）禁止特定的人员接触证人、鉴定人、被害人及其近亲属；

（四）对人身和住宅采取专门性保护措施；

（五）其他必要的保护措施。

证人、鉴定人、被害人认为因在诉讼中作证，本人或者其近亲属的人身安全面临危险的,可以向人民法院、人民检察院、公安机关请求予以保护。

人民法院、人民检察院、公安机关依法采取保护措施,有关单位和个人应当配合。

第六十三条　证人因履行作证义务而支出的交通、住宿、就餐等费用,应当给予补助。证人作证的补助列入司法机关业务经费,由同级政府财政予以保障。

有工作单位的证人作证,所在单位不得克扣或者变相克扣其工资、奖金及其他福利待遇。

第六章　强制措施

第六十四条　人民法院、人民检察院和公安机关根据案件情况,对犯罪嫌疑人、被告人可以拘传、取保候审或者监视居住。

第六十五条　人民法院、人民检察院和公安机关对有下列情形之一的犯罪嫌疑人、被告人,可以取保候审:

(一)可能判处管制、拘役或者独立适用附加刑的;

(二)可能判处有期徒刑以上刑罚,采取取保候审不致发生社会危险性的;

(三)患有严重疾病、生活不能自理,怀孕或者正在哺乳自己婴儿的妇女,采取取保候审不致发生社会危险性的;

(四)羁押期限届满,案件尚未办结,需要采取取保候审的。

取保候审由公安机关执行。

第六十六条　人民法院、人民检察院和公安机关决定对犯罪嫌疑人、被告人取保候审,应当责令犯罪嫌疑人、被告人提出保证人或者交纳保证金。

第六十七条　保证人必须符合下列条件:

(一)与本案无牵连;

（二）有能力履行保证义务；

（三）享有政治权利，人身自由未受到限制；

（四）有固定的住处和收入。

第六十八条 保证人应当履行以下义务：

（一）监督被保证人遵守本法第六十九条的规定；

（二）发现被保证人可能发生或者已经发生违反本法第六十九条规定的行为的，应当及时向执行机关报告。

被保证人有违反本法第六十九条规定的行为，保证人未履行保证义务的，对保证人处以罚款，构成犯罪的，依法追究刑事责任。

第六十九条 被取保候审的犯罪嫌疑人、被告人应当遵守以下规定：

（一）未经执行机关批准不得离开所居住的市、县；

（二）住址、工作单位和联系方式发生变动的，在二十四小时以内向执行机关报告；

（三）在传讯的时候及时到案；

（四）不得以任何形式干扰证人作证；

（五）不得毁灭、伪造证据或者串供。

人民法院、人民检察院和公安机关可以根据案件情况，责令被取保候审的犯罪嫌疑人、被告人遵守以下一项或者多项规定：

（一）不得进入特定的场所；

（二）不得与特定的人员会见或者通信；

（三）不得从事特定的活动；

（四）将护照等出入境证件、驾驶证件交执行机关保存。

被取保候审的犯罪嫌疑人、被告人违反前两款规定，已交纳保证金的，没收部分或者全部保证金，并且区别情形，责令犯罪嫌疑人、被告人具结悔过，重新交纳保证金、提出保证人，或者监视居住、予以逮捕。

对违反取保候审规定，需要予以逮捕的，可以对犯罪嫌疑人、被告人先行拘留。

第七十条　取保候审的决定机关应当综合考虑保证诉讼活动正常进行的需要，被取保候审人的社会危险性，案件的性质、情节，可能判处刑罚的轻重，被取保候审人的经济状况等情况，确定保证金的数额。

提供保证金的人应当将保证金存入执行机关指定银行的专门账户。

第七十一条　犯罪嫌疑人、被告人在取保候审期间未违反本法第六十九条规定的，取保候审结束的时候，凭解除取保候审的通知或者有关法律文书到银行领取退还的保证金。

第七十二条　人民法院、人民检察院和公安机关对符合逮捕条件，有下列情形之一的犯罪嫌疑人、被告人，可以监视居住：

（一）患有严重疾病、生活不能自理的；

（二）怀孕或者正在哺乳自己婴儿的妇女；

（三）系生活不能自理的人的唯一扶养人；

（四）因为案件的特殊情况或者办理案件的需要，采取监视居住措施更为适宜的；

（五）羁押期限届满，案件尚未办结，需要采取监视居住措施的。

对符合取保候审条件，但犯罪嫌疑人、被告人不能提出保证人，也不交纳保证金的，可以监视居住。

监视居住由公安机关执行。

第七十三条　监视居住应当在犯罪嫌疑人、被告人的住处执行；无固定住处的，可以在指定的居所执行。对于涉嫌危害国家安全犯罪、恐怖活动犯罪、特别重大贿赂犯罪，在住处执行可能有碍侦查的，经上一级人民检察院或者公安机关批准，也可以在指定的居所执行。但是，不得在羁押场所、专门的办案场所执行。

指定居所监视居住的,除无法通知的以外,应当在执行监视居住后二十四小时以内,通知被监视居住人的家属。

被监视居住的犯罪嫌疑人、被告人委托辩护人,适用本法第三十三条的规定。

人民检察院对指定居所监视居住的决定和执行是否合法实行监督。

第七十四条 指定居所监视居住的期限应当折抵刑期。被判处管制的,监视居住一日折抵刑期一日;被判处拘役、有期徒刑的,监视居住二日折抵刑期一日。

第七十五条 被监视居住的犯罪嫌疑人、被告人应当遵守以下规定:

(一)未经执行机关批准不得离开执行监视居住的处所;

(二)未经执行机关批准不得会见他人或者通信;

(三)在传讯的时候及时到案;

(四)不得以任何形式干扰证人作证;

(五)不得毁灭、伪造证据或者串供;

(六)将护照等出入境证件、身份证件、驾驶证件交执行机关保存。

被监视居住的犯罪嫌疑人、被告人违反前款规定,情节严重的,可以予以逮捕;需要予以逮捕的,可以对犯罪嫌疑人、被告人先行拘留。

第七十六条 执行机关对被监视居住的犯罪嫌疑人、被告人,可以采取电子监控、不定期检查等监视方法对其遵守监视居住规定的情况进行监督;在侦查期间,可以对被监视居住的犯罪嫌疑人的通信进行监控。

第七十七条 人民法院、人民检察院和公安机关对犯罪嫌疑人、被告人取保候审最长不得超过十二个月,监视居住最长不得超过六个月。

在取保候审、监视居住期间,不得中断对案件的侦查、起诉和审理。对于发现不应当追究刑事责任或者取保候审、监视居住期限届满的,应当及时解除取保候审、监视居住。解除取保候审、监视居住,应当及时通知被取保候审、监视居住人和有关单位。

第七十八条 逮捕犯罪嫌疑人、被告人,必须经过人民检察院批准或者人民法院决定,由公安机关执行。

第七十九条 对有证据证明有犯罪事实,可能判处徒刑以上刑罚的犯罪嫌疑人、被告人,采取取保候审尚不足以防止发生下列社会危险性的,应当予以逮捕:

(一)可能实施新的犯罪的;

(二)有危害国家安全、公共安全或者社会秩序的现实危险的;

(三)可能毁灭、伪造证据,干扰证人作证或者串供的;

(四)可能对被害人、举报人、控告人实施打击报复的;

(五)企图自杀或者逃跑的。

对有证据证明有犯罪事实,可能判处十年有期徒刑以上刑罚的,或者有证据证明有犯罪事实,可能判处徒刑以上刑罚,曾经故意犯罪或者身份不明的,应当予以逮捕。

被取保候审、监视居住的犯罪嫌疑人、被告人违反取保候审、监视居住规定,情节严重的,可以予以逮捕。

第八十条 公安机关对于现行犯或者重大嫌疑分子,如果有下列情形之一的,可以先行拘留:

(一)正在预备犯罪、实行犯罪或者在犯罪后即时被发觉的;

(二)被害人或者在场亲眼看见的人指认他犯罪的;

(三)在身边或者住处发现有犯罪证据的;

(四)犯罪后企图自杀、逃跑或者在逃的;

(五)有毁灭、伪造证据或者串供可能的;

(六)不讲真实姓名、住址,身份不明的;

(七)有流窜作案、多次作案、结伙作案重大嫌疑的。

第八十一条　公安机关在异地执行拘留、逮捕的时候，应当通知被拘留、逮捕人所在地的公安机关，被拘留、逮捕人所在地的公安机关应当予以配合。

第八十二条　对于有下列情形的人，任何公民都可以立即扭送公安机关、人民检察院或者人民法院处理：

（一）正在实行犯罪或者在犯罪后即时被发觉的；

（二）通缉在案的；

（三）越狱逃跑的；

（四）正在被追捕的。

第八十三条　公安机关拘留人的时候，必须出示拘留证。

拘留后，应当立即将被拘留人送看守所羁押，至迟不得超过二十四小时。除无法通知或者涉嫌危害国家安全犯罪、恐怖活动犯罪通知可能有碍侦查的情形以外，应当在拘留后二十四小时以内，通知被拘留人的家属。有碍侦查的情形消失以后，应当立即通知被拘留人的家属。

第八十四条　公安机关对被拘留的人，应当在拘留后的二十四小时以内进行讯问。在发现不应当拘留的时候，必须立即释放，发给释放证明。

第八十五条　公安机关要求逮捕犯罪嫌疑人的时候，应当写出提请批准逮捕书，连同案卷材料、证据，一并移送同级人民检察院审查批准。必要的时候，人民检察院可以派人参加公安机关对于重大案件的讨论。

第八十六条　人民检察院审查批准逮捕，可以讯问犯罪嫌疑人；有下列情形之一的，应当讯问犯罪嫌疑人：

（一）对是否符合逮捕条件有疑问的；

（二）犯罪嫌疑人要求向检察人员当面陈述的；

（三）侦查活动可能有重大违法行为的。

人民检察院审查批准逮捕，可以询问证人等诉讼参与人，听取辩护律师的意见；辩护律师提出要求的，应当听取辩护律师的意见。

第八十七条 人民检察院审查批准逮捕犯罪嫌疑人由检察长决定。重大案件应当提交检察委员会讨论决定。

第八十八条 人民检察院对于公安机关提请批准逮捕的案件进行审查后，应当根据情况分别作出批准逮捕或者不批准逮捕的决定。对于批准逮捕的决定，公安机关应当立即执行，并且将执行情况及时通知人民检察院。对于不批准逮捕的，人民检察院应当说明理由，需要补充侦查的，应当同时通知公安机关。

第八十九条 公安机关对被拘留的人，认为需要逮捕的，应当在拘留后的三日以内，提请人民检察院审查批准。在特殊情况下，提请审查批准的时间可以延长一日至四日。

对于流窜作案、多次作案、结伙作案的重大嫌疑分子，提请审查批准的时间可以延长至三十日。

人民检察院应当自接到公安机关提请批准逮捕书后的七日以内，作出批准逮捕或者不批准逮捕的决定。人民检察院不批准逮捕的，公安机关应当在接到通知后立即释放，并且将执行情况及时通知人民检察院。对于需要继续侦查，并且符合取保候审、监视居住条件的，依法取保候审或者监视居住。

第九十条 公安机关对人民检察院不批准逮捕的决定，认为有错误的时候，可以要求复议，但是必须将被拘留的人立即释放。如果意见不被接受，可以向上一级人民检察院提请复核。上级人民检察院应当立即复核，作出是否变更的决定，通知下级人民检察院和公安机关执行。

第九十一条 公安机关逮捕人的时候，必须出示逮捕证。

逮捕后，应当立即将被逮捕人送看守所羁押。除无法通知的以外，应当在逮捕后二十四小时以内，通知被逮捕人的家属。

第九十二条 人民法院、人民检察院对于各自决定逮捕的人，公安机关对于经人民检察院批准逮捕的人,都必须在逮捕后的二十四小时以内进行讯问。在发现不应当逮捕的时候,必须立即释放,发给释放证明。

第九十三条 犯罪嫌疑人、被告人被逮捕后,人民检察院仍应当对羁押的必要性进行审查。对不需要继续羁押的,应当建议予以释放或者变更强制措施。有关机关应当在十日以内将处理情况通知人民检察院。

第九十四条 人民法院、人民检察院和公安机关如果发现对犯罪嫌疑人、被告人采取强制措施不当的,应当及时撤销或者变更。公安机关释放被逮捕的人或者变更逮捕措施的,应当通知原批准的人民检察院。

第九十五条 犯罪嫌疑人、被告人及其法定代理人、近亲属或者辩护人有权申请变更强制措施。人民法院、人民检察院和公安机关收到申请后,应当在三日以内作出决定;不同意变更强制措施的,应当告知申请人,并说明不同意的理由。

第九十六条 犯罪嫌疑人、被告人被羁押的案件,不能在本法规定的侦查羁押、审查起诉、一审、二审期限内办结的,对犯罪嫌疑人、被告人应当予以释放;需要继续查证、审理的,对犯罪嫌疑人、被告人可以取保候审或者监视居住。

第九十七条 人民法院、人民检察院或者公安机关对被采取强制措施法定期限届满的犯罪嫌疑人、被告人,应当予以释放、解除取保候审、监视居住或者依法变更强制措施。犯罪嫌疑人、被告人及其法定代理人、近亲属或者辩护人对于人民法院、人民检察院或者公安机关采取强制措施法定期限届满的,有权要求解除强制措施。

第九十八条 人民检察院在审查批准逮捕工作中,如果发现公安机关的侦查活动有违法情况,应当通知公安机关予以纠正,公安机关应当将纠正情况通知人民检察院。

第七章　附带民事诉讼

第九十九条　被害人由于被告人的犯罪行为而遭受物质损失的,在刑事诉讼过程中,有权提起附带民事诉讼。被害人死亡或者丧失行为能力的,被害人的法定代理人、近亲属有权提起附带民事诉讼。

如果是国家财产、集体财产遭受损失的,人民检察院在提起公诉的时候,可以提起附带民事诉讼。

第一百条　人民法院在必要的时候,可以采取保全措施,查封、扣押或者冻结被告人的财产。附带民事诉讼原告人或者人民检察院可以申请人民法院采取保全措施。人民法院采取保全措施,适用民事诉讼法的有关规定。

第一百零一条　人民法院审理附带民事诉讼案件,可以进行调解,或者根据物质损失情况作出判决、裁定。

第一百零二条　附带民事诉讼应当同刑事案件一并审判,只有为了防止刑事案件审判的过分迟延,才可以在刑事案件审判后,由同一审判组织继续审理附带民事诉讼。

第八章　期间、送达

第一百零三条　期间以时、日、月计算。

期间开始的时和日不算在期间以内。

法定期间不包括路途上的时间。上诉状或者其他文件在期满前已经交邮的,不算过期。

期间的最后一日为节假日的,以节假日后的第一日为期满日期,但犯罪嫌疑人、被告人或者罪犯在押期间,应当至期满之日为止,不得因节假日而延长。

第一百零四条　当事人由于不能抗拒的原因或者有其他正当理

由而耽误期限的，在障碍消除后五日以内，可以申请继续进行应当在期满以前完成的诉讼活动。

前款申请是否准许，由人民法院裁定。

第一百零五条 送达传票、通知书和其他诉讼文件应当交给收件人本人；如果本人不在，可以交给他的成年家属或者所在单位的负责人员代收。

收件人本人或者代收人拒绝接收或者拒绝签名、盖章的时候，送达人可以邀请他的邻居或者其他见证人到场，说明情况，把文件留在他的住处，在送达证上记明拒绝的事由、送达的日期，由送达人签名，即认为已经送达。

第九章　其他规定

第一百零六条 本法下列用语的含意是：

（一）"侦查"是指公安机关、人民检察院在办理案件过程中，依照法律进行的专门调查工作和有关的强制性措施；

（二）"当事人"是指被害人、自诉人、犯罪嫌疑人、被告人、附带民事诉讼的原告人和被告人；

（三）"法定代理人"是指被代理人的父母、养父母、监护人和负有保护责任的机关、团体的代表；

（四）"诉讼参与人"是指当事人、法定代理人、诉讼代理人、辩护人、证人、鉴定人和翻译人员；

（五）"诉讼代理人"是指公诉案件的被害人及其法定代理人或者近亲属、自诉案件的自诉人及其法定代理人委托代为参加诉讼的人和附带民事诉讼的当事人及其法定代理人委托代为参加诉讼的人；

（六）"近亲属"是指夫、妻、父、母、子、女、同胞兄弟姊妹。

第二编 立案、侦查和提起公诉

第一章 立 案

第一百零七条 公安机关或者人民检察院发现犯罪事实或者犯罪嫌疑人，应当按照管辖范围，立案侦查。

第一百零八条 任何单位和个人发现有犯罪事实或者犯罪嫌疑人，有权利也有义务向公安机关、人民检察院或者人民法院报案或者举报。

被害人对侵犯其人身、财产权利的犯罪事实或者犯罪嫌疑人，有权向公安机关、人民检察院或者人民法院报案或者控告。

公安机关、人民检察院或者人民法院对于报案、控告、举报，都应当接受。对于不属于自己管辖的，应当移送主管机关处理，并且通知报案人、控告人、举报人；对于不属于自己管辖而又必须采取紧急措施的，应当先采取紧急措施，然后移送主管机关。

犯罪人向公安机关、人民检察院或者人民法院自首的，适用第三款规定。

第一百零九条 报案、控告、举报可以用书面或者口头提出。接受口头报案、控告、举报的工作人员，应当写成笔录，经宣读无误后，由报案人、控告人、举报人签名或者盖章。

接受控告、举报的工作人员，应当向控告人、举报人说明诬告应负的法律责任。但是，只要不是捏造事实，伪造证据，即使控告、举报的事实有出入，甚至是错告的，也要和诬告严格加以区别。

公安机关、人民检察院或者人民法院应当保障报案人、控告人、举报人及其近亲属的安全。报案人、控告人、举报人如果不愿公开自己的姓名和报案、控告、举报的行为，应当为他保守秘密。

第一百一十条　人民法院、人民检察院或者公安机关对于报案、控告、举报和自首的材料，应当按照管辖范围，迅速进行审查，认为有犯罪事实需要追究刑事责任的时候，应当立案；认为没有犯罪事实，或者犯罪事实显著轻微，不需要追究刑事责任的时候，不予立案，并且将不立案的原因通知控告人。控告人如果不服，可以申请复议。

第一百一十一条　人民检察院认为公安机关对应当立案侦查的案件而不立案侦查的，或者被害人认为公安机关对应当立案侦查的案件而不立案侦查，向人民检察院提出的，人民检察院应当要求公安机关说明不立案的理由。人民检察院认为公安机关不立案理由不能成立的，应当通知公安机关立案，公安机关接到通知后应当立案。

第一百一十二条　对于自诉案件，被害人有权向人民法院直接起诉。被害人死亡或者丧失行为能力的，被害人的法定代理人、近亲属有权向人民法院起诉。人民法院应当依法受理。

第二章　侦　查

第一节　一般规定

第一百一十三条　公安机关对已经立案的刑事案件，应当进行侦查，收集、调取犯罪嫌疑人有罪或者无罪、罪轻或者罪重的证据材料。对现行犯或者重大嫌疑分子可以依法先行拘留，对符合逮捕条件的犯罪嫌疑人，应当依法逮捕。

第一百一十四条　公安机关经过侦查，对有证据证明有犯罪事实的案件，应当进行预审，对收集、调取的证据材料予以核实。

第一百一十五条　当事人和辩护人、诉讼代理人、利害关系人对于司法机关及其工作人员有下列行为之一的，有权向该机关申诉或者控告：

（一）采取强制措施法定期限届满，不予以释放、解除或者变更的；

（二）应当退还取保候审保证金不退还的；

（三）对与案件无关的财物采取查封、扣押、冻结措施的；

（四）应当解除查封、扣押、冻结不解除的；

（五）贪污、挪用、私分、调换、违反规定使用查封、扣押、冻结的财物的。

受理申诉或者控告的机关应当及时处理。对处理不服的，可以向同级人民检察院申诉；人民检察院直接受理的案件，可以向上一级人民检察院申诉。人民检察院对申诉应当及时进行审查，情况属实的，通知有关机关予以纠正。

第二节 讯问犯罪嫌疑人

第一百一十六条 讯问犯罪嫌疑人必须由人民检察院或者公安机关的侦查人员负责进行。讯问的时候，侦查人员不得少于二人。

犯罪嫌疑人被送交看守所羁押以后，侦查人员对其进行讯问，应当在看守所内进行。

第一百一十七条 对不需要逮捕、拘留的犯罪嫌疑人，可以传唤到犯罪嫌疑人所在市、县内的指定地点或者到他的住处进行讯问，但是应当出示人民检察院或者公安机关的证明文件。对在现场发现的犯罪嫌疑人，经出示工作证件，可以口头传唤，但应当在讯问笔录中注明。

传唤、拘传持续的时间不得超过十二小时；案情特别重大、复杂，需要采取拘留、逮捕措施的，传唤、拘传持续的时间不得超过二十四小时。

不得以连续传唤、拘传的形式变相拘禁犯罪嫌疑人。传唤、拘传犯罪嫌疑人，应当保证犯罪嫌疑人的饮食和必要的休息时间。

第一百一十八条 侦查人员在讯问犯罪嫌疑人的时候，应当首先讯问犯罪嫌疑人是否有犯罪行为，让他陈述有罪的情节或者无罪的辩解，然后向他提出问题。犯罪嫌疑人对侦查人员的提问，应当如实回答。但是对与本案无关的问题，有拒绝回答的权利。

侦查人员在讯问犯罪嫌疑人的时候，应当告知犯罪嫌疑人如实供述自己罪行可以从宽处理的法律规定。

第一百一十九条 讯问聋、哑的犯罪嫌疑人，应当有通晓聋、哑手势的人参加，并且将这种情况记明笔录。

第一百二十条 讯问笔录应当交犯罪嫌疑人核对，对于没有阅读能力的，应当向他宣读。如果记载有遗漏或者差错，犯罪嫌疑人可以提出补充或者改正。犯罪嫌疑人承认笔录没有错误后，应当签名或者盖章。侦查人员也应当在笔录上签名。犯罪嫌疑人请求自行书写供述的，应当准许。必要的时候，侦查人员也可以要犯罪嫌疑人亲笔书写供词。

第一百二十一条 侦查人员在讯问犯罪嫌疑人的时候，可以对讯问过程进行录音或者录像；对于可能判处无期徒刑、死刑的案件或者其他重大犯罪案件，应当对讯问过程进行录音或者录像。

录音或者录像应当全程进行，保持完整性。

第三节 询问证人

第一百二十二条 侦查人员询问证人，可以在现场进行，也可以到证人所在单位、住处或者证人提出的地点进行，在必要的时候，可以通知证人到人民检察院或者公安机关提供证言。在现场询问证人，应当出示工作证件，到证人所在单位、住处或者证人提出的地点询问证人，应当出示人民检察院或者公安机关的证明文件。

询问证人应当个别进行。

第一百二十三条 询问证人，应当告知他应当如实地提供证据、证言和有意作伪证或者隐匿罪证要负的法律责任。

第一百二十四条 本法第一百二十条的规定，也适用于询问证人。

第一百二十五条 询问被害人，适用本节各条规定。

第四节 勘验、检查

第一百二十六条 侦查人员对于与犯罪有关的场所、物品、人身、尸体应当进行勘验或者检查。在必要的时候，可以指派或者聘请具有专门知识的人，在侦查人员的主持下进行勘验、检查。

第一百二十七条 任何单位和个人，都有义务保护犯罪现场，并且立即通知公安机关派员勘验。

第一百二十八条 侦查人员执行勘验、检查，必须持有人民检察院或者公安机关的证明文件。

第一百二十九条 对于死因不明的尸体，公安机关有权决定解剖，并且通知死者家属到场。

第一百三十条 为了确定被害人、犯罪嫌疑人的某些特征、伤害情况或者生理状态，可以对人身进行检查，可以提取指纹信息，采集血液、尿液等生物样本。

犯罪嫌疑人如果拒绝检查，侦查人员认为必要的时候，可以强制检查。

检查妇女的身体，应当由女工作人员或者医师进行。

第一百三十一条 勘验、检查的情况应当写成笔录，由参加勘验、检查的人和见证人签名或者盖章。

第一百三十二条 人民检察院审查案件的时候，对公安机关的勘验、检查，认为需要复验、复查时，可以要求公安机关复验、复查，并且可以派检察人员参加。

第一百三十三条 为了查明案情，在必要的时候，经公安机关负责人批准，可以进行侦查实验。

侦查实验的情况应当写成笔录，由参加实验的人签名或者盖章。

侦查实验，禁止一切足以造成危险、侮辱人格或者有伤风化的行为。

第五节 搜 查

第一百三十四条 为了收集犯罪证据、查获犯罪人,侦查人员可以对犯罪嫌疑人以及可能隐藏罪犯或者犯罪证据的人的身体、物品、住处和其他有关的地方进行搜查。

第一百三十五条 任何单位和个人,有义务按照人民检察院和公安机关的要求,交出可以证明犯罪嫌疑人有罪或者无罪的物证、书证、视听资料等证据。

第一百三十六条 进行搜查,必须向被搜查人出示搜查证。

在执行逮捕、拘留的时候,遇有紧急情况,不另用搜查证也可以进行搜查。

第一百三十七条 在搜查的时候,应当有被搜查人或者他的家属,邻居或者其他见证人在场。

搜查妇女的身体,应当由女工作人员进行。

第一百三十八条 搜查的情况应当写成笔录,由侦查人员和被搜查人或者他的家属,邻居或者其他见证人签名或者盖章。如果被搜查人或者他的家属在逃或者拒绝签名、盖章,应当在笔录上注明。

第六节 扣押物证、书证

第一百三十九条 在侦查活动中发现的可用以证明犯罪嫌疑人有罪或者无罪的各种财物、文件,应当查封、扣押;与案件无关的财物、文件,不得查封、扣押。

对查封、扣押的财物、文件,要妥善保管或者封存,不得使用、调换或者损毁。

第一百四十条 对查封、扣押的财物、文件,应当会同在场见证人和被查封、扣押财物、文件持有人查点清楚,当场开列清单一式二份,由侦查人员、见证人和持有人签名或者盖章,一份交给持有人，另一份附卷备查。

第一百四十一条 侦查人员认为需要扣押犯罪嫌疑人的邮件、电报的时候，经公安机关或者人民检察院批准，即可通知邮电机关将有关的邮件、电报检交扣押。

不需要继续扣押的时候，应即通知邮电机关。

第一百四十二条 人民检察院、公安机关根据侦查犯罪的需要，可以依照规定查询、冻结犯罪嫌疑人的存款、汇款、债券、股票、基金份额等财产。有关单位和个人应当配合。

犯罪嫌疑人的存款、汇款、债券、股票、基金份额等财产已被冻结的，不得重复冻结。

第一百四十三条 对查封、扣押的财物、文件、邮件、电报或者冻结的存款、汇款、债券、股票、基金份额等财产，经查明确实与案件无关的，应当在三日以内解除查封、扣押、冻结，予以退还。

第七节 鉴 定

第一百四十四条 为了查明案情，需要解决案件中某些专门性问题的时候，应当指派、聘请有专门知识的人进行鉴定。

第一百四十五条 鉴定人进行鉴定后，应当写出鉴定意见，并且签名。

鉴定人故意作虚假鉴定的，应当承担法律责任。

第一百四十六条 侦查机关应当将用作证据的鉴定意见告知犯罪嫌疑人、被害人。如果犯罪嫌疑人、被害人提出申请，可以补充鉴定或者重新鉴定。

第一百四十七条 对犯罪嫌疑人作精神病鉴定的期间不计入办案期限。

第八节 技术侦察措施

第一百四十八条 公安机关在立案后，对于危害国家安全犯罪、恐怖活动犯罪、黑社会性质的组织犯罪、重大毒品犯罪或者其他严重危害社会的犯罪案件，根据侦查犯罪的需要，经过严格的批准手续，可以采取技术侦查措施。

人民检察院在立案后，对于重大的贪污、贿赂犯罪案件以及利用职权实施的严重侵犯公民人身权利的重大犯罪案件，根据侦查犯罪的需要，经过严格的批准手续，可以采取技术侦查措施，按照规定交有关机关执行。

追捕被通缉或者批准、决定逮捕的在逃的犯罪嫌疑人、被告人，经过批准，可以采取追捕所必需的技术侦查措施。

第一百四十九条 批准决定应当根据侦查犯罪的需要，确定采取技术侦查措施的种类和适用对象。批准决定自签发之日起三个月以内有效。对于不需要继续采取技术侦查措施的，应当及时解除；对于复杂、疑难案件，期限届满仍有必要继续采取技术侦查措施的，经过批准，有效期可以延长，每次不得超过三个月。

第一百五十条 采取技术侦查措施，必须严格按照批准的措施种类、适用对象和期限执行。

侦查人员对采取技术侦查措施过程中知悉的国家秘密、商业秘密和个人隐私，应当保密；对采取技术侦查措施获取的与案件无关的材料，必须及时销毁。

采取技术侦查措施获取的材料，只能用于对犯罪的侦查、起诉和审判，不得用于其他用途。

公安机关依法采取技术侦查措施，有关单位和个人应当配合，并对有关情况予以保密。

第一百五十一条 为了查明案情，在必要的时候，经公安机关负责人决定，可以由有关人员隐匿其身份实施侦查。但是，不得诱使他人犯罪，不得采用可能危害公共安全或者发生重大人身危险的方法。

对涉及给付毒品等违禁品或者财物的犯罪活动，公安机关根据侦查犯罪的需要，可以依照规定实施控制下交付。

第一百五十二条　依照本节规定采取侦查措施收集的材料在刑事诉讼中可以作为证据使用。如果使用该证据可能危及有关人员的人身安全，或者可能产生其他严重后果的，应当采取不暴露有关人员身份、技术方法等保护措施，必要的时候，可以由审判人员在庭外对证据进行核实。

第九节　通　缉

第一百五十三条　应当逮捕的犯罪嫌疑人如果在逃，公安机关可以发布通缉令，采取有效措施，追捕归案。

各级公安机关在自己管辖的地区以内，可以直接发布通缉令；超出自己管辖的地区，应当报请有权决定的上级机关发布。

第十节　侦查终结

第一百五十四条　对犯罪嫌疑人逮捕后的侦查羁押期限不得超过二个月。案情复杂、期限届满不能终结的案件，可以经上一级人民检察院批准延长一个月。

第一百五十五条　因为特殊原因，在较长时间内不宜交付审判的特别重大复杂的案件，由最高人民检察院报请全国人民代表大会常务委员会批准延期审理。

第一百五十六条　下列案件在本法第一百五十四条规定的期限届满不能侦查终结的，经省、自治区、直辖市人民检察院批准或者决定，可以延长二个月：

（一）交通十分不便的边远地区的重大复杂案件；

（二）重大的犯罪集团案件；

（三）流窜作案的重大复杂案件；

（四）犯罪涉及面广，取证困难的重大复杂案件。

第一百五十七条　对犯罪嫌疑人可能判处十年有期徒刑以上刑

罚，依照本法第一百五十六条规定延长期限届满，仍不能侦查终结的，经省、自治区、直辖市人民检察院批准或者决定，可以再延长二个月。

第一百五十八条 在侦查期间，发现犯罪嫌疑人另有重要罪行的，自发现之日起依照本法第一百五十四条的规定重新计算侦查羁押期限。

犯罪嫌疑人不讲真实姓名、住址，身份不明的，应当对其身份进行调查，侦查羁押期限自查清其身份之日起计算，但是不得停止对其犯罪行为的侦查取证。对于犯罪事实清楚，证据确实、充分，确实无法查明其身份的，也可以按其自报的姓名起诉、审判。

第一百五十九条 在案件侦查终结前，辩护律师提出要求的，侦查机关应当听取辩护律师的意见，并记录在案。辩护律师提出书面意见的，应当附卷。

第一百六十条 公安机关侦查终结的案件，应当做到犯罪事实清楚，证据确实、充分，并且写出起诉意见书，连同案卷材料、证据一并移送同级人民检察院审查决定；同时将案件移送情况告知犯罪嫌疑人及其辩护律师。

第一百六十一条 在侦查过程中，发现不应对犯罪嫌疑人追究刑事责任的，应当撤销案件；犯罪嫌疑人已被逮捕的，应当立即释放，发给释放证明，并且通知原批准逮捕的人民检察院。

第十一节 人民检察院对直接受理的案件的侦查

第一百六十二条 人民检察院对直接受理的案件的侦查适用本章规定。

第一百六十三条 人民检察院直接受理的案件中符合本法第七十九条、第八十条第四项、第五项规定情形，需要逮捕、拘留犯罪嫌疑人的，由人民检察院作出决定，由公安机关执行。

第一百六十四条 人民检察院对直接受理的案件中被拘留的

人，应当在拘留后的二十四小时以内进行讯问。在发现不应当拘留的时候，必须立即释放，发给释放证明。

第一百六十五条　人民检察院对直接受理的案件中被拘留的人，认为需要逮捕的，应当在十四日以内作出决定。在特殊情况下，决定逮捕的时间可以延长一日至三日。对不需要逮捕的，应当立即释放；对需要继续侦查，并且符合取保候审、监视居住条件的，依法取保候审或者监视居住。

第一百六十六条　人民检察院侦查终结的案件，应当作出提起公诉、不起诉或者撤销案件的决定。

第三章　提起公诉

第一百六十七条　凡需要提起公诉的案件，一律由人民检察院审查决定。

第一百六十八条　人民检察院审查案件的时候，必须查明：

（一）犯罪事实、情节是否清楚，证据是否确实、充分，犯罪性质和罪名的认定是否正确；

（二）有无遗漏罪行和其他应当追究刑事责任的人；

（三）是否属于不应追究刑事责任的；

（四）有无附带民事诉讼；

（五）侦查活动是否合法。

第一百六十九条　人民检察院对于公安机关移送起诉的案件，应当在一个月以内作出决定，重大、复杂的案件，可以延长半个月。

人民检察院审查起诉的案件，改变管辖的，从改变后的人民检察院收到案件之日起计算审查起诉期限。

第一百七十条　人民检察院审查案件，应当讯问犯罪嫌疑人，听取辩护人、被害人及其诉讼代理人的意见，并记录在案。辩护人、被害人及其诉讼代理人提出书面意见的,应当附卷。

第一百七十一条 人民检察院审查案件,可以要求公安机关提供法庭审判所必需的证据材料;认为可能存在本法第五十四条规定的以非法方法收集证据情形的,可以要求其对证据收集的合法性作出说明。

人民检察院审查案件,对于需要补充侦查的,可以退回公安机关补充侦查,也可以自行侦查。

对于补充侦查的案件,应当在一个月以内补充侦查完毕。补充侦查以二次为限。补充侦查完毕移送人民检察院后,人民检察院重新计算审查起诉期限。

对于二次补充侦查的案件,人民检察院仍然认为证据不足,不符合起诉条件的,应当作出不起诉的决定。

第一百七十二条 人民检察院认为犯罪嫌疑人的犯罪事实已经查清,证据确实、充分,依法应当追究刑事责任的,应当作出起诉决定,按照审判管辖的规定,向人民法院提起公诉,并将案卷材料、证据移送人民法院。

第一百七十三条 犯罪嫌疑人没有犯罪事实,或者有本法第十五条规定的情形之一的,人民检察院应当作出不起诉决定。

对于犯罪情节轻微,依照刑法规定不需要判处刑罚或者免除刑罚的,人民检察院可以作出不起诉决定。

人民检察院决定不起诉的案件,应当同时对侦查中查封、扣押、冻结的财物解除查封、扣押、冻结。对被不起诉人需要给予行政处罚、行政处分或者需要没收其违法所得的,人民检察院应当提出检察意见,移送有关主管机关处理。有关主管机关应当将处理结果及时通知人民检察院。

第一百七十四条 不起诉的决定,应当公开宣布,并且将不起诉决定书送达被不起诉人和他的所在单位。如果被不起诉人在押,应当立即释放。

第一百七十五条 对于公安机关移送起诉的案件,人民检察院决定不起诉的,应当将不起诉决定书送达公安机关。公安机关认为不起诉的决定有错误的时候,可以要求复议,如果意见不被接受,可以向上一级人民检察院提请复核。

第一百七十六条 对于有被害人的案件,决定不起诉的,人民检察院应当将不起诉决定书送达被害人。被害人如果不服,可以自收到决定书后七日以内向上一级人民检察院申诉,请求提起公诉。人民检察院应当将复查决定告知被害人。对人民检察院维持不起诉决定的,被害人可以向人民法院起诉。被害人也可以不经申诉,直接向人民法院起诉。人民法院受理案件后,人民检察院应当将有关案件材料移送人民法院。

第一百七十七条 对于人民检察院依照本法第一百七十三条第二款规定作出的不起诉决定,被不起诉人如果不服,可以自收到决定书后七日以内向人民检察院申诉。人民检察院应当作出复查决定,通知被不起诉的人,同时抄送公安机关。

第三编 审 判

第一章 审判组织

第一百七十八条 基层人民法院、中级人民法院审判第一审案件,应当由审判员三人或者由审判员和人民陪审员共三人组成合议庭进行,但是基层人民法院适用简易程序的案件可以由审判员一人独任审判。

高级人民法院、最高人民法院审判第一审案件,应当由审判员三人至七人或者由审判员和人民陪审员共三人至七人组成合议庭进行。

人民陪审员在人民法院执行职务,同审判员有同等的权利。

人民法院审判上诉和抗诉案件,由审判员三人至五人组成合议庭进行。

合议庭的成员人数应当是单数。

合议庭由院长或者庭长指定审判员一人担任审判长。院长或者庭长参加审判案件的时候,自己担任审判长。

第一百七十九条 合议庭进行评议的时候,如果意见分歧,应当按多数人的意见作出决定,但是少数人的意见应当写入笔录。评议笔录由合议庭的组成人员签名。

第一百八十条 合议庭开庭审理并且评议后,应当作出判决。对于疑难、复杂、重大的案件,合议庭认为难以作出决定的,由合议庭提请院长决定提交审判委员会讨论决定。审判委员会的决定,合议庭应当执行。

第二章 第一审程序

第一节 公诉案件

第一百八十一条 人民法院对提起公诉的案件进行审查后,对于起诉书中有明确的指控犯罪事实的,应当决定开庭审判。

第一百八十二条 人民法院决定开庭审判后,应当确定合议庭的组成人员,将人民检察院的起诉书副本至迟在开庭十日以前送达被告人及其辩护人。

在开庭以前,审判人员可以召集公诉人、当事人和辩护人、诉讼代理人,对回避、出庭证人名单、非法证据排除等与审判相关的问题,了解情况,听取意见。

人民法院确定开庭日期后,应当将开庭的时间、地点通知人民检察院,传唤当事人,通知辩护人、诉讼代理人、证人、鉴定人和翻译人员,传票和通知书至迟在开庭三日以前送达。公开审判的案件,应当在开庭三日以前先期公布案由、被告人姓名、开庭时间和地点。

上述活动情形应当写入笔录，由审判人员和书记员签名。

第一百八十三条 人民法院审判第一审案件应当公开进行。但是有关国家秘密或者个人隐私的案件，不公开审理；涉及商业秘密的案件，当事人申请不公开审理的，可以不公开审理。

不公开审理的案件，应当当庭宣布不公开审理的理由。

第一百八十四条 人民法院审判公诉案件，人民检察院应当派员出席法庭支持公诉。

第一百八十五条 开庭的时候，审判长查明当事人是否到庭，宣布案由；宣布合议庭的组成人员、书记员、公诉人、辩护人、诉讼代理人、鉴定人和翻译人员的名单；告知当事人有权对合议庭组成人员、书记员、公诉人、鉴定人和翻译人员申请回避；告知被告人享有辩护权利。

第一百八十六条 公诉人在法庭上宣读起诉书后，被告人、被害人可以就起诉书指控的犯罪进行陈述，公诉人可以讯问被告人。

被害人、附带民事诉讼的原告人和辩护人、诉讼代理人，经审判长许可，可以向被告人发问。

审判人员可以讯问被告人。

第一百八十七条 公诉人、当事人或者辩护人、诉讼代理人对证人证言有异议，且该证人证言对案件定罪量刑有重大影响，人民法院认为证人有必要出庭作证的，证人应当出庭作证。

人民警察就其执行职务时目击的犯罪情况作为证人出庭作证，适用前款规定。

公诉人、当事人或者辩护人、诉讼代理人对鉴定意见有异议，人民法院认为鉴定人有必要出庭的，鉴定人应当出庭作证。经人民法院通知，鉴定人拒不出庭作证的，鉴定意见不得作为定案的根据。

第一百八十八条 经人民法院通知，证人没有正当理由不出庭作证的，人民法院可以强制其到庭，但是被告人的配偶、父母、子女除外。

证人没有正当理由拒绝出庭或者出庭后拒绝作证的,予以训诫,情节严重的,经院长批准,处以十日以下的拘留。被处罚人对拘留决定不服的,可以向上一级人民法院申请复议。复议期间不停止执行。

第一百八十九条 证人作证,审判人员应当告知他要如实地提供证言和有意作伪证或者隐匿罪证要负的法律责任。公诉人、当事人和辩护人、诉讼代理人经审判长许可,可以对证人、鉴定人发问。审判长认为发问的内容与案件无关的时候,应当制止。

审判人员可以询问证人、鉴定人。

第一百九十条 公诉人、辩护人应当向法庭出示物证,让当事人辨认,对未到庭的证人的证言笔录、鉴定人的鉴定意见、勘验笔录和其他作为证据的文书,应当当庭宣读。审判人员应当听取公诉人、当事人和辩护人、诉讼代理人的意见。

第一百九十一条 法庭审理过程中,合议庭对证据有疑问的,可以宣布休庭,对证据进行调查核实。

人民法院调查核实证据,可以进行勘验、检查、查封、扣押、鉴定和查询、冻结。

第一百九十二条 法庭审理过程中,当事人和辩护人、诉讼代理人有权申请通知新的证人到庭,调取新的物证,申请重新鉴定或者勘验。

公诉人、当事人和辩护人、诉讼代理人可以申请法庭通知有专门知识的人出庭,就鉴定人作出的鉴定意见提出意见。

法庭对于上述申请,应当作出是否同意的决定。

第二款规定的有专门知识的人出庭,适用鉴定人的有关规定。

第一百九十三条 法庭审理过程中,对与定罪、量刑有关的事实、证据都应当进行调查、辩论。

经审判长许可,公诉人、当事人和辩护人、诉讼代理人可以对证据和案件情况发表意见并且可以互相辩论。

审判长在宣布辩论终结后,被告人有最后陈述的权利。

第一百九十四条 在法庭审判过程中,如果诉讼参与人或者旁听人员违反法庭秩序,审判长应当警告制止。对不听制止的,可以强行带出法庭;情节严重的,处以一千元以下的罚款或者十五日以下的拘留。罚款、拘留必须经院长批准。被处罚人对罚款、拘留的决定不服的,可以向上一级人民法院申请复议。复议期间不停止执行。

对聚众哄闹、冲击法庭或者侮辱、诽谤、威胁、殴打司法工作人员或者诉讼参与人,严重扰乱法庭秩序,构成犯罪的,依法追究刑事责任。

第一百九十五条 在被告人最后陈述后,审判长宣布休庭,合议庭进行评议,根据已经查明的事实、证据和有关的法律规定,分别作出以下判决:

(一)案件事实清楚,证据确实、充分,依据法律认定被告人有罪的,应当作出有罪判决;

(二)依据法律认定被告人无罪的,应当作出无罪判决;

(三)证据不足,不能认定被告人有罪的,应当作出证据不足、指控的犯罪不能成立的无罪判决。

第一百九十六条 宣告判决,一律公开进行。

当庭宣告判决的,应当在五日以内将判决书送达当事人和提起公诉的人民检察院;定期宣告判决的,应当在宣告后立即将判决书送达当事人和提起公诉的人民检察院。判决书应当同时送达辩护人、诉讼代理人。

第一百九十七条 判决书应当由审判人员和书记员署名,并且写明上诉的期限和上诉的法院。

第一百九十八条 在法庭审判过程中,遇有下列情形之一,影响审判进行的,可以延期审理:

（一）需要通知新的证人到庭，调取新的物证，重新鉴定或者勘验的；

（二）检察人员发现提起公诉的案件需要补充侦查，提出建议的；

（三）由于申请回避而不能进行审判的。

第一百九十九条　依照本法第一百九十八条第二项的规定延期审理的案件，人民检察院应当在一个月以内补充侦查完毕。

第二百条　在审判过程中，有下列情形之一，致使案件在较长时间内无法继续审理的，可以中止审理：

（一）被告人患有严重疾病，无法出庭的；

（二）被告人脱逃的；

（三）自诉人患有严重疾病，无法出庭，未委托诉讼代理人出庭的；

（四）由于不能抗拒的原因。

中止审理的原因消失后，应当恢复审理。中止审理的期间不计入审理期限。

第二百零一条　法庭审判的全部活动，应当由书记员写成笔录，经审判长审阅后，由审判长和书记员签名。

法庭笔录中的证人证言部分，应当当庭宣读或者交给证人阅读。证人在承认没有错误后，应当签名或者盖章。

法庭笔录应当交给当事人阅读或者向他宣读。当事人认为记载有遗漏或者差错的，可以请求补充或者改正。当事人承认没有错误后，应当签名或者盖章。

第二百零二条　人民法院审理公诉案件，应当在受理后二个月以内宣判，至迟不得超过三个月。对于可能判处死刑的案件或者附带民事诉讼的案件，以及有本法第一百五十六条规定情形之一的，经上一级人民法院批准，可以延长三个月；因特殊情况还需要延长的，报请最高人民法院批准。

人民法院改变管辖的案件，从改变后的人民法院收到案件之日起计算审理期限。

人民检察院补充侦查的案件,补充侦查完毕移送人民法院后,人民法院重新计算审理期限。

第二百零三条 人民检察院发现人民法院审理案件违反法律规定的诉讼程序,有权向人民法院提出纠正意见。

第二节 自诉案件

第二百零四条 自诉案件包括下列案件:

(一)告诉才处理的案件;

(二)被害人有证据证明的轻微刑事案件;

(三)被害人有证据证明对被告人侵犯自己人身、财产权利的行为应当依法追究刑事责任,而公安机关或者人民检察院不予追究被告人刑事责任的案件。

第二百零五条 人民法院对于自诉案件进行审查后,按照下列情形分别处理:

(一)犯罪事实清楚,有足够证据的案件,应当开庭审判;

(二)缺乏罪证的自诉案件,如果自诉人提不出补充证据,应当说服自诉人撤回自诉,或者裁定驳回。

自诉人经两次依法传唤,无正当理由拒不到庭的,或者未经法庭许可中途退庭的,按撤诉处理。

法庭审理过程中,审判人员对证据有疑问,需要调查核实的,适用本法第一百九十一条的规定。

第二百零六条 人民法院对自诉案件,可以进行调解;自诉人在宣告判决前,可以同被告人自行和解或者撤回自诉。本法第二百零四条第三项规定的案件不适用调解。

人民法院审理自诉案件的期限,被告人被羁押的,适用本法第二百零二条第一款、第二款的规定;未被羁押的,应当在受理后六个月以内宣判。

第二百零七条 自诉案件的被告人在诉讼过程中,可以对自诉人提起反诉。反诉适用自诉的规定。

第三节 简易程序

第二百零八条 基层人民法院管辖的案件,符合下列条件的,可以适用简易程序审判:

(一)案件事实清楚、证据充分的;

(二)被告人承认自己所犯罪行,对指控的犯罪事实没有异议的;

(三)被告人对适用简易程序没有异议的。

人民检察院在提起公诉的时候,可以建议人民法院适用简易程序。

第二百零九条 有下列情形之一的,不适用简易程序:

(一)被告人是盲、聋、哑人,或者是尚未完全丧失辨认或者控制自己行为能力的精神病人的;

(二)有重大社会影响的;

(三)共同犯罪案件中部分被告人不认罪或者对适用简易程序有异议的;

(四)其他不宜适用简易程序审理的。

第二百一十条 适用简易程序审理案件,对可能判处三年有期徒刑以下刑罚的,可以组成合议庭进行审判,也可以由审判员一人独任审判;对可能判处的有期徒刑超过三年的,应当组成合议庭进行审判。

适用简易程序审理公诉案件,人民检察院应当派员出席法庭。

第二百一十一条 适用简易程序审理案件,审判人员应当询问被告人对指控的犯罪事实的意见,告知被告人适用简易程序审理的法律规定,确认被告人是否同意适用简易程序审理。

第二百一十二条 适用简易程序审理案件,经审判人员许可,被告人及其辩护人可以同公诉人、自诉人及其诉讼代理人互相辩论。

第二百一十三条 适用简易程序审理案件,不受本章第一节关于送达期限、讯问被告人、询问证人、鉴定人、出示证据、法庭辩论程序规定的限制。但在判决宣告前应当听取被告人的最后陈述意见。

第二百一十四条 适用简易程序审理案件,人民法院应当在受理后二十日以内审结;对可能判处的有期徒刑超过三年的,可以延长至一个半月。

第二百一十五条 人民法院在审理过程中,发现不宜适用简易程序的,应当按照本章第一节或者第二节的规定重新审理。

第三章 第二审程序

第二百一十六条 被告人、自诉人和他们的法定代理人,不服地方各级人民法院第一审的判决、裁定,有权用书状或者口头向上一级人民法院上诉。被告人的辩护人和近亲属,经被告人同意,可以提出上诉。

附带民事诉讼的当事人和他们的法定代理人,可以对地方各级人民法院第一审的判决、裁定中的附带民事诉讼部分,提出上诉。

对被告人的上诉权,不得以任何借口加以剥夺。

第二百一十七条 地方各级人民检察院认为本级人民法院第一审的判决、裁定确有错误的时候,应当向上一级人民法院提出抗诉。

第二百一十八条 被害人及其法定代理人不服地方各级人民法院第一审的判决的,自收到判决书后五日以内,有权请求人民检察院提出抗诉。人民检察院自收到被害人及其法定代理人的请求后五日以内,应当作出是否抗诉的决定并且答复请求人。

第二百一十九条　不服判决的上诉和抗诉的期限为十日,不服裁定的上诉和抗诉的期限为五日,从接到判决书、裁定书的第二日起算。

第二百二十条　被告人、自诉人、附带民事诉讼的原告人和被告人通过原审人民法院提出上诉的,原审人民法院应当在三日以内将上诉状连同案卷、证据移送上一级人民法院,同时将上诉状副本送交同级人民检察院和对方当事人。

被告人、自诉人、附带民事诉讼的原告人和被告人直接向第二审人民法院提出上诉的,第二审人民法院应当在三日以内将上诉状交原审人民法院送交同级人民检察院和对方当事人。

第二百二十一条　地方各级人民检察院对同级人民法院第一审判决、裁定的抗诉,应当通过原审人民法院提出抗诉书,并且将抗诉书抄送上一级人民检察院。原审人民法院应当将抗诉书连同案卷、证据移送上一级人民法院,并且将抗诉书副本送交当事人。

上级人民检察院如果认为抗诉不当,可以向同级人民法院撤回抗诉,并且通知下级人民检察院。

第二百二十二条　第二审人民法院应当就第一审判决认定的事实和适用法律进行全面审查,不受上诉或者抗诉范围的限制。

共同犯罪的案件只有部分被告人上诉的,应当对全案进行审查,一并处理。

第二百二十三条　第二审人民法院对于下列案件,应当组成合议庭,开庭审理:

(一)被告人、自诉人及其法定代理人对第一审认定的事实、证据提出异议,可能影响定罪量刑的上诉案件;

(二)被告人被判处死刑的上诉案件;

(三)人民检察院抗诉的案件;

(四)其他应当开庭审理的案件。

第二审人民法院决定不开庭审理的,应当讯问被告人,听取其他当事人、辩护人、诉讼代理人的意见。

第二审人民法院开庭审理上诉、抗诉案件，可以到案件发生地或者原审人民法院所在地进行。

第二百二十四条 人民检察院提出抗诉的案件或者第二审人民法院开庭审理的公诉案件，同级人民检察院都应当派员出席法庭。第二审人民法院应当在决定开庭审理后及时通知人民检察院查阅案卷。人民检察院应当在一个月以内查阅完毕。人民检察院查阅案卷的时间不计入审理期限。

第二百二十五条 第二审人民法院对不服第一审判决的上诉、抗诉案件，经过审理后，应当按照下列情形分别处理：

（一）原判决认定事实和适用法律正确、量刑适当的，应当裁定驳回上诉或者抗诉，维持原判；

（二）原判决认定事实没有错误，但适用法律有错误，或者量刑不当的，应当改判；

（三）原判决事实不清楚或者证据不足的，可以在查清事实后改判；也可以裁定撤销原判，发回原审人民法院重新审判。

原审人民法院对于依照前款第三项规定发回重新审判的案件作出判决后，被告人提出上诉或者人民检察院提出抗诉的，第二审人民法院应当依法作出判决或者裁定，不得再发回原审人民法院重新审判。

第二百二十六条 第二审人民法院审理被告人或者他的法定代理人、辩护人、近亲属上诉的案件，不得加重被告人的刑罚。第二审人民法院发回原审人民法院重新审判的案件，除有新的犯罪事实，人民检察院补充起诉的以外，原审人民法院也不得加重被告人的刑罚。

人民检察院提出抗诉或者自诉人提出上诉的，不受前款规定的限制。

第二百二十七条 第二审人民法院发现第一审人民法院的审理

有下列违反法律规定的诉讼程序的情形之一的，应当裁定撤销原判，发回原审人民法院重新审判：

（一）违反本法有关公开审判的规定的；

（二）违反回避制度的；

（三）剥夺或者限制了当事人的法定诉讼权利，可能影响公正审判的；

（四）审判组织的组成不合法的；

（五）其他违反法律规定的诉讼程序，可能影响公正审判的。

第二百二十八条 原审人民法院对于发回重新审判的案件，应当另行组成合议庭，依照第一审程序进行审判。对于重新审判后的判决，依照本法第二百一十六条、第二百一十七条、第二百一十八条的规定可以上诉、抗诉。

第二百二十九条 第二审人民法院对不服第一审裁定的上诉或者抗诉，经过审查后，应当参照本法第二百二十五条、第二百二十七条和第二百二十八条的规定，分别情形用裁定驳回上诉、抗诉，或者撤销、变更原裁定。

第二百三十条 第二审人民法院发回原审人民法院重新审判的案件，原审人民法院从收到发回的案件之日起，重新计算审理期限。

第二百三十一条 第二审人民法院审判上诉或者抗诉案件的程序，除本章已有规定的以外，参照第一审程序的规定进行。

第二百三十二条 第二审人民法院受理上诉、抗诉案件，应当在二个月以内审结。对于可能判处死刑的案件或者附带民事诉讼的案件，以及有本法第一百五十六条规定情形之一的，经省、自治区、直辖市高级人民法院批准或者决定，可以延长二个月；因特殊情况还需要延长的，报请最高人民法院批准。

最高人民法院受理上诉、抗诉案件的审理期限，由最高人民法院决定。

第二百三十三条 第二审的判决、裁定和最高人民法院的判决、裁定，都是终审的判决、裁定。

第二百三十四条 公安机关、人民检察院和人民法院对查封、扣押、冻结的犯罪嫌疑人、被告人的财物及其孳息，应当妥善保管，以供核查，并制作清单，随案移送。任何单位和个人不得挪用或者自行处理。对被害人的合法财产，应当及时返还。对违禁品或者不宜长期保存的物品，应当依照国家有关规定处理。

对作为证据使用的实物应当随案移送，对不宜移送的，应当将其清单、照片或者其他证明文件随案移送。

人民法院作出的判决，应当对查封、扣押、冻结的财物及其孳息作出处理。

人民法院作出的判决生效以后，有关机关应当根据判决对查封、扣押、冻结的财物及其孳息进行处理。对查封、扣押、冻结的赃款赃物及其孳息，除依法返还被害人的以外，一律上缴国库。

司法工作人员贪污、挪用或者私自处理查封、扣押、冻结的财物及其孳息的，依法追究刑事责任；不构成犯罪的，给予处分。

第四章 死刑复核程序

第二百三十五条 死刑由最高人民法院核准。

第二百三十六条 中级人民法院判处死刑的第一审案件，被告人不上诉的，应当由高级人民法院复核后，报请最高人民法院核准。高级人民法院不同意判处死刑的，可以提审或者发回重新审判。

高级人民法院判处死刑的第一审案件被告人不上诉的，和判处死刑的第二审案件，都应当报请最高人民法院核准。

第二百三十七条 中级人民法院判处死刑缓期二年执行的案

件，由高级人民法院核准。

第二百三十八条　最高人民法院复核死刑案件，高级人民法院复核死刑缓期执行的案件，应当由审判员三人组成合议庭进行。

第二百三十九条　最高人民法院复核死刑案件，应当作出核准或者不核准死刑的裁定。对于不核准死刑的，最高人民法院可以发回重新审判或者予以改判。

第二百四十条　最高人民法院复核死刑案件，应当讯问被告人，辩护律师提出要求的，应当听取辩护律师的意见。

在复核死刑案件过程中，最高人民检察院可以向最高人民法院提出意见。最高人民法院应当将死刑复核结果通报最高人民检察院。

第五章　审判监督程序

第二百四十一条　当事人及其法定代理人、近亲属，对已经发生法律效力的判决、裁定，可以向人民法院或者人民检察院提出申诉，但是不能停止判决、裁定的执行。

第二百四十二条　当事人及其法定代理人、近亲属的申诉符合下列情形之一的，人民法院应当重新审判：

（一）有新的证据证明原判决、裁定认定的事实确有错误，可能影响定罪量刑的；

（二）据以定罪量刑的证据不确实、不充分、依法应当予以排除，或者证明案件事实的主要证据之间存在矛盾的；

（三）原判决、裁定适用法律确有错误的；

（四）违反法律规定的诉讼程序，可能影响公正审判的；

（五）审判人员在审理该案件的时候，有贪污受贿，徇私舞弊，枉法裁判行为的。

第二百四十三条　各级人民法院院长对本院已经发生法律效力

的判决和裁定，如果发现在认定事实上或者在适用法律上确有错误，必须提交审判委员会处理。

最高人民法院对各级人民法院已经发生法律效力的判决和裁定，上级人民法院对下级人民法院已经发生法律效力的判决和裁定，如果发现确有错误，有权提审或者指令下级人民法院再审。

最高人民检察院对各级人民法院已经发生法律效力的判决和裁定，上级人民检察院对下级人民法院已经发生法律效力的判决和裁定，如果发现确有错误，有权按照审判监督程序向同级人民法院提出抗诉。

人民检察院抗诉的案件，接受抗诉的人民法院应当组成合议庭重新审理，对于原判决事实不清楚或者证据不足的，可以指令下级人民法院再审。

第二百四十四条 上级人民法院指令下级人民法院再审的，应当指令原审人民法院以外的下级人民法院审理；由原审人民法院审理更为适宜的，也可以指令原审人民法院审理。

第二百四十五条 人民法院按照审判监督程序重新审判的案件，由原审人民法院审理的，应当另行组成合议庭进行。如果原来是第一审案件，应当依照第一审程序进行审判，所作的判决、裁定，可以上诉、抗诉；如果原来是第二审案件，或者是上级人民法院提审的案件，应当依照第二审程序进行审判，所作的判决、裁定，是终审的判决、裁定。

人民法院开庭审理的再审案件，同级人民检察院应当派员出席法庭。

第二百四十六条 人民法院决定再审的案件，需要对被告人采取强制措施的，由人民法院依法决定；人民检察院提出抗诉的再审案件，需要对被告人采取强制措施的，由人民检察院依法决定。

人民法院按照审判监督程序审判的案件，可以决定中止原判决、裁定的执行。

第二百四十七条 人民法院按照审判监督程序重新审判的案件,应当在作出提审、再审决定之日起三个月以内审结,需要延长期限的,不得超过六个月。

接受抗诉的人民法院按照审判监督程序审判抗诉的案件,审理期限适用前款规定;对需要指令下级人民法院再审的,应当自接受抗诉之日起一个月以内作出决定,下级人民法院审理案件的期限适用前款规定。

第四编 执 行

第二百四十八条 判决和裁定在发生法律效力后执行。
下列判决和裁定是发生法律效力的判决和裁定:
(一)已过法定期限没有上诉、抗诉的判决和裁定;
(二)终审的判决和裁定;
(三)最高人民法院核准的死刑的判决和高级人民法院核准的死刑缓期二年执行的判决。

第二百四十九条 第一审人民法院判决被告人无罪、免除刑事处罚的,如果被告人在押,在宣判后应当立即释放。

第二百五十条 最高人民法院判处和核准的死刑立即执行的判决,应当由最高人民法院院长签发执行死刑的命令。

被判处死刑缓期二年执行的罪犯,在死刑缓期执行期间,如果没有故意犯罪,死刑缓期执行期满,应当予以减刑,由执行机关提出书面意见,报请高级人民法院裁定;如果故意犯罪,查证属实,应当执行死刑,由高级人民法院报请最高人民法院核准。

第二百五十一条 下级人民法院接到最高人民法院执行死刑的命令后,应当在七日以内交付执行。但是发现有下列情形之一的,应当停止执行,并且立即报告最高人民法院,由最高人民法院作出裁定:

(一)在执行前发现判决可能有错误的;

（二）在执行前罪犯揭发重大犯罪事实或者有其他重大立功表现，可能需要改判的；

（三）罪犯正在怀孕。

前款第一项、第二项停止执行的原因消失后，必须报请最高人民法院院长再签发执行死刑的命令才能执行；由于前款第三项原因停止执行的，应当报请最高人民法院依法改判。

第二百五十二条 人民法院在交付执行死刑前，应当通知同级人民检察院派员临场监督。

死刑采用枪决或者注射等方法执行。

死刑可以在刑场或者指定的羁押场所内执行。

指挥执行的审判人员，对罪犯应当验明正身，讯问有无遗言、信札，然后交付执行人员执行死刑。在执行前，如果发现可能有错误，应当暂停执行，报请最高人民法院裁定。

执行死刑应当公布，不应示众。

执行死刑后，在场书记员应当写成笔录。交付执行的人民法院应当将执行死刑情况报告最高人民法院。

执行死刑后，交付执行的人民法院应当通知罪犯家属。

第二百五十三条 罪犯被交付执行刑罚的时候，应当由交付执行的人民法院在判决生效后十日以内将有关的法律文书送达公安机关、监狱或者其他执行机关。

对被判处死刑缓期二年执行、无期徒刑、有期徒刑的罪犯，由公安机关依法将该罪犯送交监狱执行刑罚。对被判处有期徒刑的罪犯，在被交付执行刑罚前，剩余刑期在三个月以下的，由看守所代为执行。对被判处拘役的罪犯，由公安机关执行。

对未成年犯应当在未成年犯管教所执行刑罚。

执行机关应当将罪犯及时收押，并且通知罪犯家属。

判处有期徒刑、拘役的罪犯，执行期满，应当由执行机关发给释放证明书。

第二百五十四条 对被判处有期徒刑或者拘役的罪犯，有下列情形之一的，可以暂予监外执行：

（一）有严重疾病需要保外就医的；

（二）怀孕或者正在哺乳自己婴儿的妇女；

（三）生活不能自理，适用暂予监外执行不致危害社会的。

对被判处无期徒刑的罪犯，有前款第二项规定情形的，可以暂予监外执行。

对适用保外就医可能有社会危险性的罪犯，或者自伤自残的罪犯，不得保外就医。

对罪犯确有严重疾病，必须保外就医的，由省级人民政府指定的医院诊断并开具证明文件。

在交付执行前，暂予监外执行由交付执行的人民法院决定；在交付执行后，暂予监外执行由监狱或者看守所提出书面意见，报省级以上监狱管理机关或者设区的市一级以上公安机关批准。

第二百五十五条 监狱、看守所提出暂予监外执行的书面意见的，应当将书面意见的副本抄送人民检察院。人民检察院可以向决定或者批准机关提出书面意见。

第二百五十六条 决定或者批准暂予监外执行的机关应当将暂予监外执行决定抄送人民检察院。人民检察院认为暂予监外执行不当的，应当自接到通知之日起一个月以内将书面意见送交决定或者批准暂予监外执行的机关，决定或者批准暂予监外执行的机关接到人民检察院的书面意见后，应当立即对该决定进行重新核查。

第二百五十七条 对暂予监外执行的罪犯，有下列情形之一的，应当及时收监：

（一）发现不符合暂予监外执行条件的；

（二）严重违反有关暂予监外执行监督管理规定的；

（三）暂予监外执行的情形消失后，罪犯刑期未满的。

对于人民法院决定暂予监外执行的罪犯应当予以收监的，由人民法院作出决定,将有关的法律文书送达公安机关、监狱或者其他执行机关。

不符合暂予监外执行条件的罪犯通过贿赂等非法手段被暂予监外执行的,在监外执行的期间不计入执行刑期。罪犯在暂予监外执行期间脱逃的,脱逃的期间不计入执行刑期。

罪犯在暂予监外执行期间死亡的,执行机关应当及时通知监狱或者看守所。

第二百五十八条 对被判处管制、宣告缓刑、假释或者暂予监外执行的罪犯,依法实行社区矫正,由社区矫正机构负责执行。

第二百五十九条 对被判处剥夺政治权利的罪犯,由公安机关执行。执行期满,应当由执行机关书面通知本人及其所在单位、居住地基层组织。

第二百六十条 被判处罚金的罪犯,期满不缴纳的,人民法院应当强制缴纳;如果由于遭遇不能抗拒的灾祸缴纳确实有困难的,可以裁定减少或者免除。

第二百六十一条 没收财产的判决,无论附加适用或者独立适用,都由人民法院执行;在必要的时候,可以会同公安机关执行。

第二百六十二条 罪犯在服刑期间又犯罪的,或者发现了判决的时候所没有发现的罪行,由执行机关移送人民检察院处理。

被判处管制、拘役、有期徒刑或者无期徒刑的罪犯,在执行期间确有悔改或者立功表现,应当依法予以减刑、假释的时候,由执行机关提出建议书,报请人民法院审核裁定,并将建议书副本抄送人民检察院。人民检察院可以向人民法院提出书面意见。

第二百六十三条 人民检察院认为人民法院减刑、假释的裁定不当,应当在收到裁定书副本后二十日以内,向人民法院提出书面纠正意见。人民法院应当在收到纠正意见后一个月以内重新组成合议庭进行审理,作出最终裁定。

第二百六十四条 监狱和其他执行机关在刑罚执行中,如果认为判决有错误或者罪犯提出申诉,应当转请人民检察院或者原判人民法院处理。

第二百六十五条　人民检察院对执行机关执行刑罚的活动是否合法实行监督。如果发现有违法的情况,应当通知执行机关纠正。

第五编　特别程序

第一章　未成年人刑事案件诉讼程序

第二百六十六条　对犯罪的未成年人实行教育、感化、挽救的方针,坚持教育为主、惩罚为辅的原则。

人民法院、人民检察院和公安机关办理未成年人刑事案件,应当保障未成年人行使其诉讼权利,保障未成年人得到法律帮助,并由熟悉未成年人身心特点的审判人员、检察人员、侦查人员承办。

第二百六十七条　未成年犯罪嫌疑人、被告人没有委托辩护人的,人民法院、人民检察院、公安机关应当通知法律援助机构指派律师为其提供辩护。

第二百六十八条　公安机关、人民检察院、人民法院办理未成年人刑事案件,根据情况可以对未成年犯罪嫌疑人、被告人的成长经历、犯罪原因、监护教育等情况进行调查。

第二百六十九条　对未成年犯罪嫌疑人、被告人应当严格限制适用逮捕措施。人民检察院审查批准逮捕和人民法院决定逮捕,应当讯问未成年犯罪嫌疑人、被告人,听取辩护律师的意见。

对被拘留、逮捕和执行刑罚的未成年人与成年人应当分别关押、分别管理、分别教育。

第二百七十条　对于未成年人刑事案件,在讯问和审判的时候,应当通知未成年犯罪嫌疑人、被告人的法定代理人到场。无法通知、法定代理人不能到场或者法定代理人是共犯的，也可以通知未成年犯罪嫌疑人、被告人的其他成年亲属，所在学校、单位、居住地基层组织或者未成年人保护组织的代表到场，并将有关情况记录在案。到场的法定代理人可以代为行使未成年犯罪嫌疑人、被告人的诉讼权利。

到场的法定代理人或者其他人员认为办案人员在讯问、审判中侵犯未成年人合法权益的，可以提出意见。讯问笔录、法庭笔录应当交给到场的法定代理人或者其他人员阅读或者向他宣读。

讯问女性未成年犯罪嫌疑人，应当有女工作人员在场。

审判未成年人刑事案件，未成年被告人最后陈述后，其法定代理人可以进行补充陈述。

询问未成年被害人、证人，适用第一款、第二款、第三款的规定。

第二百七十一条 对于未成年人涉嫌刑法分则第四章、第五章、第六章规定的犯罪，可能判处一年有期徒刑以下刑罚，符合起诉条件，但有悔罪表现的，人民检察院可以作出附条件不起诉的决定。人民检察院在作出附条件不起诉的决定以前，应当听取公安机关、被害人的意见。

对附条件不起诉的决定，公安机关要求复议、提请复核或者被害人申诉的，适用本法第一百七十五条、第一百七十六条的规定。

未成年犯罪嫌疑人及其法定代理人对人民检察院决定附条件不起诉有异议的，人民检察院应当作出起诉的决定。

第二百七十二条 在附条件不起诉的考验期内，由人民检察院对被附条件不起诉的未成年犯罪嫌疑人进行监督考察。未成年犯罪嫌疑人的监护人，应当对未成年犯罪嫌疑人加强管教，配合人民检察院做好监督考察工作。

附条件不起诉的考验期为六个月以上一年以下，从人民检察院作出附条件不起诉的决定之日起计算。

被附条件不起诉的未成年犯罪嫌疑人,应当遵守下列规定:
(一)遵守法律法规,服从监督;
(二)按照考察机关的规定报告自己的活动情况;
(三)离开所居住的市、县或者迁居,应当报经考察机关批准;
(四)按照考察机关的要求接受矫治和教育。

第二百七十三条　被附条件不起诉的未成年犯罪嫌疑人,在考验期内有下列情形之一的,人民检察院应当撤销附条件不起诉的决定,提起公诉:
(一)实施新的犯罪或者发现决定附条件不起诉以前还有其他犯罪需要追诉的;
(二)违反治安管理规定或者考察机关有关附条件不起诉的监督管理规定,情节严重的。

被附条件不起诉的未成年犯罪嫌疑人,在考验期内没有上述情形,考验期满的,人民检察院应当作出不起诉的决定。

第二百七十四条　审判的时候被告人不满十八周岁的案件,不公开审理。但是,经未成年被告人及其法定代理人同意,未成年被告人所在学校和未成年人保护组织可以派代表到场。

第二百七十五条　犯罪的时候不满十八周岁,被判处五年有期徒刑以下刑罚的,应当对相关犯罪记录予以封存。

犯罪记录被封存的,不得向任何单位和个人提供,但司法机关为办案需要或者有关单位根据国家规定进行查询的除外。依法进行查询的单位,应当对被封存的犯罪记录的情况予以保密。

第二百七十六条　办理未成年人刑事案件,除本章已有规定的以外,按照本法的其他规定进行。

第二章　当事人和解的公诉案件
诉讼程序

第二百七十七条　下列公诉案件,犯罪嫌疑人、被告人真诚悔罪，通过向被害人赔偿损失、赔礼道歉等方式获得被害人谅解，被害人自愿和解的，双方当事人可以和解：

（一）因民间纠纷引起，涉嫌刑法分则第四章、第五章规定的犯罪案件，可能判处三年有期徒刑以下刑罚的；

（二）除渎职犯罪以外的可能判处七年有期徒刑以下刑罚的过失犯罪案件。

犯罪嫌疑人、被告人在五年以内曾经故意犯罪的，不适用本章规定的程序。

第二百七十八条　双方当事人和解的，公安机关、人民检察院、人民法院应当听取当事人和其他有关人员的意见，对和解的自愿性、合法性进行审查，并主持制作和解协议书。

第二百七十九条　对于达成和解协议的案件，公安机关可以向人民检察院提出从宽处理的建议。人民检察院可以向人民法院提出从宽处罚的建议；对于犯罪情节轻微，不需要判处刑罚的，可以作出不起诉的决定。人民法院可以依法对被告人从宽处罚。

第三章　犯罪嫌疑人、被告人逃匿、死亡案件违法所得的没收程序

第二百八十条　对于贪污贿赂犯罪、恐怖活动犯罪等重大犯罪案件，犯罪嫌疑人、被告人逃匿，在通缉一年后不能到案，或者犯罪嫌疑人、被告人死亡，依照刑法规定应当追缴其违法所得及其他涉案财产的，人民检察院可以向人民法院提出没收违法所得的申请。

公安机关认为有前款规定情形的，应当写出没收违法所得意见书，移送人民检察院。

没收违法所得的申请应当提供与犯罪事实、违法所得相关的证据材料，并列明财产的种类、数量、所在地及查封、扣押、冻结的情况。

人民法院在必要的时候,可以查封、扣押、冻结申请没收的财产。

第二百八十一条 没收违法所得的申请,由犯罪地或者犯罪嫌疑人、被告人居住地的中级人民法院组成合议庭进行审理。

人民法院受理没收违法所得的申请后,应当发出公告。公告期间为六个月。犯罪嫌疑人、被告人的近亲属和其他利害关系人有权申请参加诉讼,也可以委托诉讼代理人参加诉讼。

人民法院在公告期满后对没收违法所得的申请进行审理。利害关系人参加诉讼的,人民法院应当开庭审理。

第二百八十二条 人民法院经审理,对经查证属于违法所得及其他涉案财产,除依法返还被害人的以外,应当裁定予以没收;对不属于应当追缴的财产的,应当裁定驳回申请,解除查封、扣押、冻结措施。

对于人民法院依照前款规定作出的裁定,犯罪嫌疑人、被告人的近亲属和其他利害关系人或者人民检察院可以提出上诉、抗诉。

第二百八十三条 在审理过程中,在逃的犯罪嫌疑人、被告人自动投案或者被抓获的,人民法院应当终止审理。

没收犯罪嫌疑人、被告人财产确有错误的,应当予以返还、赔偿。

第四章 依法不负刑事责任的精神病人的强制医疗程序

第二百八十四条 实施暴力行为,危害公共安全或者严重危害公民人身安全,经法定程序鉴定依法不负刑事责任的精神病人,有继续危害社会可能的,可以予以强制医疗。

第二百八十五条 根据本章规定对精神病人强制医疗的,由人民法院决定。

公安机关发现精神病人符合强制医疗条件的,应当写出强制医疗意见书,移送人民检察院。对于公安机关移送的或者在审查起诉过程中发现的精神病人符合强制医疗条件的,人民检察院应当向人民法院提出强制医疗的申请。人民法院在审理案件过程中发现被告人符合强制医疗条件的,可以作出强制医疗的决定。

对实施暴力行为的精神病人,在人民法院决定强制医疗前,公安机关可以采取临时的保护性约束措施。

第二百八十六条 人民法院受理强制医疗的申请后,应当组成合议庭进行审理。

人民法院审理强制医疗案件,应当通知被申请人或者被告人的法定代理人到场。被申请人或者被告人没有委托诉讼代理人的,人民法院应当通知法律援助机构指派律师为其提供法律帮助。

第二百八十七条 人民法院经审理,对于被申请人或者被告人符合强制医疗条件的,应当在一个月以内作出强制医疗的决定。

被决定强制医疗的人、被害人及其法定代理人、近亲属对强制医疗决定不服的,可以向上一级人民法院申请复议。

第二百八十八条 强制医疗机构应当定期对被强制医疗的人进行诊断评估。对于已不具有人身危险性,不需要继续强制医疗的,应当及时提出解除意见,报决定强制医疗的人民法院批准。

被强制医疗的人及其近亲属有权申请解除强制医疗。

第二百八十九条 人民检察院对强制医疗的决定和执行实行监督。

附 则

第二百九十条 军队保卫部门对军队内部发生的刑事案件行使侦查权。

对罪犯在监狱内犯罪的案件由监狱进行侦查。

军队保卫部门、监狱办理刑事案件,适用本法的有关规定。

附 录

人民检察院刑事诉讼涉案财物管理规定

最高人民检察院关于印发《人民检察院刑事诉讼
涉案财物管理规定》的通知

各省、自治区、直辖市人民检察院,军事检察院,新疆生产建设兵团人民检察院:

《人民检察院刑事诉讼涉案财物管理规定》已经2014年11月19日最高人民检察院第十二届检察委员会第二十九次会议通过,现印发你们,请认真贯彻执行。

最高人民检察院
二〇一五年三月六日

第一章 总 则

第一条 为了贯彻落实中央关于规范刑事诉讼涉案财物处置工作的要求,进一步规范人民检察院刑事诉讼涉案财物管理工作,提高司法水平和办案质量,保护公民、法人和其他组织的合法权益,根据刑法、刑事诉讼法、《人民检察院刑事诉讼规则(试行)》,结合检察工作实际,制定本规定。

第二条 本规定所称人民检察院刑事诉讼涉案财物,是指人民检察院在刑事诉讼过程中查封、扣押、冻结的与案件有关的财物及其孳息以及从其他办案机关接收的财物及其孳息,包括犯罪嫌疑人的违法所得及其孳息、供犯罪所用的财物、非法持有的违禁品以及其他与案件有关的财物及其孳息。

第三条 违法所得的一切财物,应当予以追缴或者责令退赔。对被害人的合法财产,应当依照有关规定返还。违禁品和供犯罪所用的财物,应当予以查封、扣押、冻结,并依法处理。

第四条 人民检察院查封、扣押、冻结、保管、处理涉案财物,必须严格依照刑事诉讼法、《人民检察院刑事诉讼规则(试行)》以及其他相关规定进行。不得查封、扣押、冻结与案件无关的财物。凡查封、扣押、冻结的财物,都应当及时进行审查;经查明确实与案件无关的,应当在三日内予以解除、退还,并通知有关当事人。

严禁以虚假立案或者其他非法方式采取查封、扣押、冻结措施。对涉案单位违规的账外资金但与案件无关的,不得查封、扣押、冻结,可以通知有关主管机关或者其上级单位处理。

查封、扣押、冻结涉案财物,应当为犯罪嫌疑人、被告人及其所扶养的亲属保留必需的生活费用和物品,减少对涉案单位正常办公、生产、经营等活动的影响。

第五条 严禁在立案之前查封、扣押、冻结财物。立案之前发现涉嫌犯罪的财物,符合立案条件的,应当及时立案,并采取查封、扣押、冻结措施,以保全证据和防止涉案财物转移、损毁。

个人或者单位在立案之前向人民检察院自首时携带涉案财物的,人民检察院可以根据管辖规定先行接收,并向自首人开具接收凭证,根据立案和侦查情况决定是否查封、扣押、冻结。

人民检察院查封、扣押、冻结涉案财物后,应当对案件及时进行侦查,不得在无法定理由情况下撤销案件或者停止对案件的侦查。

第六条 犯罪嫌疑人到案后,其亲友受犯罪嫌疑人委托或者主动代为向检察机关退还或者赔偿涉案财物的,参照《人民检察院刑事诉讼规则(试行)》关于查封、扣押、冻结的相关程序办理。符合相关条件的,人民检察院应当开具查封、扣押、冻结决定书,并由检察人员、代为退还或者赔偿的人员和有关规定要求的其他人员在清单上签名或者盖章。

代为退还或者赔偿的人员应当在清单上注明系受犯罪嫌疑人委托或者主动代为犯罪嫌疑人退还或者赔偿。

第七条 人民检察院实行查封、扣押、冻结、处理涉案财物与保管涉案财物相分离的原则,办案部门与案件管理、计划财务装备等部门分工负责、互相配合、互相制约。侦查监督、公诉、控告检察、刑事申诉检察等部门依照刑事诉讼法和其他相关规定对办案部门查封、扣押、冻结、保管、处理涉案财物等活动进行监督。

办案部门负责对涉案财物依法进行查封、扣押、冻结、处理,并对依照本规定第十条第二款、第十二条不移送案件管理部门或者不存入唯一合规账户的涉案财物进行管理;案件管理部门负责对办案部门和其他办案机关移送的涉案物品进行保管,并依照有关规定对查封、扣押、冻结、处理涉案财物工作进行监督管理;计划财务装备部门负责对存入唯一合规账户的扣押款项进行管理。

人民检察院监察部门依照有关规定对查封、扣押、冻结、保管、处理涉案财物工作进行监督。

第八条 人民检察院查封、扣押、冻结、处理涉案财物,应当使用最高人民检察院统一制定的法律文书,填写必须规范、完整。禁止使用不符合规定的文书查封、扣押、冻结、处理涉案财物。

第九条 查封、扣押、冻结、保管、处理涉及国家秘密、商业秘密、个人隐私的财物,应当严格遵守有关保密规定。

第二章 涉案财物的移送与接收

第十条 人民检察院办案部门查封、扣押、冻结涉案财物及其挚息后，应当及时按照下列情形分别办理，至迟不得超过三日，法律和有关规定另有规定的除外：

（一）将扣押的款项存入唯一合规账户；

（二）将扣押的物品和相关权利证书、支付凭证以及具有一定特征能够证明案情的现金等，送案件管理部门入库保管；

（三）将查封、扣押、冻结涉案财物的清单和扣押款项存入唯一合规账户的存款凭证等，送案件管理部门登记；案件管理部门应当对存款凭证复印保存，并将原件送计划财务装备部门。

扣押的款项或者物品因特殊原因不能按时存入唯一合规账户或者送案件管理部门保管的，经检察长批准，可以由办案部门暂时保管，在原因消除后及时存入或者移交，但应当将扣押清单和相关权利证书、支付凭证等依照本条第一款规定的期限送案件管理部门登记、保管。

第十一条 案件管理部门接收人民检察院办案部门移送的涉案财物或者清单时，应当审查是否符合下列要求：

（一）有立案决定书和相应的查封、扣押、冻结法律文书以及查封、扣押清单，并填写规范、完整，符合相关要求；

（二）移送的财物与清单相符；

（三）移送的扣押物品清单，已经依照《人民检察院刑事诉讼规则（试行）》有关扣押的规定注明扣押财物的主要特征；

（四）移送的外币、金银珠宝、文物、名贵字画以及其他不易辨别真伪的贵重物品，已经依照《人民检察院刑事诉讼规则（试行）》有关扣押的规定予以密封，检察人员、见证人和被扣押物品持有人在密封材料上签名或者盖章，经过鉴定的，附有鉴定意见复印件；

（五）移送的存折、信用卡、有价证券等支付凭证和具有一定特征能够证明案情的现金，已经依照《人民检察院刑事诉讼规则（试行）》有关扣押的规定予以密封，注明特征、编号、种类、面值、张数、金额等，检察人员、见证人和被扣押物品持有人在密封材料上签名或者盖章；

（六）移送的查封清单，已经依照《人民检察院刑事诉讼规则（试行）》有关查封的规定注明相关财物的详细地址和相关特征，检察人员、见证人和持有人签名或者盖章，注明已经拍照或者录像及其权利证书是否已被扣押，注明财物被查封后由办案部门保管或者交持有人或者其近亲属保管，注明查封决定书副本已送达相关的财物登记、管理部门等。

第十二条 人民检察院办案部门查封、扣押的下列涉案财物不移送案件管理部门保管，由办案部门拍照或者录像后妥善管理或者及时按照有关规定处理：

（一）查封的不动产和置于该不动产上不宜移动的设施等财物，以及涉案的车辆、船舶、航空器和大型机械、设备等财物，及时依照《人民检察院刑事诉讼规则（试行）》有关查封、扣押的规定扣押相关权利证书，将查封决定书副本送达有关登记、管理部门，并告知其在查封期间禁止办理抵押、转让、出售等权属关系变更、转移登记手续；

（二）珍贵文物、珍贵动物及其制品、珍稀植物及其制品，按照国家有关规定移送主管机关；

（三）毒品、淫秽物品等违禁品，及时移送有关主管机关，或者根据办案需要严格封存，不得擅自使用或者扩散；

（四）爆炸性、易燃性、放射性、毒害性、腐蚀性等危险品，及时移送有关部门或者根据办案需要委托有关主管机关妥善保管；

（五）易损毁、灭失、变质等不宜长期保存的物品，易贬值的汽车、船艇等物品，经权利人同意或者申请，并经检察长批准，可以及时委托有关部门先行变卖、拍卖，所得款项存入唯一合规账户。先行变卖、拍卖应当做到公开、公平。

人民检察院办案部门依照前款规定不将涉案财物移送案件管理

部门保管的，应当将查封、扣押清单以及相关权利证书、支付凭证等依照本规定第十条第一款的规定送案件管理部门登记、保管。

第十三条　人民检察院案件管理部门接收其他办案机关随案移送的涉案财物的，参照本规定第十一条、第十二条的规定进行审查和办理。

对移送的物品、权利证书、支付凭证以及具备一定特征能够证明案情的现金，案件管理部门审查后认为符合要求的，予以接收并入库保管。对移送的涉案款项，由其他办案机关存入检察机关指定的唯一合规账户，案件管理部门对转账凭证进行登记并联系计划财务装备部门进行核对。其他办案机关直接移送现金的，案件管理部门可以告知其存入指定的唯一合规账户，也可以联系计划财务装备部门清点、接收并及时存入唯一合规账户。计划财务装备部门应当在收到款项后三日以内将收款凭证复印件送案件管理部门登记。

对于其他办案机关移送审查起诉时随案移送的有关实物，案件管理部门经商公诉部门后，认为属于不宜移送的，可以依照刑事诉讼法第二百三十四条第一款、第二款的规定，只接收清单、照片或者其他证明文件。必要时，人民检察院案件管理部门可以会同公诉部门与其他办案机关相关部门进行沟通协商，确定不随案移送的实物。

第十四条　案件管理部门应当指定专门人员，负责有关涉案财物的接收、管理和相关信息录入工作。

第十五条　案件管理部门接收密封的涉案财物，一般不进行拆封。移送部门或者案件管理部门认为有必要拆封的，由移送人员和接收人员共同启封、检查、重新密封，并对全过程进行录像。根据《人民检察院刑事诉讼规则（试行）》有关扣押的规定应当予以密封的涉案财物，启封、检查、重新密封时应当依照规定有见证人、持有人或者单位负责人等在场并签名或者盖章。

第十六条　案件管理部门对于接收的涉案财物、清单及其他相关材料，认为符合条件的，应当及时在移送清单上签字并制作入库清单，办理入库手续。认为不符合条件的，应当将原因告知移送单位，由移送单位及时补送相关材料，或者按照有关规定进行补正或者作出合理解释。

第三章 涉案财物的保管

第十七条 人民检察院对于查封、扣押、冻结的涉案财物及其孳息，应当如实登记，妥善保管。

第十八条 人民检察院计划财务装备部门对扣押款项及其孳息应当逐案设立明细账，严格收付手续。

计划财务装备部门应当定期对唯一合规账户的资金情况进行检查，确保账实相符。

第十九条 案件管理部门对收到的物品应当建账设卡，一案一账，一物一卡（码）。对于贵重物品和细小物品，根据物品种类实行分袋、分件、分箱设卡和保管。

案件管理部门应当定期对涉案物品进行检查，确保账实相符。

第二十条 涉案物品专用保管场所应当符合下列防火、防盗、防潮、防尘等要求：

（一）安装防盗门窗、铁柜和报警器、监视器；

（二）配备必要的储物格、箱、袋等设备设施；

（三）配备必要的除湿、调温、密封、防霉变、防腐烂等设备设施；

（四）配备必要的计量、鉴定、辨认等设备设施；

（五）需要存放电子存储介质类物品的，应当配备防磁柜；

（六）其他必要的设备设施。

第二十一条 人民检察院办案部门人员需要查看、临时调用涉案财物的，应当经办案部门负责人批准；需要移送、处理涉案财物的，应当经检察长批准。案件管理部门对于审批手续齐全的，应当办理查看、出库手续并认真登记。

对于密封的涉案财物,在查看、出库、归还时需要拆封的,应当遵守本规定第十五条的要求。

第四章 涉案财物的处理

第二十二条 对于查封、扣押、冻结的涉案财物及其孳息,除按照有关规定返还被害人或者经查明确实与案件无关的以外,不得在诉讼程序终结之前上缴国库或者作其他处理。法律和有关规定另有规定的除外。

在诉讼过程中,对权属明确的被害人合法财产,凡返还不损害其他被害人或者利害关系人的利益、不影响诉讼正常进行的,人民检察院应当依法及时返还。权属有争议的,应当在决定撤销案件、不起诉或者由人民法院判决时一并处理。

在扣押、冻结期间,权利人申请出售被扣押、冻结的债券、股票、基金份额等财产的,以及扣押、冻结的汇票、本票、支票的有效期即将届满的,人民检察院办案部门应当依照《人民检察院刑事诉讼规则(试行)》的有关规定及时办理。

第二十三条 人民检察院作出撤销案件决定、不起诉决定或者收到人民法院作出的生效判决、裁定后,应当在三十日以内对涉案财物作出处理。情况特殊的,经检察长批准,可以延长三十日。

前款规定的对涉案财物的处理工作,人民检察院决定撤销案件的,由侦查部门负责办理;人民检察院决定不起诉或者人民法院作出判决、裁定的案件,由公诉部门负责办理;对人民检察院直接立案侦查的案件,公诉部门可以要求侦查部门协助配合。

人民检察院按照本规定第五条第二款的规定先行接收涉案财物,如果决定不予立案的,侦查部门应当按照本条第一款规定的期限对先行接收的财物作出处理。

第二十四条 处理由案件管理部门保管的涉案财物,办案部门应当持经检察长批准的相关文书或者报告,到案件管理部门办理出库手续;处理存入唯一合规账户的涉案款项,办案部门应当持经检察长批准的相关文书或者报告,经案件管理部门办理出库手续后,到计划财务装备部门办理提现或者转账手续。案件管理部门或者计划财务装备部门对于符合审批手续的,应当及时办理。

对于依照本规定第十条第二款、第十二条的规定未移交案件管理部门保管或者未存入唯一合规账户的涉案财物,办案部门应当依照本规定第二十三条规定的期限报经检察长批准后及时作出处理。

第二十五条 对涉案财物,应当严格依照有关规定,区分不同情形,及时作出相应处理:

(一)因犯罪嫌疑人死亡而撤销案件、决定不起诉,依照刑法规定应当追缴其违法所得及其他涉案财产的,应当按照《人民检察院刑事诉讼规则(试行)》有关犯罪嫌疑人逃匿、死亡案件违法所得的没收程序的规定办理;对于不需要追缴的涉案财物,应当依照本规定第二十三条规定的期限及时返还犯罪嫌疑人、被不起诉人的合法继承人;

(二)因其他原因撤销案件、决定不起诉,对于查封、扣押、冻结的犯罪嫌疑人违法所得及其他涉案财产需要没收的,应当依照《人民检察院刑事诉讼规则(试行)》有关撤销案件时处理犯罪嫌疑人违法所得的规定提出检察建议或者依照刑事诉讼法第一百七十三条第三款的规定提出检察意见,移送有关主管机关处理;未认定为需要没收并移送有关主管机关处理的涉案财物,应当依照本规定第二十三条规定的期限及时返还犯罪嫌疑人、被不起诉人;

(三)提起公诉的案件,在人民法院作出生效判决、裁定后,对于冻结在金融机构的涉案财产,由人民法院通知该金融机构上缴国库;对于查封、扣押且依法未随案移送人民法院的涉案财物,人民检察院根据人民法院的判决、裁定上缴国库;

(四)人民检察院侦查部门移送审查起诉的案件,起诉意见书中未认定为与犯罪有关的涉案财物;提起公诉的案件,起诉书中未认定或者起诉书认定但人民法院生效判决、裁定中未认定为与犯罪有关的涉案财物,应当依照本条第二项的规定移送有关主管机关处理或者及时返还犯罪嫌疑人、被不起诉人、被告人;

(五)对于需要返还被害人的查封、扣押、冻结涉案财物,应当按照有关规定予以返还。

人民检察院应当加强与人民法院、公安机关、国家安全机关的协调配合,共同研究解决涉案财物处理工作中遇到的突出问题,确保司法工作顺利进行,切实保障当事人合法权益。

第二十六条 对于应当返还被害人的查封、扣押、冻结涉案财物,无人认领的,应当公告通知。公告满六个月无人认领的,依法上缴国库。上缴国库后有人认领,经查证属实的,人民检察院应当向人民政府财政部门申请退库予以返还。原物已经拍卖、变卖的,应当退回价款。

第二十七条 对于贪污、挪用公款等侵犯国有资产犯罪案件中查封、扣押、冻结的涉案财物,除人民法院判决上缴国库的以外,应当归还原单位或者原单位的权利义务继受单位。犯罪金额已经作为损失核销或者原单位已不存在且无权利义务继受单位的,应当上缴国库。

第二十八条 查封、扣押、冻结的涉案财物应当依法上缴国库或者返还有关单位和个人的,如果有孳息,应当一并上缴或者返还。

第五章 涉案财物工作监督

第二十九条 人民检察院监察部门应当对本院和下级人民检察院的涉案财物工作进行检查或者专项督察,每年至少一次,并将结果在本辖区范围内予以通报。发现违纪违法问题的,应当依照有关规定作出处理。

第三十条 人民检察院案件管理部门可以通过受案审查、流程监控、案件质量评查、检察业务考评等途径,对本院和下级人民检察院的涉案财物工作进行监督管理。发现违法违规问题的,应当依照有关规定督促相关部门依法及时处理。

第三十一条 案件管理部门在涉案财物管理工作中,发现办案部门或者办案人员有下列情形之一的,可以进行口头提示;对于违规情节较重的,应当发送案件流程监控通知书;认为需要追究纪律或者法律责任的,应当移送本院监察部门处理或者向检察长报告:

(一)查封、扣押、冻结的涉案财物与清单存在不一致,不能作出合理解释或者说明的;

(二)查封、扣押、冻结涉案财物时,未按照有关规定进行密封、签名或者盖章,影响案件办理的;

(三)查封、扣押、冻结涉案财物后,未及时存入唯一合规账户、办理入库保管手续,或者未及时向案件管理部门登记,不能作出合理解释或者说明的;

(四)在立案之前采取查封、扣押、冻结措施的,或者未依照有关规定开具法律文书而采取查封、扣押、冻结措施的;

(五)对明知与案件无关的财物采取查封、扣押、冻结措施的,或者对经查明确实与案件无关的财物仍不解除查封、扣押、冻结或者不予退还的,或者应当将被查封、扣押、冻结的财物返还被害人而不返还的;

(六)违反有关规定,在诉讼程序依法终结之前将涉案财物上缴国库或者作其他处理的;

(七)在诉讼程序依法终结之后,未按照有关规定及时、依法处理涉案财物,经督促后仍不及时、依法处理的;

(八)因不负责任造成查封、扣押、冻结的涉案财物丢失、损毁或者泄密的;

(九)贪污、挪用、截留、私分、调换、违反规定使用查封、扣押、冻结的涉案财物的;

（十）其他违反法律和有关规定的情形。人民检察院办案部门收到案件管理部门的流程监控通知书后，应当在十日以内将核查情况书面回复案件管理部门。

人民检察院侦查监督、公诉、控告检察、刑事申诉检察等部门发现本院办案部门有本条第一款规定的情形的，应当依照刑事诉讼法和其他相关规定履行监督职责。案件管理部门发现办案部门有上述情形，认为有必要的，可以根据案件办理所处的诉讼环节，告知侦查监督、公诉、控告检察或者刑事申诉检察等部门。

第三十二条　人民检察院查封、扣押、冻结、保管、处理涉案财物，应当按照有关规定做好信息查询和公开工作，并为当事人和其他诉讼参与人行使权利提供保障和便利。善意第三人等案外人与涉案财物处理存在利害关系的，人民检察院办案部门应当告知其相关诉讼权利。

当事人及其法定代理人和辩护人、诉讼代理人、利害关系人对人民检察院的查封、扣押、冻结不服或者对人民检察院撤销案件决定、不起诉决定中关于涉案财物的处理部分不服的，可以依照刑事诉讼法和《人民检察院刑事诉讼规则（试行）》的有关规定提出申诉或者控告；人民检察院控告检察部门对申诉或者控告应当依照有关规定及时受理和审查办理并反馈处理结果。人民检察院提起公诉的案件，被告人、自诉人、附带民事诉讼的原告人和被告人对涉案财物处理决定不服的，可以依照有关规定就财物处理部分提出上诉，被害人或者其他利害关系人可以依照有关规定请求人民检察院抗诉。

第三十三条　人民检察院刑事申诉检察部门在办理国家赔偿案件过程中，可以向办案部门调查核实相关查封、扣押、冻结等行为是否合法。国家赔偿决定对相关涉案财物作出处理的，有关办案部门应当及时执行。

第三十四条　人民检察院查封、扣押、冻结、保管、处理涉案财物，应当接受人民监督员的监督。

第三十五条　人民检察院及其工作人员在查封、扣押、冻结、保管、处理涉案财物工作中违反相关规定的，应当追究纪律责任；构成犯罪的，应当依法追究刑事责任；导致国家赔偿的，应当依法向有关责任人员追偿。

第六章　附　　则

第三十六条　对涉案财物的保管、鉴定、估价、公告等支付的费用，列入人民检察院办案（业务）经费，不得向当事人收取。

第三十七条　本规定所称犯罪嫌疑人、被告人、被害人，包括自然人、单位。

第三十八条　本规定所称有关主管机关，是指对犯罪嫌疑人违反法律、法规的行为以及对有关违禁品、危险品具有行政管理、行政处罚、行政处分权限的机关和纪检监察部门。

第三十九条　本规定由最高人民检察院解释。

第四十条　本规定自公布之日起施行。最高人民检察院2010年5月9日公布的《人民检察院扣押、冻结涉案款物工作规定》同时废止。

关于实施刑事诉讼法若干问题的规定

（2012年12月26日最高人民法院、最高人民检察院、公安部、国家安全部、司法部、全国人大常委会法制工作委员会联合颁布新规定《关于实施刑事诉讼法若干问题的规定》2013年1月1日生效。同时废止1998年的《最高人民法院、最高人民检察院、公安部、国家安全部、司法部、全国人大常委会法制工作委员会关于刑事诉讼法实施中若干问题的规定》）

一、管辖

1. 公安机关侦查刑事案件涉及人民检察院管辖的贪污贿赂案件时，应当将贪污贿赂案件移送人民检察院；人民检察院侦查贪污贿赂案件涉及公安机关管辖的刑事案件，应当将属于公安机关管辖的刑事案件移送公安机关。在上述情况中，如果涉嫌主罪属于公安机关管辖，由公安机关为主侦查，人民检察院予以配合；如果涉嫌主罪属于人民检察院管辖，由人民检察院为主侦查，公安机关予以配合。

2. 刑事诉讼法第二十四条中规定："刑事案件由犯罪地的人民法院管辖。"刑事诉讼法规定的"犯罪地"，包括犯罪的行为发生地和结果发生地。

3. 具有下列情形之一的，人民法院、人民检察院、公安机关可以在其职责范围内并案处理：

（一）一人犯数罪的；

（二）共同犯罪的；

（三）共同犯罪的犯罪嫌疑人、被告人还实施其他犯罪的；

（四）多个犯罪嫌疑人、被告人实施的犯罪存在关联，并案处理有利于查明案件事实的。

二、辩护与代理

4. 人民法院、人民检察院、公安机关、国家安全机关、监狱的现职人员，人民陪审员，外国人或者无国籍人，以及与本案有利害关系的人，不得担任辩护人。但是，上述人员系犯罪嫌疑人、被告人的监护人或者近亲属，犯罪嫌疑人、被告人委托其担任辩护人的，可以准许。无行为能力或者限制行为能力的人，不得担任辩护人。

一名辩护人不得为两名以上的同案犯罪嫌疑人、被告人辩护，不得为两名以上的未同案处理但实施的犯罪存在关联的犯罪嫌疑人、被告人辩护。

5. 刑事诉讼法第三十四条、第二百六十七条、第二百八十六条对法律援助作了规定。对于人民法院、人民检察院、公安机关根据上述规定，通知法律援助机构指派律师提供辩护或者法律帮助的，法律援助机构应当在接到通知后三日以内指派律师，并将律师的姓名、单位、联系方式书面通知人民法院、人民检察院、公安机关。

6. 刑事诉讼法第三十六条规定："辩护律师在侦查期间可以为犯罪嫌疑人提供法律帮助；代理申诉、控告；申请变更强制措施；向侦查机关了解犯罪嫌疑人涉嫌的罪名和案件有关情况，提出意见。"根据上述规定，辩护律师在侦查期间可以向侦查机关了解犯罪嫌疑人涉嫌的罪名及当时已查明的该罪的主要事实，犯罪嫌疑人被采取、变更、解除强制措施的情况，侦查机关延长侦查羁押期限等情况。

7. 刑事诉讼法第三十七条第二款规定："辩护律师持律师执业证书、律师事务所证明和委托书或者法律援助公函要求会见在押的犯罪嫌疑人、被告人的，看守所应当及时安排会见，至迟不得超过四十八小时。"根据上述规定，辩护律师要求会见在押的犯罪嫌疑人、被告人的，看守所应当及时安排会见，保证辩护律师在四十八小时以内见到在押的犯罪嫌疑人、被告人。

8. 刑事诉讼法第四十一条第一款规定："辩护律师经证人或者其他有关单位和个人同意，可以向他们收集与本案有关的材料，也可以申请人民检察院、人民法院收集、调取证据，或者申请人民法院通知证人出庭作证。"对于辩护律师申请人民检察院、人民法院收集、调取证据，人民检察院、人民法院认为需要调查取证的，应当由人民检察院、人民法院收集、调取证据，不得向律师签发准许调查决定书，让律师收集、调取证据。

9. 刑事诉讼法第四十二条第二款中规定："违反前款规定的，应当依法追究法律责任，辩护人涉嫌犯罪的，应当由办理辩护人所承办案件的侦查机关以外的侦查机关办理。"根据上述规定，公安机关、人民检察院发现辩护人涉嫌犯罪，或者接受报案、控告、举报、有关机关的移送，依照侦查管辖分工进行审查后认为符合立案条件的，应当按照规定报请办理辩护人所承办案件的侦查机关的上一级侦查机关指定其他侦查机关立案侦查，或者由上一级侦查机关立案侦查。不得指定办理辩护人所承办案件的侦查机关的下级侦查机关立案侦查。

10. 刑事诉讼法第四十七条规定："辩护人、诉讼代理人认为公安机关、人民检察院、人民法院及其工作人员阻碍其依法行使诉讼权利的，有权向同级或者上一级人民检察院申诉或者控告。人民检察院对申诉或者控告应当及时进行审查，情况属实的，通知有关机关予以纠正。"人民检察院受理辩护人、诉讼代理人的申诉或者控告后，应当在十日以内将处理情况书面答复提出申诉或者控告的辩护人、诉讼代理人。

三、证据

11. 刑事诉讼法第五十六条第一款规定："法庭审理过程中，审判人员认为可能存在本法第五十四条规定的以非法方法收集证据情形的，应当对证据收集的合法性进行法庭调查。"法庭经对当事人及其辩护人、诉讼代理人提供的相关线索或者材料进行审查后，认为可能存在刑事诉讼法第五十四条规定的以非法方法收集证据情形的，应当对证据收集的合法性进行法庭调查。法庭调查的顺序由法庭根据案件审理情况确定。

12. 刑事诉讼法第六十二条规定，对证人、鉴定人、被害人可以采取"不公开真实姓名、住址和工作单位等个人信息"的保护措施。人民法院、人民检察院和公安机关依法决定不公开证人、鉴定人、被害人的真实姓名、住址和工作单位等个人信息的，可以在判决书、裁定书、起诉书、询问笔录等法律文书、证据材料中使用化名等代替证人、鉴定人、被害人的个人信息。但是，应当书面说明使用化名的情况并标明密级，单独成卷。辩护律师经法庭许可，查阅对证人、鉴定人、被害人使用化名情况的，应当签署保密承诺书。

四、强制措施

13. 被取保候审、监视居住的犯罪嫌疑人、被告人无正当理由不得离开所居住的市、县或者执行监视居住的处所，有正当理由需要离开所居住的市、县或者执行监视居住的处所，应当经执行机关批准。如果取保候审、监视居住是由人民检察院、人民法院决定的，执行机关在批准犯罪嫌疑人、被告人离开所居住的市、县或者执行监视居住的处所前，应当征得决定机关同意。

14. 对取保候审保证人是否履行了保证义务，由公安机关认定，对保证人的罚款决定，也由公安机关作出。

15. 指定居所监视居住的，不得要求被监视居住人支付费用。

16. 刑事诉讼法规定，拘留由公安机关执行。对于人民检察院直接受理的案件，人民检察院作出的拘留决定，应当送达公安机关执行，公安机关应当立即执行，人民检察院可以协助公安机关执行。

17. 对于人民检察院批准逮捕的决定，公安机关应当立即执行，并将执行回执及时送达批准逮捕的人民检察院。如果未能执行,也应当将回执送达人民检察院,并写明未能执行的原因。对于人民检察院决定不批准逮捕的,公安机关在收到不批准逮捕决定书后,应当立即释放在押的犯罪嫌疑人或者变更强制措施,并将执行回执在收到不批准逮捕决定书后的三日内送达作出不批准逮捕决定的人民检察院。

五、立案

18. 刑事诉讼法第一百一十一条规定:"人民检察院认为公安机关对应当立案侦查的案件而不立案侦查的,或者被害人认为公安机关对应当立案侦查的案件而不立案侦查,向人民检察院提出的,人民检察院应当要求公安机关说明不立案的理由。人民检察院认为公安机关不立案理由不能成立的,应当通知公安机关立案,公安机关接到通知后应当立案。"根据上述规定,公安机关收到人民检察院要求说明不立案理由通知书后,应当在七日内将说明情况书面答复人民检察院。人民检察院认为公安机关不立案理由不能成立,发出通知立案书时,应当将有关证明应当立案的材料同时移送公安机关。公安机关收到通知立案书后,应当在十五日内决定立案,并将立案决定书送达人民检察院。

六、侦查

19. 刑事诉讼法第一百二十一条第一款规定:"侦查人员在讯问犯罪嫌疑人的时候,可以对讯问过程进行录音或者录像;对于可能判处无期徒刑、死刑的案件或者其他重大犯罪案件,应当对讯问过程进行录音或者录像。"侦查人员对讯问过程进行录音或者录像的,应当在讯问笔录中注明。人民检察院、人民法院可以根据需要调取讯问犯罪嫌疑人的录音或者录像,有关机关应当及时提供。

20. 刑事诉讼法第一百四十九条中规定:"批准决定应当根据侦查犯罪的需要,确定采取技术侦查措施的种类和适用对象。"采取技术侦查措施收集的材料作为证据使用的,批准采取技术侦查措施的法律文书应当附卷，辩护律师可以依法查阅、摘抄、复制，在审判过程中可以向法庭出示。

21. 公安机关对案件提请延长羁押期限的，应当在羁押期限届满七日前提出，并书面呈报延长羁押期限案件的主要案情和延长羁押期限的具体理由，人民检察院应当在羁押期限届满前作出决定。

22. 刑事诉讼法第一百五十八条第一款规定："在侦查期间，发现犯罪嫌疑人另有重要罪行的，自发现之日起依照本法第一百五十四条的规定重新计算侦查羁押期限。"公安机关依照上述规定重新计算侦查羁押期限的，不需要经人民检察院批准，但应当报人民检察院备案，人民检察院可以进行监督。

七、提起公诉

23. 上级公安机关指定下级公安机关立案侦查的案件，需要逮捕犯罪嫌疑人的，由侦查该案件的公安机关提请同级人民检察院审查批准；需要提起公诉的，由侦查该案件的公安机关移送同级人民检察院审查起诉。

人民检察院对于审查起诉的案件，按照刑事诉讼法的管辖规定，认为应当由上级人民检察院或者同级其他人民检察院起诉的，应当将案件移送有管辖权的人民检察院。人民检察院认为需要依照刑事诉讼法的规定指定审判管辖的，应当协商同级人民法院办理指定管辖有关事宜。

24. 人民检察院向人民法院提起公诉时，应当将案卷材料和全部证据移送人民法院，包括犯罪嫌疑人、被告人翻供的材料，证人改变证言的材料，以及对犯罪嫌疑人、被告人有利的其他证据材料。

八、审判

25. 刑事诉讼法第一百八十一条规定："人民法院对提起公诉的案件进行审查后，对于起诉书中有明确的指控犯罪事实的，应当决定开庭审判。"对于人民检察院提起公诉的案件，人民法院都应当受理。人民法院对提起公诉的案件进行审查后,对于起诉书中有明确的指控犯罪事实并且附有案卷材料、证据的,应当决定开庭审判,不得以上述材料不充足为由而不开庭审判。如果人民检察院移送的材料中缺少上述材料的,人民法院可以通知人民检察院补充材料,人民检察院应当自收到通知之日起三日内补送。

人民法院对提起公诉的案件进行审查的期限计入人民法院的审理期限。

26. 人民法院开庭审理公诉案件时,出庭的检察人员和辩护人需要出示、宣读、播放已移交人民法院的证据的,可以申请法庭出示、宣读、播放。

27. 刑事诉讼法第三十九条规定:"辩护人认为在侦查、审查起诉期间公安机关、人民检察院收集的证明犯罪嫌疑人、被告人无罪或者罪轻的证据材料未提交的,有权申请人民检察院、人民法院调取。"第一百九十一条第一款规定:"法庭审理过程中,合议庭对证据有疑问的,可以宣布休庭,对证据进行调查核实。"第一百九十二条第一款规定:"法庭审理过程中,当事人和辩护人、诉讼代理人有权申请通知新的证人到庭,调取新的物证,申请重新鉴定或者勘验。"根据上述规定,自案件移送审查起诉之日起,人民检察院可以根据辩护人的申请,向公安机关调取未提交的证明犯罪嫌疑人、被告人无罪或者罪轻的证据材料。在法庭审理过程中,人民法院可以根据辩护人的申请,向人民检察院调取未提交的证明被告人无罪或者罪轻的证据材料,也可以向人民检察院调取需要调查核实的证据材料。公安机关、人民检察院应当自收到要求调取证据材料决定书后三日内移交。

28. 人民法院依法通知证人、鉴定人出庭作证的,应当同时将证人、鉴定人出庭通知书送交控辩双方,控辩双方应当予以配合。

29. 刑事诉讼法第一百八十七条第三款规定:"公诉人、当事人或者辩护人、诉讼代理人对鉴定意见有异议,人民法院认为鉴定人有必要出庭的，鉴定人应当出庭作证。经人民法院通知，鉴定人拒不出庭作证的，鉴定意见不得作为定案的根据。"根据上述规定，依法应当出庭的鉴定人经人民法院通知未出庭作证的，鉴定意见不得作为定案的根据。鉴定人由于不能抗拒的原因或者有其他正当理由无法出庭的，人民法院可以根据案件审理情况决定延期审理。

30. 人民法院审理公诉案件，发现有新的事实，可能影响定罪的，人民检察院可以要求补充起诉或者变更起诉，人民法院可以建议人民检察院补充起诉或者变更起诉。人民法院建议人民检察院补充起诉或者变更起诉的，人民检察院应当在七日以内回复意见。

31. 法庭审理过程中，被告人揭发他人犯罪行为或者提供重要线索，人民检察院认为需要进行查证的，可以建议补充侦查。

32. 刑事诉讼法第二百零三条规定："人民检察院发现人民法院审理案件违反法律规定的诉讼程序，有权向人民法院提出纠正意见。"人民检察院对违反法定程序的庭审活动提出纠正意见，应当由人民检察院在庭审后提出。

九、执行

33. 刑事诉讼法第二百五十四条第五款中规定："在交付执行前，暂予监外执行由交付执行的人民法院决定"。对于被告人可能被判处拘役、有期徒刑、无期徒刑，符合暂予监外执行条件的，被告人及其辩护人有权向人民法院提出暂予监外执行的申请，看守所可以将有关情况通报人民法院。人民法院应当进行审查，并在交付执行前作出是否暂予监外执行的决定。

34. 刑事诉讼法第二百五十七条第三款规定："不符合暂予监外执行条件的罪犯通过贿赂等非法手段被暂予监外执行的，在监外执行的期间不计入执行刑期。罪犯在暂予监外执行期间脱逃的，脱逃的期间不计入执行刑期。"对于人民法院决定暂予监外执行的罪犯具有上述情形的，人民法院在决定予以收监的同时，应当确定不计入刑期的期间。对于监狱管理机关或者公安机关决定暂予监外执行的罪犯具有上述情形的,罪犯被收监后,所在监狱或者看守所应当及时向所在地的中级人民法院提出不计入执行刑期的建议书,由人民法院审核裁定。

35. 被决定收监执行的社区矫正人员在逃的,社区矫正机构应当立即通知公安机关,由公安机关负责追捕。

十、涉案财产的处理

36. 对于依照刑法规定应当追缴的违法所得及其他涉案财产,除依法返还被害人的财物以及依法销毁的违禁品外,必须一律上缴国库。查封、扣押的涉案财产,依法不移送的,待人民法院作出生效判决、裁定后,由人民法院通知查封、扣押机关上缴国库,查封、扣押机关应当向人民法院送交执行回单;冻结在金融机构的违法所得及其他涉案财产,待人民法院作出生效判决、裁定后,由人民法院通知有关金融机构上缴国库,有关金融机构应当向人民法院送交执行回单。

对于被扣押、冻结的债券、股票、基金份额等财产,在扣押、冻结期间权利人申请出售,经扣押、冻结机关审查,不损害国家利益、被害人利益,不影响诉讼正常进行的,以及扣押、冻结的汇票、本票、支票的有效期即将届满的,可以在判决生效前依法出售或者变现,所得价款由扣押、冻结机关保管,并及时告知当事人或者其近亲属。

37. 刑事诉讼法第一百四十二条第一款中规定:"人民检察院、公安机关根据侦查犯罪的需要,可以依照规定查询、冻结犯罪嫌疑人的存款、汇款、债券、股票、基金份额等财产。"根据上述规定,人民检察院、公安机关不能扣划存款、汇款、债券、股票、基金份额等财产。对于犯罪嫌疑人、被告人死亡,依照刑法规定应当追缴其违法所得及其他涉案财产的,适用刑事诉讼法第五编第三章规定的程序,由人民检察院向人民法院提出没收违法所得的申请。

38. 犯罪嫌疑人、被告人死亡,现有证据证明存在违法所得及其他涉案财产应当予以没收的,公安机关、人民检察院可以进行调查。公安机关、人民检察院进行调查,可以依法进行查封、扣押、查询、冻结。

人民法院在审理案件过程中,被告人死亡的,应当裁定终止审理;被告人脱逃的,应当裁定中止审理。人民检察院可以依法另行向人民法院提出没收违法所得的申请。

39. 对于人民法院依法作出的没收违法所得的裁定,犯罪嫌疑人、被告人的近亲属和其他利害关系人或者人民检察院可以在五日内提出上诉、抗诉。

十一、其他

40. 刑事诉讼法第一百四十七条规定:"对犯罪嫌疑人作精神病鉴定的期间不计入办案期限。"根据上述规定,犯罪嫌疑人、被告人在押的案件,除对犯罪嫌疑人、被告人的精神病鉴定期间不计入办案期限外,其他鉴定期间都应当计入办案期限。对于因鉴定时间较长,办案期限届满仍不能终结的案件,自期限届满之日起,应当对被羁押的犯罪嫌疑人、被告人变更强制措施,改为取保候审或者监视居住。

国家安全机关依照法律规定,办理危害国家安全的刑事案件,适用本规定中有关公安机关的规定。

本规定自 2013 年 1 月 1 日起施行。1998 年 1 月 19 日发布的《最高人民法院、最高人民检察院、公安部、国家安全部、司法部、全国人大常委会法制工作委员会关于刑事诉讼法实施中若干问题的规定》同时废止。

关于刑事诉讼法律援助工作的规定

最高人民法院 最高人民检察院 公安部 司法部关于印发《关于刑事诉讼法律援助工作的规定》的通知

各省、自治区、直辖市高级人民法院、人民检察院、公安厅（局）、司法厅（局），解放军军事法院、军事检察院、总政司法局、新疆维吾尔自治区高级人民法院生产建设兵团分院、新疆生产建设兵团人民检察院、公安局、司法局、监狱管理局：

为贯彻实施修改后刑事诉讼法有关法律援助的规定，加强和规范刑事法律援助工作，在深入调研论证和广泛征求意见的基础上，最高人民法院、最高人民检察院、公安部、司法部对2005年9月28日联合印发的《关于刑事诉讼法律援助工作的规定》进行了修改。现印发你们，请遵照执行。

最高人民法院　最高人民检察院

公安部　司法部

二〇一三年二月四日

第一条 为加强和规范刑事诉讼法律援助工作，根据《中华人民共和国刑事诉讼法》、《中华人民共和国律师法》、《法律援助条例》以及其他相关规定，结合法律援助工作实际，制定本规定。

第二条 犯罪嫌疑人、被告人因经济困难没有委托辩护人的，本人及其近亲属可以向办理案件的公安机关、人民检察院、人民法院所在地同级司法行政机关所属法律援助机构申请法律援助。

具有下列情形之一，犯罪嫌疑人、被告人没有委托辩护人的，可以依照前款规定申请法律援助：

（一）有证据证明犯罪嫌疑人、被告人属于一级或者二级智力残疾的；

（二）共同犯罪案件中，其他犯罪嫌疑人、被告人已委托辩护人的；

（三）人民检察院抗诉的；

（四）案件具有重大社会影响的。

第三条 公诉案件中的被害人及其法定代理人或者近亲属，自诉案件中的自诉人及其法定代理人，因经济困难没有委托诉讼代理人的，可以向办理案件的人民检察院、人民法院所在地同级司法行政机关所属法律援助机构申请法律援助。

第四条 公民经济困难的标准，按案件受理地所在的省、自治区、直辖市人民政府的规定执行。

第五条 公安机关、人民检察院在第一次讯问犯罪嫌疑人或者采取强制措施的时候，应当告知犯罪嫌疑人有权委托辩护人，并告知其如果符合本规定第二条规定，本人及其近亲属可以向法律援助机构申请法律援助。

人民检察院自收到移送审查起诉的案件材料之日起3日内，应当告知犯罪嫌疑人有权委托辩护人，并告知其如果符合本规定第二条规定，本人及其近亲属可以向法律援助机构申请法律援助；应当告知被害人及其法定代理人或者近亲属有权委托诉讼代理人，并告知其如果经济困难，可以向法律援助机构申请法律援助。

人民法院自受理案件之日起3日内，应当告知被告人有权委托辩护人，并告知其如果符合本规定第二条规定，本人及其近亲属可以向法律援助机构申请法律援助；应当告知自诉人及其法定代理人有权委托诉讼代理人，并告知其如果经济困难，可以向法律援助机构申请法律援助。人民法院决定再审的案件，应当自决定再审之日起3日内履行相关告知职责。

犯罪嫌疑人、被告人具有本规定第九条规定情形的,公安机关、人民检察院、人民法院应当告知其如果不委托辩护人,将依法通知法律援助机构指派律师为其提供辩护。

第六条 告知可以采取口头或者书面方式,告知的内容应当易于被告知人理解。口头告知的,应当制作笔录,由被告知人签名;书面告知的,应当将送达回执入卷。对于被告知人当场表达申请法律援助意愿的,应当记录在案。

第七条 被羁押的犯罪嫌疑人、被告人提出法律援助申请的,公安机关、人民检察院、人民法院应当在收到申请24小时内将其申请转交或者告知法律援助机构,并于3日内通知申请人的法定代理人、近亲属或者其委托的其他人员协助向法律援助机构提供有关证件、证明等相关材料。犯罪嫌疑人、被告人的法定代理人或者近亲属无法通知的,应当在转交申请时一并告知法律援助机构。

第八条 法律援助机构收到申请后应当及时进行审查并于7日内作出决定。对符合法律援助条件的,应当决定给予法律援助,并制作给予法律援助决定书;对不符合法律援助条件的,应当决定不予法律援助,制作不予法律援助决定书。给予法律援助决定书和不予法律援助决定书应当及时发送申请人,并函告公安机关、人民检察院、人民法院。

对于犯罪嫌疑人、被告人申请法律援助的案件,法律援助机构可以向公安机关、人民检察院、人民法院了解案件办理过程中掌握的犯罪嫌疑人、被告人是否具有本规定第二条规定情形等情况。

第九条 犯罪嫌疑人、被告人具有下列情形之一没有委托辩护人的,公安机关、人民检察院、人民法院应当自发现该情形之日起3日内,通知所在地同级司法行政机关所属法律援助机构指派律师为其提供辩护:

(一)未成年人;

（二）盲、聋、哑人；

（三）尚未完全丧失辨认或者控制自己行为能力的精神病人；

（四）可能被判处无期徒刑、死刑的人。

第十条 公安机关、人民检察院、人民法院通知辩护的，应当将通知辩护公函和采取强制措施决定书、起诉意见书、起诉书、判决书副本或者复印件送交法律援助机构。

通知辩护公函应当载明犯罪嫌疑人或者被告人的姓名、涉嫌的罪名、羁押场所或者住所、通知辩护的理由、办案机关联系人姓名和联系方式等。

第十一条 人民法院自受理强制医疗申请或者发现被告人符合强制医疗条件之日起3日内，对于被申请人或者被告人没有委托诉讼代理人的，应当向法律援助机构送交通知代理公函，通知其指派律师担任被申请人或被告人的诉讼代理人，为其提供法律帮助。

人民检察院申请强制医疗的，人民法院应当将强制医疗申请书副本一并送交法律援助机构。

通知代理公函应当载明被申请人或者被告人的姓名、法定代理人的姓名和联系方式、办案机关联系人姓名和联系方式。

第十二条 法律援助机构应当自作出给予法律援助决定或者自收到通知辩护公函、通知代理公函之日起3日内，确定承办律师并函告公安机关、人民检察院、人民法院。

法律援助机构出具的法律援助公函应当载明承办律师的姓名、所属单位及联系方式。

第十三条 对于可能被判处无期徒刑、死刑的案件，法律援助机构应当指派具有一定年限刑事辩护执业经历的律师担任辩护人。

对于未成年人案件，应当指派熟悉未成年人身心特点的律师担任辩护人。

第十四条 承办律师接受法律援助机构指派后，应当按照有关规定及时办理委托手续。

承办律师应当在首次会见犯罪嫌疑人、被告人时，询问是否同意为其辩护，并制作笔录。犯罪嫌疑人、被告人不同意的，律师应当书面告知公安机关、人民检察院、人民法院和法律援助机构。

第十五条　对于依申请提供法律援助的案件，犯罪嫌疑人、被告人坚持自己辩护，拒绝法律援助机构指派的律师为其辩护的，法律援助机构应当准许，并作出终止法律援助的决定；对于有正当理由要求更换律师的，法律援助机构应当另行指派律师为其提供辩护。

对于应当通知辩护的案件，犯罪嫌疑人、被告人拒绝法律援助机构指派的律师为其辩护的，公安机关、人民检察院、人民法院应当查明拒绝的原因，有正当理由的，应当准许，同时告知犯罪嫌疑人、被告人需另行委托辩护人。犯罪嫌疑人、被告人未另行委托辩护人的，公安机关、人民检察院、人民法院应当及时通知法律援助机构另行指派律师为其提供辩护。

第十六条　人民检察院审查批准逮捕时，认为犯罪嫌疑人具有应当通知辩护的情形，公安机关未通知法律援助机构指派律师的，应当通知公安机关予以纠正，公安机关应当将纠正情况通知人民检察院。

第十七条　在案件侦查终结前，承办律师提出要求的，侦查机关应当听取其意见，并记录在案。承办律师提出书面意见的，应当附卷。

第十八条　人民法院决定变更开庭时间的，应当在开庭3日前通知承办律师。承办律师有正当理由不能按时出庭的，可以申请人民法院延期开庭。人民法院同意延期开庭的，应当及时通知承办律师。

第十九条　人民法院决定不开庭审理的案件，承办律师应当在接到人民法院不开庭通知之日起10日内向人民法院提交书面辩护意见。

第二十条　人民检察院、人民法院应当对承办律师复制案卷材料的费用予以免收或者减收。

第二十一条　公安机关在撤销案件或者移送审查起诉后，人民检察院在作出提起公诉、不起诉或者撤销案件决定后，人民法院在终止审理或者作出裁决后，以及公安机关、人民检察院、人民法院将案件移送其他机关办理后，应当在5日内将相关法律文书副本或者复印件送达承办律师，或者书面告知承办律师。

公安机关的起诉意见书，人民检察院的起诉书、不起诉决定书，人民法院的判决书、裁定书等法律文书，应当载明作出指派的法律援助机构名称、承办律师姓名以及所属单位等情况。

第二十二条　具有下列情形之一的，法律援助机构应当作出终止法律援助决定，制作终止法律援助决定书发送受援人，并自作出决定之日起3日内函告公安机关、人民检察院、人民法院：

（一）受援人的经济收入状况发生变化，不再符合法律援助条件的；

（二）案件终止办理或者已被撤销的；

（三）受援人自行委托辩护人或者代理人的；

（四）受援人要求终止法律援助的，但应当通知辩护的情形除外；

（五）法律、法规规定应当终止的其他情形。公安机关、人民检察院、人民法院在案件办理过程中发现有前款规定情形的，应当及时函告法律援助机构。

第二十三条　申请人对法律援助机构不予援助的决定有异议的，可以向主管该法律援助机构的司法行政机关提出。司法行政机关应当在收到异议之日起5个工作日内进行审查，经审查认为申请人符合法律援助条件的，应当以书面形式责令法律援助机构及时对该申请人提供法律援助，同时通知申请人；认为申请人不符合法律援助条件的，应当维持法律援助机构不予援助的决定，并书面告知申请人。

受援人对法律援助机构终止法律援助的决定有异议的,按照前款规定办理。

第二十四条 犯罪嫌疑人、被告人及其近亲属、法定代理人,强制医疗案件中的被申请人、被告人的法定代理人认为公安机关、人民检察院、人民法院应当告知其可以向法律援助机构申请法律援助而没有告知,或者应当通知法律援助机构指派律师为其提供辩护或者诉讼代理而没有通知的,有权向同级或者上一级人民检察院申诉或者控告。人民检察院应当对申诉或者控告及时进行审查,情况属实的,通知有关机关予以纠正。

第二十五条 律师应当遵守有关法律法规和法律援助业务规程,做好会见、阅卷、调查取证、解答咨询、参加庭审等工作,依法为受援人提供法律服务。

律师事务所应当对律师办理法律援助案件进行业务指导,督促律师在办案过程中尽职尽责,恪守职业道德和执业纪律。

第二十六条 法律援助机构依法对律师事务所、律师开展法律援助活动进行指导监督,确保办案质量。

司法行政机关和律师协会根据律师事务所、律师履行法律援助义务情况实施奖励和惩戒。

公安机关、人民检察院、人民法院在案件办理过程中发现律师有违法或者违反职业道德和执业纪律行为,损害受援人利益的,应当及时向法律援助机构通报有关情况。

第二十七条 公安机关、人民检察院、人民法院和司法行政机关应当加强协调,建立健全工作机制,做好法律援助咨询、申请转交、组织实施等方面的衔接工作,促进刑事法律援助工作有效开展。

第二十八条 本规定自2013年3月1日起施行。2005年9月28日最高人民法院、最高人民检察院、公安部、司法部下发的《关于刑事诉讼法律援助工作的规定》同时废止。

最高人民法院关于防范和制裁虚假诉讼的指导意见

法发〔2016〕13号

当前,民事商事审判领域存在的虚假诉讼现象,不仅严重侵害案外人合法权益,破坏社会诚信,也扰乱了正常的诉讼秩序,损害司法权威和司法公信力,人民群众对此反映强烈。各级人民法院对此要高度重视,努力探索通过多种有效措施防范和制裁虚假诉讼行为。

一、虚假诉讼一般包含以下要素:

(一)以规避法律、法规或国家政策谋取非法利益为目的;

(二)双方当事人存在恶意串通;

(三)虚构事实;

(四)借用合法的民事程序;

(五)侵害国家利益、社会公共利益或者案外人的合法权益。

二、实践中,要特别注意以下情形:

(一)当事人为夫妻、朋友等亲近关系或者关联企业等共同利益关系;

(二)原告诉请司法保护的标的额与其自身经济状况严重不符;

(三)原告起诉所依据的事实和理由明显不符合常理;

(四)当事人双方无实质性民事权益争议;

(五)案件证据不足,但双方仍然主动迅速达成调解协议,并请求人民法院出具调解书。

三、各级人民法院应当在立案窗口及法庭张贴警示宣传标识,同时在"人民法院民事诉讼风险提示书"中明确告知参与虚假诉讼应当承担的法律责任,引导当事人依法行使诉权,诚信诉讼。

四、在民间借贷、离婚析产、以物抵债、劳动争议、公司分立（合并）、企业破产等虚假诉讼高发领域的案件审理中，要加大证据审查力度。对可能存在虚假诉讼的，要适当加大依职权调查取证力度。

五、涉嫌虚假诉讼的，应当传唤当事人本人到庭，就有关案件事实接受询问。除法定事由外，应当要求证人出庭作证。要充分发挥民事诉讼法司法解释有关当事人和证人签署保证书规定的作用，探索当事人和证人宣誓制度。

六、诉讼中，一方对另一方提出的于己不利的事实明确表示承认，且不符合常理的，要做进一步查明，慎重认定。查明的事实与自认的事实不符的，不予确认。

七、要加强对调解协议的审查力度。对双方主动达成调解协议并申请人民法院出具调解书的，应当结合案件基础事实，注重审查调解协议是否损害国家利益、社会公共利益或者案外人的合法权益；对人民调解协议司法确认案件，要按照民事诉讼法司法解释要求，注重审查基础法律关系的真实性。

八、在执行公证债权文书和仲裁裁决书、调解书等法律文书过程中，对可能存在双方恶意串通、虚构事实的，要加大实质审查力度，注重审查相关法律文书是否损害国家利益、社会公共利益或者案外人的合法权益。如果存在上述情形，应当裁定不予执行。必要时，可向仲裁机构或者公证机关发出司法建议。

九、加大公开审判力度，增加案件审理的透明度。对与案件处理结果可能存在法律上利害关系的，可适当依职权通知其参加诉讼，避免其民事权益受到损害，防范虚假诉讼行为。

十、在第三人撤销之诉、案外人执行异议之诉、案外人申请再审等案件审理中，发现已经生效的裁判涉及虚假诉讼的，要及时予以纠正，保护案外人诉权和实体权利；同时也要防范有关人员利用上述法律制度，制造虚假诉讼，损害原诉讼中合法权利人利益。

十一、经查明属于虚假诉讼，原告申请撤诉的，不予准许，并应当根据民事诉讼法第一百一十二条的规定，驳回其请求。

十二、对虚假诉讼参与人，要适度加大罚款、拘留等妨碍民事诉讼强制措施的法律适用力度；虚假诉讼侵害他人民事权益的，虚假诉讼参与人应当承担赔偿责任；虚假诉讼违法行为涉嫌虚假诉讼罪、诈骗罪、合同诈骗罪等刑事犯罪的，民事审判部门应当依法将相关线索和有关案件材料移送侦查机关。

十三、探索建立虚假诉讼失信人名单制度。将虚假诉讼参与人列入失信人名单，逐步开展与现有相关信息平台和社会信用体系接轨工作，加大制裁力度。

十四、人民法院工作人员参与虚假诉讼的，要依照法官法、法官职业道德基本准则和法官行为规范等规定，从严处理。

十五、诉讼代理人参与虚假诉讼的，要依法予以制裁，并应当向司法行政部门、律师协会或者行业协会发出司法建议。

十六、鉴定机构、鉴定人参与虚假诉讼的，可以根据情节轻重，给予鉴定机构、鉴定人训诫、责令退还鉴定费用、从法院委托鉴定专业机构备选名单中除名等制裁，并应当向司法行政部门或者行业协会发出司法建议。

十七、要积极主动与有关部门沟通协调，争取支持配合，探索建立多部门协调配合的综合治理机制。要通过向社会公开发布虚假诉讼典型案例等多种形式，震慑虚假诉讼违法行为。

十八、各级人民法院要及时组织干警学习了解中央和地方的各项经济社会政策，充分预判有可能在司法领域反映出来的虚假诉讼案件类型，也可以采取典型案例分析、审判业务交流、庭审观摩等多种形式，提高甄别虚假诉讼的司法能力。

最高人民法院
2016 年 6 月 20 日

关于全面推进以审判为中心的刑事诉讼制度改革的实施意见

最高人民法院印发《关于全面推进以审判为中心的刑事诉讼制度改革的实施意见》的通知

法发〔2017〕5号

各省、自治区、直辖市高级人民法院,解放军军事法院,新疆维吾尔自治区高级人民法院生产建设兵团分院;全国地方各中级人民法院,各大单位军事法院,新疆生产建设兵团各中级法院:

为贯彻落实《最高人民法院、最高人民检察院、公安部、国家安全部、司法部关于推进以审判为中心的刑事诉讼制度改革的意见》,全面推进改革工作,最高人民法院制定了《关于全面推进以审判为中心的刑事诉讼制度改革的实施意见》(以下简称《实施意见》),现印发给你们,请结合审判工作实际参照执行。

为了在审判实践中更好地贯彻执行《实施意见》,现提出以下要求:

1. 充分认识改革意义,明确改革方向。推进以审判为中心的刑事诉讼制度改革,是中央十八届四中全会作出的重大决策,是坚持严格司法、确保刑事司法公正的现实需要,是完善人权司法保障的必然要求,体现了中央对司法性质和规律的科学认识和准确把握。各级人民法院要充分认识改革的重要意义,准确把握改革精神,抓好各项改革措施的落实。要充分发挥审判程序的职能作用,确保侦查、审查起诉的案件事实证据经得起法律的检验，通过法庭审判的程序公正实现案件裁判的实体公正，提高司法公信力。

2. 加强组织领导和协调，确保改革取得成效。推进以审判为中心的刑事诉讼制度改革，牵涉到政法工作全局，各级人民法院要紧紧依靠党委领导和人大监督，密切与其他政法机关的沟通、协调，确保各项改革统筹推进，落到实处。各高级人民法院要高度重视，成立由主要领导负责的领导小组，统一领导改革工作，加强对下指导，制定具体可行的实施方案，扎实推进本辖区的改革工作。

3. 注重制度探索，及时总结改革经验。在改革过程中，要遵循刑事诉讼规律，处理好惩罚犯罪与保障人权、实体公正与程序公正、司法公正与司法效率、互相配合与互相制约等关系，确保改革稳步推进。要以庭审实质化改革为核心，以强化证人、鉴定人、侦查人员出庭作证和律师辩护为重点，着力推进庭审制度改革。在贯彻执行过程中遇到的新情况、新问题和探索的新经验、新做法，要认真加以总结，并及时层报最高人民法院。

特此通知。

最高人民法院

2017 年 2 月 17 日

为贯彻落实《最高人民法院、最高人民检察院、公安部、国家安全部、司法部关于推进以审判为中心的刑事诉讼制度改革的意见》，确保有罪的人受到公正惩罚、无罪的人不受刑事追究，实现公正司法，依照法律规定，结合审判实际，对人民法院全面推进以审判为中心的刑事诉讼制度改革提出如下意见：

一、坚持严格司法原则,树立依法裁判理念

(一)坚持证据裁判原则,认定案件事实,必须以证据为根据。重证据,重调查研究,不轻信口供,没有证据不得认定案件事实。

(二)坚持非法证据排除原则,不得强迫任何人证实自己有罪。经审查认定的非法证据,应当依法予以排除,不得作为定案的根据。

(三)坚持疑罪从无原则,认定被告人有罪,必须达到犯罪事实清楚,证据确实、充分的证明标准。不得因舆论炒作、上访闹访等压力作出违反法律的裁判。

(四)坚持程序公正原则,通过法庭审判的程序公正实现案件裁判的实体公正。发挥庭审在查明事实、认定证据、保护诉权、公正裁判中的决定性作用,确保诉讼证据出示在法庭、案件事实查明在法庭、诉辩意见发表在法庭、裁判结果形成在法庭。

二、规范庭前准备程序,确保法庭集中审理

(五)对被告人及其辩护人申请排除非法证据,证据材料较多、案情重大复杂,或者社会影响重大等案件,人民法院可以召开庭前会议。

庭前会议在法庭或者其他办案场所进行,由审判人员主持,控辩双方参加,必要时可以通知被告人到场。

(六)人民法院可以在庭前会议中组织控辩双方展示证据,听取控辩双方对在案证据的意见,并梳理存在争议的证据。对控辩双方在庭前会议中没有争议的证据,可以在庭审中简化举证、质证。

人民法院可以在庭前会议中听取控辩双方对与审判相关问题的意见,询问控辩双方是否提出申请或者异议,并归纳控辩双方的争议焦点。对控辩双方没有争议或者达成一致意见的事项,可以在庭审中简化审理。

被害方提起附带民事诉讼的,可以在庭前会议中进行调解。

(七)控辩双方对管辖、回避、出庭证人名单等事项提出申请或者异议,可能导致庭审中断的,人民法院可以在庭前会议中对有关事项依法作出处理,确保法庭集中、持续审理。

对案件中被告人及其辩护人申请排除非法证据的情形,人民法院可以在庭前会议中核实情况、听取意见。人民检察院可以决定撤回有关证据;撤回的证据,没有新的理由,不得在庭审中出示。被告人及其辩护人可以撤回排除非法证据的申请;撤回申请后,没有新的线索或者材料,不得再次对有关证据提出排除申请。

(八)人民法院在庭前会议中听取控辩双方对案件事实证据的意见后,对明显事实不清、证据不足的案件,可以建议人民检察院补充侦查或者撤回起诉。

对人民法院在庭前会议中建议撤回起诉的案件,人民检察院不同意的,人民法院开庭审理后,没有新的事实和理由,一般不准许撤回起诉。

(九)控辩双方在庭前会议中就相关事项达成一致意见,又在庭审中提出异议的,应当说明理由。

召开庭前会议应当制作笔录,由参加人员核对后签名。

审判人员应当制作庭前会议报告,说明庭前会议的基本情况、程序性事项的处理结果、控辩双方的争议焦点以及就相关事项达成的一致意见。

(十)对召开庭前会议的案件,在法庭调查开始前,法庭应当宣布庭前会议报告的主要内容,实现庭前会议与庭审的衔接。

三、规范普通审理程序,确保依法公正审判

(十一)证明被告人有罪或者无罪、罪轻或者罪重的证据,都应当在法庭上出示,依法保障控辩双方的质证权。

对影响定罪量刑的关键证据和控辩双方存在争议的证据,一般应当单独质证。

(十二)法庭应当依照法定程序审查、核实、认定证据。证据未经当庭出示、辨认、质证等法庭调查程序查证属实,不得作为定案的根据。

（十三）采取技术侦查措施收集的证据，当庭质证可能危及有关人员的人身安全，或者可能产生其他严重后果的，应当采取不暴露有关人员身份、不公开技术侦查措施和方法等保护措施。

法庭决定在庭外对技术侦查证据进行核实的，可以召集公诉人、侦查人员和辩护律师到场。在场人员应当履行保密义务。

（十四）控辩双方对证人证言有异议，人民法院认为证人证言对案件定罪量刑有重大影响的，应当通知证人出庭作证。控辩双方申请证人出庭的，人民法院通知证人出庭后，申请方应当负责协助相关证人到庭。

证人没有正当理由不出庭作证的，人民法院在必要时可以强制证人到庭。

根据案件情况，可以实行远程视频作证。

（十五）控辩双方对鉴定意见有异议，人民法院认为鉴定人有必要出庭的，应当通知鉴定人出庭作证。

（十六）证人、鉴定人、被害人因出庭作证，本人或者其近亲属的人身安全面临危险的，人民法院应当采取不公开其真实姓名、住址、工作单位和联系方式等个人信息，或者不暴露其外貌、真实声音等保护措施。必要时，可以建议有关机关采取专门性保护措施。

人民法院应当建立证人出庭作证补助专项经费机制，对证人出庭作证所支出的交通、住宿、就餐等合理费用给予补助。

（十七）人民法院应当依法履行指定辩护和通知辩护职责，确保被告人依法获得法律援助。

配合有关部门逐步扩大法律援助范围，健全法律援助值班律师制度，为派驻人民法院的值班律师提供办公场所及必要的工作条件。

（十八）法庭应当依法保障控辩双方在庭审中的发问、质证、辩论等诉讼权利。对控辩双方当庭提出的申请或者异议，法庭应当作出处理。

法庭可以在审理过程中归纳控辩双方的争议焦点，引导控辩双方针对影响定罪量刑的实质性问题进行辩论。对控辩双方的发言与案件无关、重复或者扰乱法庭秩序等情形，法庭应当予以提醒、制止。

（十九）法庭应当充分听取控辩双方的量刑建议和意见，根据查明的事实、情节，参照量刑指导意见规范量刑，保证量刑公正。

（二十）法庭应当加强裁判说理，通过裁判文书展现法庭审理过程。对控辩双方的意见和争议，应当说明采纳与否的理由。对证据采信、事实认定、定罪量刑等实质性问题，应当阐释裁判的理由和依据。

四、完善证据认定规则，切实防范冤假错案

（二十一）采取刑讯逼供、暴力、威胁等非法方法收集的言词证据，应当予以排除。

收集物证、书证不符合法定程序，可能严重影响司法公正，不能补正或者作出合理解释的，对有关证据应当予以排除。

（二十二）被告人在侦查终结前接受检察人员对讯问合法性的核查询问时，明确表示侦查阶段不存在刑讯逼供、非法取证情形，在审判阶段又提出排除非法证据申请，法庭经审查对证据收集的合法性没有疑问的，可以驳回申请。

检察人员在侦查终结前未对讯问合法性进行核查，或者未对核查过程全程同步录音录像，被告人在审判阶段提出排除非法证据申请，人民法院经审查对证据收集的合法性存在疑问的，应当依法进行调查。

（二十三）法庭决定对证据收集的合法性进行调查的，应当先行当庭调查。但为防止庭审过分迟延，也可以在法庭调查结束前进行调查。

（二十四）法庭对证据收集的合法性进行调查的，应当重视对讯问过程录音录像的审查。讯问笔录记载的内容与讯问录音录像存在实质性差异的,以讯问录音录像为准。

对于法律规定应当对讯问过程录音录像的案件,公诉人没有提供讯问录音录像,或者讯问录音录像存在选择性录制、剪接、删改等情形,现有证据不能排除以非法方法收集证据情形的,对有关供述应当予以排除。

(二十五)现有证据材料不能证明证据收集合法性的,人民法院可以通知有关侦查人员出庭说明情况。不得以侦查人员签名并加盖公章的说明材料替代侦查人员出庭。

经人民法院通知,侦查人员不出庭说明情况,不能排除以非法方法收集证据情形的,对有关证据应当予以排除。

(二十六)法庭对证据收集的合法性进行调查后,应当当庭作出是否排除有关证据的决定。必要时,可以宣布休庭,由合议庭评议或者提交审判委员会讨论,再次开庭时宣布决定。

在法庭作出是否排除有关证据的决定前,不得对有关证据宣读、质证。

(二十七)通过勘验、检查、搜查等方式收集的物证、书证等证据,未通过辨认、鉴定等方式确定其与案件事实的关联的,不得作为定案的根据。

(二十八)收集证据的程序、方式存在瑕疵,严重影响证据真实性,不能补正或者作出合理解释的,有关证据不得作为定案的根据。

(二十九)证人没有出庭作证,其庭前证言真实性无法确认的,不得作为定案的根据。证人当庭作出的证言与其庭前证言矛盾,证人能够作出合理解释,并与相关证据印证的,可以采信其庭审证言;不能作出合理解释,而其庭前证言与相关证据印证的,可以采信其庭前证言。

经人民法院通知,鉴定人拒不出庭作证的,鉴定意见不得作为定案的根据。

(三十)人民法院作出有罪判决,对于定罪事实应当综合全案证据排除合理怀疑。

定罪证据不足的案件,不能认定被告人有罪,应当作出证据不足、指控的犯罪不能成立的无罪判决。定罪证据确实、充分,量刑证据存疑的,应当作出有利于被告人的认定。

五、完善繁简分流机制,优化司法资源配置

(三十一)推进速裁程序改革,逐步扩大速裁程序适用范围,完善速裁程序运行机制。

对被告人认罪的轻微案件,探索实行快速审理和简便裁判机制。

(三十二)推进认罪认罚从宽制度改革,对适用速裁程序、简易程序或者普通程序简化审理的被告人认罪案件,法庭应当告知被告人享有的诉讼权利,依法审查被告人认罪认罚的自愿性和真实性,确认被告人了解认罪认罚的性质和法律后果。

法庭确认被告人自愿认罪认罚,同意适用简化审理程序的,应当落实从宽处罚的法律制度。被告人当庭不认罪或者不同意适用简化审理程序的,应当适用普通程序审理。

(三十三)适用速裁程序审理的案件,应当当庭宣判。适用简易程序审理的案件,一般应当当庭宣判。适用普通程序审理的案件,逐步提高当庭宣判率。

最高人民法院

2017 年 2 月 17 日

最高人民法院、最高人民检察院、公安部关于严格执行刑事诉讼法，切实纠防超期羁押的通知

法〔2003〕163号

各省、自治区、直辖市高级人民法院、人民检察院、公安厅（局），解放军军事法院、军事检察院、总政治部保卫部：

目前，超期羁押现象在全国许多地方没有得到有效遏制，"前清后超"、"边清边超"、"押而不决"等现象仍然不断发生，人民群众反映强烈。各级人民法院、人民检察院和公安机关要坚持以"三个代表"重要思想为指导，坚持司法为民的工作要求，严格执行刑事诉讼法的有关规定，切实提高办理刑事案件的质量和效率，维护人民法院、人民检察院和公安机关的公正形象，坚决纠正和预防超期羁押现象，尊重和保障犯罪嫌疑人、被告人的合法权益。现就有关问题通知如下：

一、进一步端正执法思想，牢固树立实体法和程序法并重、打击犯罪和保障人权并重的刑事诉讼观念。社会主义司法制度必须保障在全社会实现公平和正义。人民法院、人民检察院和公安机关依法进行刑事诉讼，既要惩罚犯罪，维护社会稳定，也要尊重和保障人权，尊重和保障犯罪嫌疑人、被告人的合法权益，是依法惩罚犯罪和依法保障人权的有机统一。任何人，在人民法院依法判决之前，都不得被确定有罪。在侦查、起诉、审判等各个阶段，必须始终坚持依法进行诉讼，认真遵守刑事诉讼法关于犯罪嫌疑人、被告人羁押期限的规定，坚决克服重实体、轻程序，重打击、轻保障的错误观念，避免因超期羁押而侵犯犯罪嫌疑人、被告人合法权益现象的发生。

二、严格适用刑事诉讼法关于犯罪嫌疑人、被告人羁押期限的规定，严禁随意延长羁押期限。犯罪嫌疑人、被告人被羁押的，人民法院、人民检察院和公安机关在刑事诉讼的不同阶段，要及时办理换押手续。在侦查阶段，要严格遵守拘留、逮捕后的羁押期限的规定；犯罪嫌疑人被逮捕以后，需要延长羁押期限的，应当符合刑事诉讼法第一百二十四条、第一百二十六条或者第一百二十七条规定的情形，并应当经过上一级人民检察院或者省、自治区、直辖市人民检察院的批准或者决定。在审查逮捕阶段和审查起诉阶段，人民检察院应当在法定期限内作出决定。在审判阶段，人民法院要严格遵守刑事诉讼法关于审理期限的规定；需要延长一个月审理期限的，应当属于刑事诉讼法第一百二十六条规定的情形之一，而且应当经过省、自治区、直辖市高级人民法院批准或者决定。

凡不符合刑事诉讼法关于重新计算犯罪嫌疑人、被告人羁押期限规定的，不得重新计算羁押期限。严禁滥用退回补充侦查、撤回起诉、改变管辖等方式变相超期羁押犯罪嫌疑人、被告人。

三、准确适用刑事诉讼法关于取保候审、监视居住的规定。人民法院、人民检察院和公安机关在对犯罪嫌疑人、被告人采取强制措施时，凡符合取保候审、监视居住条件的，应当依法采取取保候审、监视居住。对已被羁押的犯罪嫌疑人、被告人，在其法定羁押期限已满时必须立即释放，如侦查、起诉、审判活动尚未完成，需要继续查证、审理的，要依法变更强制措施为取保候审或者监视居住，充分发挥取保候审、监视居住这两项强制措施的作用，做到追究犯罪与保障犯罪嫌疑人、被告人合法权益的统一。

四、坚持依法办案，正确适用法律，有罪依法追究，无罪坚决放人，人民法院、人民检察院和公安机关在刑事诉讼过程中，要分工负责，互相配合，互相制约，依法进行，避免超期羁押现象的发生。在侦查、起诉、审判等各个诉讼阶段,凡发现犯罪嫌疑人、被告人不应或者不需要追究刑事责任的,应当依法撤销案件,或者不起诉,或者终止审理,或者宣告无罪。公安机关、人民检察院要严格执行刑事诉讼法关于拘留、逮捕条件的规定,不符合条件的坚决不拘、不提请批准逮捕或者决定不批准逮捕。人民检察院对于经过两次补充侦查或者在审判阶段建议补充侦查并经人民法院决定延期审理的案件,不再退回公安机关;对于经过两次补充侦查,仍然证据不足、不符合起诉条件的案件,要依法作出不起诉的决定。公安机关要依法加强对看守所的管理,及时向办案机关通报超期羁押情况。人民法院对于人民检察院提起公诉的案件,经过审理,认为证据不足,不能认定被告人有罪的,要依法作出证据不足、指控的犯罪不能成立的无罪判决。第二审人民法院经过审理,对于事实不清或者证据不足的案件,只能一次裁定撤销原判、发回原审人民法院重新审判;对于经过查证,只有部分犯罪事实清楚、证据充分的案件,只就该部分罪行进行认定和宣判;对于查证以后,仍然事实不清或者证据不足的案件,要依法作出证据不足、指控的犯罪不能成立的无罪判决,不得拖延不决,迟迟不判。

五、严格执行超期羁押责任追究制度。超期羁押侵犯犯罪嫌疑人、被告人的合法权益,损害司法公正,对此必须严肃查处,绝不姑息。本通知发布以后,凡违反刑事诉讼法和本通知的规定,造成犯罪嫌疑人、被告人超期羁押的,对于直接负责的主管人员和其他直接责任人员,由其所在单位或者上级主管机关依照有关规定予以行政或者纪律处分;造成犯罪嫌疑人、被告人超期羁押,情节严重的,对于直接负责的主管人员和其他直接责任人员,依照刑法第三百九十七条的规定,以玩忽职守罪或者滥用职权罪追究刑事责任。

六、对于重大、疑难、复杂的案件,涉外案件,新类型案件以及危害国家安全案件涉及的适用法律问题，应及时报请全国人大常委会作出立法解释或者最高人民法院、最高人民检察院作出司法解释。

执行本通知的情况，请及时层报最高人民法院、最高人民检察院和公安部。

最高人民法院、最高人民检察院、公安部
二〇〇三年十一月十二日

诉讼费用交纳办法

中华人民共和国国务院令

第 481 号

《诉讼费用交纳办法》已经 2006 年 12 月 8 日国务院第 159 次常务会议通过，现予公布，自 2007 年 4 月 1 日起施行。

总理　温家宝
二〇〇六年十二月十九日

第一章　总　则

第一条　根据《中华人民共和国民事诉讼法》（以下简称民事诉讼法）和《中华人民共和国行政诉讼法》（以下简称行政诉讼法）的有关规定，制定本办法。

第二条　当事人进行民事诉讼、行政诉讼，应当依照本办法交纳诉讼费用。

本办法规定可以不交纳或者免予交纳诉讼费用的除外。

第三条　在诉讼过程中不得违反本办法规定的范围和标准向当事人收取费用。

第四条　国家对交纳诉讼费用确有困难的当事人提供司法救助，保障其依法行使诉讼权利，维护其合法权益。

第五条　外国人、无国籍人、外国企业或者组织在人民法院进行诉讼，适用本办法。

外国法院对中华人民共和国公民、法人或者其他组织，与其本国公民、法人或者其他组织在诉讼费用交纳上实行差别对待的，按照对等原则处理。

第二章 诉讼费用交纳范围

第六条 当事人应当向人民法院交纳的诉讼费用包括：

（一）案件受理费；

（二）申请费；

（三）证人、鉴定人、翻译人员、理算人员在人民法院指定日期出庭发生的交通费、住宿费、生活费和误工补贴。

第七条 案件受理费包括：

（一）第一审案件受理费；

（二）第二审案件受理费；

（三）再审案件中，依照本办法规定需要交纳的案件受理费。

第八条 下列案件不交纳案件受理费：

（一）依照民事诉讼法规定的特别程序审理的案件；

（二）裁定不予受理、驳回起诉、驳回上诉的案件；

（三）对不予受理、驳回起诉和管辖权异议裁定不服，提起上诉的案件；

（四）行政赔偿案件。

第九条 根据民事诉讼法和行政诉讼法规定的审判监督程序审理的案件，当事人不交纳案件受理费。但是，下列情形除外：

（一）当事人有新的证据，足以推翻原判决、裁定，向人民法院申请再审，人民法院经审查决定再审的案件；

（二）当事人对人民法院第一审判决或者裁定未提出上诉，第一审判决、裁定或者调解书发生法律效力后又申请再审，人民法院经审查决定再审的案件。

第十条 当事人依法向人民法院申请下列事项，应当交纳申请费：

（一）申请执行人民法院发生法律效力的判决、裁定、调解书，仲裁机构依法作出的裁决和调解书，公证机构依法赋予强制执行效力的债权文书；

（二）申请保全措施；

（三）申请支付令；

（四）申请公示催告；

（五）申请撤销仲裁裁决或者认定仲裁协议效力；

（六）申请破产；

（七）申请海事强制令、共同海损理算、设立海事赔偿责任限制基金、海事债权登记、船舶优先权催告；

（八）申请承认和执行外国法院判决、裁定和国外仲裁机构裁决。

第十一条　证人、鉴定人、翻译人员、理算人员在人民法院指定日期出庭发生的交通费、住宿费、生活费和误工补贴，由人民法院按照国家规定标准代为收取。

当事人复制案件卷宗材料和法律文书应当按实际成本向人民法院交纳工本费。

第十二条　诉讼过程中因鉴定、公告、勘验、翻译、评估、拍卖、变卖、仓储、保管、运输、船舶监管等发生的依法应当由当事人负担的费用，人民法院根据谁主张、谁负担的原则，决定由当事人直接支付给有关机构或者单位，人民法院不得代收代付。

人民法院依照民事诉讼法第十一条第三款规定提供当地民族通用语言、文字翻译的，不收取费用。

第三章　诉讼费用交纳标准

第十三条　案件受理费分别按照下列标准交纳：

（一）财产案件根据诉讼请求的金额或者价额，按照下列比例分段累计交纳：

1. 不超过1万元的，每件交纳50元；

2. 超过1万元至10万元的部分,按照2.5%交纳;
3. 超过10万元至20万元的部分,按照2%交纳;
4. 超过20万元至50万元的部分,按照1.5%交纳;
5. 超过50万元至100万元的部分,按照1%交纳;
6. 超过100万元至200万元的部分,按照0.9%交纳;
7. 超过200万元至500万元的部分,按照0.8%交纳;
8. 超过500万元至1000万元的部分,按照0.7%交纳;
9. 超过1000万元至2000万元的部分,按照0.6%交纳;
10. 超过2000万元的部分,按照0.5%交纳。

(二)非财产案件按照下列标准交纳:

1. 离婚案件每件交纳50元至300元。涉及财产分割,财产总额不超过20万元的,不另行交纳;超过20万元的部分,按照0.5%交纳。

2. 侵害姓名权、名称权、肖像权、名誉权、荣誉权以及其他人格权的案件,每件交纳100元至500元。涉及损害赔偿,赔偿金额不超过5万元的,不另行交纳;超过5万元至10万元的部分,按照1%交纳;超过10万元的部分,按照0.5%交纳。

3. 其他非财产案件每件交纳50元至100元。

(三)知识产权民事案件,没有争议金额或者价额的,每件交纳500元至1000元;有争议金额或者价额的,按照财产案件的标准交纳。

(四)劳动争议案件每件交纳10元。

(五)行政案件按照下列标准交纳:

1. 商标、专利、海事行政案件每件交纳100元;

2. 其他行政案件每件交纳50元。

(六)当事人提出案件管辖权异议,异议不成立的,每件交纳50元至100元。

省、自治区、直辖市人民政府可以结合本地实际情况在本条第

(二)项、第(三)项、第(六)项规定的幅度内制定具体交纳标准。

第十四条 申请费分别按照下列标准交纳:

(一)依法向人民法院申请执行人民法院发生法律效力的判决、裁定、调解书,仲裁机构依法作出的裁决和调解书,公证机关依法赋予强制执行效力的债权文书,申请承认和执行外国法院判决、裁定以及国外仲裁机构裁决的,按照下列标准交纳:

1. 没有执行金额或者价额的,每件交纳50元至500元。

2. 执行金额或者价额不超过1万元的,每件交纳50元;超过1万元至50万元的部分,按照1.5%交纳;超过50万元至500万元的部分,按照1%交纳;超过500万元至1000万元的部分,按照0.5%交纳;超过1000万元的部分,按照0.1%交纳。

3. 符合民事诉讼法第五十五条第四款规定,未参加登记的权利人向人民法院提起诉讼的,按照本项规定的标准交纳申请费,不再交纳案件受理费。

(二)申请保全措施的,根据实际保全的财产数额按照下列标准交纳:

财产数额不超过1000元或者不涉及财产数额的,每件交纳30元;超过1000元至10万元的部分,按照1%交纳;超过10万元的部分,按照0.5%交纳。但是,当事人申请保全措施交纳的费用最多不超过5000元。

(三)依法申请支付令的,比照财产案件受理费标准的1/3交纳。

(四)依法申请公示催告的,每件交纳100元。

(五)申请撤销仲裁裁决或者认定仲裁协议效力的,每件交纳400元。

(六)破产案件依据破产财产总额计算,按照财产案件受理费标准减半交纳,但是,最高不超过30万元。

(七) 海事案件的申请费按照下列标准交纳：

1. 申请设立海事赔偿责任限制基金的，每件交纳 1000 元至 1 万元；

2. 申请海事强制令的，每件交纳 1000 元至 5000 元；

3. 申请船舶优先权催告的，每件交纳 1000 元至 5000 元；

4. 申请海事债权登记的，每件交纳 1000 元；

5. 申请共同海损理算的，每件交纳 1000 元。

第十五条 以调解方式结案或者当事人申请撤诉的，减半交纳案件受理费。

第十六条 适用简易程序审理的案件减半交纳案件受理费。

第十七条 对财产案件提起上诉的，按照不服一审判决部分的上诉请求数额交纳案件受理费。

第十八条 被告提起反诉、有独立请求权的第三人提出与本案有关的诉讼请求，人民法院决定合并审理的，分别减半交纳案件受理费。

第十九条 依照本办法第九条规定需要交纳案件受理费的再审案件，按照不服原判决部分的再审请求数额交纳案件受理费。

第四章 诉讼费用的交纳和退还

第二十条 案件受理费由原告、有独立请求权的第三人、上诉人预交。被告提起反诉，依照本办法规定需要交纳案件受理费的，由被告预交。追索劳动报酬的案件可以不预交案件受理费。

申请费由申请人预交。但是，本办法第十条第（一）项、第（六）项规定的申请费不由申请人预交，执行申请费执行后交纳，破产申请费清算后交纳。

本办法第十一条规定的费用，待实际发生后交纳。

第二十一条 当事人在诉讼中变更诉讼请求数额，案件受理费依照下列规定处理：

（一）当事人增加诉讼请求数额的，按照增加后的诉讼请求数额计算补交；

（二）当事人在法庭调查终结前提出减少诉讼请求数额的，按照减少后的诉讼请求数额计算退还。

第二十二条　原告自接到人民法院交纳诉讼费用通知次日起7日内交纳案件受理费；反诉案件由提起反诉的当事人自提起反诉次日起7日内交纳案件受理费。

上诉案件的案件受理费由上诉人向人民法院提交上诉状时预交。双方当事人都提起上诉的，分别预交。上诉人在上诉期内未预交诉讼费用的，人民法院应当通知其在7日内预交。

申请费由申请人在提出申请时或者在人民法院指定的期限内预交。

当事人逾期不交纳诉讼费用又未提出司法救助申请，或者申请司法救助未获批准，在人民法院指定期限内仍未交纳诉讼费用的，由人民法院依照有关规定处理。

第二十三条　依照本办法第九条规定需要交纳案件受理费的再审案件，由申请再审的当事人预交。双方当事人都申请再审的，分别预交。

第二十四条　依照民事诉讼法第三十六条、第三十七条、第三十八条、第三十九条规定移送、移交的案件，原受理人民法院应当将当事人预交的诉讼费用随案移交接收案件的人民法院。

第二十五条　人民法院审理民事案件过程中发现涉嫌刑事犯罪并将案件移送有关部门处理的，当事人交纳的案件受理费予以退还；移送后民事案件需要继续审理的，当事人已交纳的案件受理费不予退还。

第二十六条　中止诉讼、中止执行的案件，已交纳的案件受理费、申请费不予退还。中止诉讼、中止执行的原因消除，恢复诉讼、执行的，不再交纳案件受理费、申请费。

第二十七条　第二审人民法院决定将案件发回重审的，应当退还上诉人已交纳的第二审案件受理费。

第一审人民法院裁定不予受理或者驳回起诉的，应当退还当事人已交纳的案件受理费；当事人对第一审人民法院不予受理、驳回起诉的裁定提起上诉，第二审人民法院维持第一审人民法院作出的裁定的，第一审人民法院应当退还当事人已交纳的案件受理费。

第二十八条　依照民事诉讼法第一百三十七条规定终结诉讼的案件，依照本办法规定已交纳的案件受理费不予退还。

第五章　诉讼费用的负担

第二十九条　诉讼费用由败诉方负担，胜诉方自愿承担的除外。

部分胜诉、部分败诉的，人民法院根据案件的具体情况决定当事人各自负担的诉讼费用数额。

共同诉讼当事人败诉的，人民法院根据其对诉讼标的的利害关系，决定当事人各自负担的诉讼费用数额。

第三十条　第二审人民法院改变第一审人民法院作出的判决、裁定的，应当相应变更第一审人民法院对诉讼费用负担的决定。

第三十一条　经人民法院调解达成协议的案件，诉讼费用的负担由双方当事人协商解决；协商不成的，由人民法院决定。

第三十二条　依照本办法第九条第（一）项、第（二）项的规定应当交纳案件受理费的再审案件，诉讼费用由申请再审的当事人负担；双方当事人都申请再审的，诉讼费用依照本办法第二十九条的规定负担。原审诉讼费用的负担由人民法院根据诉讼费用负担原则重新确定。

第三十三条　离婚案件诉讼费用的负担由双方当事人协商解决；协商不成的，由人民法院决定。

第三十四条　民事案件的原告或者上诉人申请撤诉，人民法院裁定准许的，案件受理费由原告或者上诉人负担。

行政案件的被告改变或者撤销具体行政行为，原告申请撤诉，人民法院裁定准许的，案件受理费由被告负担。

第三十五条 当事人在法庭调查终结后提出减少诉讼请求数额的，减少请求数额部分的案件受理费由变更诉讼请求的当事人负担。

第三十六条 债务人对督促程序未提出异议的，申请费由债务人负担。债务人对督促程序提出异议致使督促程序终结的，申请费由申请人负担；申请人另行起诉的，可以将申请费列入诉讼请求。

第三十七条 公示催告的申请费由申请人负担。

第三十八条 本办法第十条第（一）项、第（八）项规定的申请费由被执行人负担。

执行中当事人达成和解协议的，申请费的负担由双方当事人协商解决；协商不成的，由人民法院决定。

本办法第十条第（二）项规定的申请费由申请人负担，申请人提起诉讼的，可以将该申请费列入诉讼请求。

本办法第十条第（五）项规定的申请费，由人民法院依照本办法第二十九条规定决定申请费的负担。

第三十九条 海事案件中的有关诉讼费用依照下列规定负担：

（一）诉前申请海事请求保全、海事强制令的，申请费由申请人负担；申请人就有关海事请求提起诉讼的，可将上述费用列入诉讼请求；

（二）诉前申请海事证据保全的，申请费由申请人负担；

（三）诉讼中拍卖、变卖被扣押船舶、船载货物、船用燃油、船用物料发生的合理费用，由申请人预付，从拍卖、变卖价款中先行扣除，退还申请人；

（四）申请设立海事赔偿责任限制基金、申请债权登记与受偿、申请船舶优先权催告案件的申请费，由申请人负担；

（五）设立海事赔偿责任限制基金、船舶优先权催告程序中的公告费用由申请人负担。

第四十条 当事人因自身原因未能在举证期限内举证，在二审或者再审期间提出新的证据致使诉讼费用增加的，增加的诉讼费用由该当事人负担。

第四十一条 依照特别程序审理案件的公告费，由起诉人或者申请人负担。

第四十二条 依法向人民法院申请破产的，诉讼费用依照有关法律规定从破产财产中拨付。

第四十三条 当事人不得单独对人民法院关于诉讼费用的决定提起上诉。

当事人单独对人民法院关于诉讼费用的决定有异议的，可以向作出决定的人民法院院长申请复核。复核决定应当自收到当事人申请之日起15日内作出。

当事人对人民法院决定诉讼费用的计算有异议的，可以向作出决定的人民法院请求复核。计算确有错误的，作出决定的人民法院应当予以更正。

第六章 司法救助

第四十四条 当事人交纳诉讼费用确有困难的，可以依照本办法向人民法院申请缓交、减交或者免交诉讼费用的司法救助。

诉讼费用的免交只适用于自然人。

第四十五条 当事人申请司法救助，符合下列情形之一的，人民法院应当准予免交诉讼费用：

（一）残疾人无固定生活来源的；

（二）追索赡养费、扶养费、抚育费、抚恤金的；

（三）最低生活保障对象、农村特困定期救济对象、农村五保供养对象或者领取失业保险金人员，无其他收入的；

（四）因见义勇为或者为保护社会公共利益致使自身合法权益受到损害，本人或者其近亲属请求赔偿或者补偿的；

（五）确实需要免交的其他情形。

第四十六条 当事人申请司法救助，符合下列情形之一的，人民法院应当准予减交诉讼费用：

（一）因自然灾害等不可抗力造成生活困难，正在接受社会救济，或者家庭生产经营难以为继的；

（二）属于国家规定的优抚、安置对象的；

（三）社会福利机构和救助管理站；

（四）确实需要减交的其他情形。

人民法院准予减交诉讼费用的，减交比例不得低于30%。

第四十七条 当事人申请司法救助，符合下列情形之一的，人民法院应当准予缓交诉讼费用：

（一）追索社会保险金、经济补偿金的；

（二）海上事故、交通事故、医疗事故、工伤事故、产品质量事故或者其他人身伤害事故的受害人请求赔偿的；

（三）正在接受有关部门法律援助的；

（四）确实需要缓交的其他情形。

第四十八条 当事人申请司法救助，应当在起诉或者上诉时提交书面申请、足以证明其确有经济困难的证明材料以及其他相关证明材料。

因生活困难或者追索基本生活费用申请免交、减交诉讼费用的，还应当提供本人及其家庭经济状况符合当地民政、劳动保障等部门规定的公民经济困难标准的证明。

人民法院对当事人的司法救助申请不予批准的，应当向当事人书面说明理由。

第四十九条 当事人申请缓交诉讼费用经审查符合本办法第四十七条规定的，人民法院应当在决定立案之前作出准予缓交的决定。

第五十条　人民法院对一方当事人提供司法救助，对方当事人败诉的，诉讼费用由对方当事人负担；对方当事人胜诉的，可以视申请司法救助的当事人的经济状况决定其减交、免交诉讼费用。

第五十一条　人民法院准予当事人减交、免交诉讼费用的，应当在法律文书中载明。

第七章　诉讼费用的管理和监督

第五十二条　诉讼费用的交纳和收取制度应当公示。人民法院收取诉讼费用按照其财务隶属关系使用国务院财政部门或者省级人民政府财政部门印制的财政票据。案件受理费、申请费全额上缴财政，纳入预算，实行收支两条线管理。

人民法院收取诉讼费用应当向当事人开具缴费凭证，当事人持缴费凭证到指定代理银行交费。依法应当向当事人退费的，人民法院应当按照国家有关规定办理。诉讼费用缴库和退费的具体办法由国务院财政部门商最高人民法院另行制定。

在边远、水上、交通不便地区，基层巡回法庭当场审理案件，当事人提出向指定代理银行交纳诉讼费用确有困难的，基层巡回法庭可以当场收取诉讼费用，并向当事人出具省级人民政府财政部门印制的财政票据；不出具省级人民政府财政部门印制的财政票据的，当事人有权拒绝交纳。

第五十三条　案件审结后，人民法院应当将诉讼费用的详细清单和当事人应当负担的数额书面通知当事人，同时在判决书、裁定书或者调解书中写明当事人各方应当负担的数额。

需要向当事人退还诉讼费用的，人民法院应当自法律文书生效之日起15日内退还有关当事人。

第五十四条　价格主管部门、财政部门按照收费管理的职责分工，对诉讼费用进行管理和监督；对违反本办法规定的乱收费行为，依照法律、法规和国务院相关规定予以查处。

第八章 附 则

第五十五条 诉讼费用以人民币为计算单位。以外币为计算单位的,依照人民法院决定受理案件之日国家公布的汇率换算成人民币计算交纳;上诉案件和申请再审案件的诉讼费用,按照第一审人民法院决定受理案件之日国家公布的汇率换算。

第五十六条 本办法自 2007 年 4 月 1 日起施行。

违反刑法的案例分析

案例1：李某某、卢某某、李海某重大责任事故案

【基本案情】

2014年5月，被告人李某某将北京市西城区德内大街某建设改造工程委托给无建筑资质条件的被告人卢某某，并要求卢某某违法建设地下室，深挖基坑。卢某某又指派无执业资格的被告人李海某负责施工现场管理、指挥等工作。期间，施工人员曾提出存在事故隐患，但李某某、卢某某未采取措施仍继续施工。2015年1月24日凌晨3时许，施工现场发生坍塌，造成部分道路塌陷、民房和办公楼毁损。经鉴定，直接经济损失为人民币583万元。案发后，三被告人被抓获。

【处理结果】

北京市西城区人民法院经审理认为，被告人李某某、卢某某、李海某在建设作业中违反有关安全管理规定，造成基坑坍塌，并导致相邻路面塌陷、房屋受损等严重后果，情节特别恶劣，危害了公共安全，应依法惩处。综合全案情况，以重大责任事故罪分别判处被告人李某某有期徒刑五年；被告人卢某某有期徒刑三年六个月；被告人李海某有期徒刑三年，缓刑三年。宣判后，被告人不服提出上诉。北京市第二中级人民法院裁定维持原判。

【典型意义】

近年来，未取得规划许可或者未按照规划许可进行违法建设的现象十分严重，相关部门屡禁不止。违法建设未经任何审查，往往存在抢建、野蛮施工、隐蔽施工等情形，施工条件恶劣，安全隐患很大，容易发生道路坍塌、房屋倒塌、人员伤亡等事故，不仅侵犯了公众合法权益，也是一种严重违反城乡规划法律法规的行为，情节严重的应当依法追究刑事责任。本案经媒体曝光，引发社会极大关注。人民法院依法对李某某等三人以重大责任事故罪惩处，对于有效遏制违法建设行为具有重要现实意义。

案例2：江阴市某机械安装有限公司、章某非法占用农用地案

【基本案情】

江阴市某机械安装有限公司在被告人章某担任法定代表人期间，从2003年开始，陆续向江阴市临港街道某村村民及村委会租用集体土地共计22亩，用于建设厂房、宿舍、食堂及堆场等。经鉴定，造成原有耕作层种植功能丧失且难以复原，耕地已被严重破坏。案发后，该公司对部分厂房进行了拆除并复耕，对堆场部分进行了复耕。

【处理结果】

江苏省江阴市人民法院经审理认为，江阴市某机械安装有限公司违反土地管理和城乡规划法规，造成农用地大量毁坏。章某系该公司直接负责的主管人员，在归案后能如实供述罪行，当庭自愿认罪，积极对被占用农用地进行复耕，且无再犯罪危险，适用缓刑对所在社区无重大不良影响，故以非法占用农用地罪分别判处江阴市某机械安装有限公司罚金人民币两万元；章某拘役三个月，缓刑五个月。

【典型意义】

近年来，在广大农村地区，违反规划非法占用耕地、改变耕地用途进行违法建设，造成土地沙化、土壤肥力消失等问题比较严重。此类违法行为无视国家土地管理和城乡规划法规，造成农用地大量毁坏，生态环境破坏。本案中江阴市某机械安装有限公司及其法定代表人章某，违反土地管理和城乡规划法规，非法占用农用地，改变被占用土地用途，社会影响十分恶劣。人民法院依法以非法占用农用地罪依法追究其刑事责任，对于遏制此类犯罪行为具有重要现实意义。

案例3：钟某妨害公务案

【基本案情】

2014年7月，被告人钟某在其父亲老屋原址上违法建设房屋。

惠州市城管执法部门在对其下达责令改正（停止）违法行为通知书无效后，于同年10月27日上午再次要求钟某停止违法建设，并对违建模板进行拆除。钟某暴力抗拒执法，持水果刀追刺现场执法人员，后被拦住，才没有造成严重后果。案发后，钟某如实供述犯罪事实，认罪悔罪态度较好，得到执法人员的谅解。

【处理结果】

广东省惠州市大亚湾经济技术开发区人民法院经审理认为，被告人钟某以暴力威胁方法阻碍国家机关工作人员依法执行职务，其行为已构成妨害公务罪，依法应予惩处。鉴于被告人归案后能如实供述自己的犯罪事实，有坦白情节，且得到了被害人谅解，故依法以妨害公务罪判处钟某拘役六个月，缓刑一年。

【典型意义】

近年来，由于法律意识淡薄且受利益驱使，部分地区出现了少数违法建设者拒不执行政府部门作出的责令停止建设、限期拆除等决定，拒不停止违法建设的现象，甚至出现撕毁查封封条、暴力抗拒执法部门执行公务的情况，这类行为既严重影响了城乡规划管理的严肃性，又严重妨碍了社会管理秩序，构成对执法人员执行公务行为的侵害，产生了十分恶劣的社会影响。被告人钟某持水果刀追刺执法人员，是严重的暴力抗法行为。人民法院以妨害公务罪依法追究其刑事责任，对于遏制城乡规划建设领域的暴力抗法行为具有重要现实意义。

案例4：周某玩忽职守案

【基本案情】

2008年5月至2012年6月，被告人周某在任孝昌县某镇国土资源所所长期间，对被告人周某甲及开发商周某癸等人非法占用农用地12亩建房的行为，不认真履行工作职责，未及时报告制止，从而导致违法占地建房成为事实，相关农用地种植条件严重毁坏，无法复垦。

【处理结果】

湖北省孝昌县人民法院经审理认为，被告人周某在担任孝昌县某镇国土资源所所长期间，对开发商周某癸、被告人周某甲违法建设的行为未能及时上报制止，致使国家和人民利益遭受重大损失，其行为已构成玩忽职守罪。鉴于周某能够当庭认罪，且犯罪情节轻微，故判其犯玩忽职守罪，免予刑事处罚。

【典型意义】

近年来，一些地方对违法建设行为负有监管、查处职责的少数国家工作人员，滥用职权或者玩忽职守，对违法建设行为疏于履行监管职责，对违法建设行为置若罔闻，致使国家和人民利益遭受重大损失。此类纵容违法建设的行为，既助长了违法者的"气焰"，又给守法者造成了误导，形成了违法建设的"攀比"效应。被告人周某疏于履行职责，人民法院以玩忽职守罪依法追究其刑事责任，对于督促国家工作人员依法履行监管职责、积极查处违法建设行为，确保城乡规划法的全面落实具有重要现实意义。

案例5：蔡某受贿案

【基本案情】

2011年4月至2012年8月间，被告人蔡某担任龙海市某镇党委副书记。在整治违法占地、违法建设的"两违"工作过程中，他利用其工作职便，先后收受违法建设行为人7人11次贿送款项和购物卡，合计价值人民币11万元。

【处理结果】

福建省龙海市人民法院经审理认为，被告人蔡某身为国家工作人员，利用职务上的便利，多次非法收受他人贿送的款项、购物卡，为他人谋取利益，其行为已构成受贿罪，故依法判决蔡某有期徒刑五年三个月，并处没收财产3万元。宣判后，被告人不服提出上诉，福建省漳州市中级人民法院裁定维持原判。

【典型意义】

近年来，一些地方的违法建设行为人为逃避处罚，使用各种手段拉拢、腐蚀有关国家工作人员，而极少数国家工作人员丧失原则，为违法建设行为大开方便之门。此类行为以损害公共利益为代价，谋取一己私利，社会影响极坏。被告人蔡某身为国家工作人员，却为他人违法占地、违法建设行为充当保护伞，人民法院以受贿罪依法追究其刑事责任，对于惩治违法建设领域的腐败现象、纯洁干部队伍具有重要现实意义。

案例6：蒋某拒不执行判决、裁定公诉案

【基本案情】

林某诉蒋某、胡某民间借贷纠纷一案，江苏省丹阳市人民法院于2013年11月28日作出（2013）丹民初字第3538号民事判决，判决被告蒋某、胡某夫妇向原告林某返还借款5万元。同年12月20日，丹阳市人民法院向被告公告送达了判决书，2014年2月11日发生法律效力，林某于2014年2月14日向法院申请强制执行。丹阳市人民法院立案执行后，及时发出执行通知书、财产申报通知书和传票，被执行人下落不明。经对被执行人的财产进行查询，发现无可供执行的财产，但蒋某于2014年1月26日，出售了其名下房产，2014年3月7日收得房款38万元，随即用该款偿还其他债务、以他人名义投资经商以及用于个人生活花销等。丹阳市人民法院以涉嫌犯罪为由，将该案移送丹阳市公安局立案侦查，丹阳市公安局及时立案，并通过网上追逃，抓获被执行人蒋某。蒋某被公安机关抓获归案后，如实供述了前述事实，并清偿了对林某的债务。

丹阳市人民法院经审理认为，被告人蒋某对人民法院的判决有能力执行而拒不执行，情节严重，其行为已构成拒不执行判决罪，依法应予刑罚处罚。被告人蒋某归案后如实供述了自己的罪行，依法可从轻处罚；其已于案发后履行了全部执行义务，量刑时可酌情从轻处罚，并符合缓刑适用条件。依法判处蒋某有期徒刑六个月，缓刑一年。

【典型意义】

被执行人躲避执行，下落不明，虽然在判决生效前转让房屋，但在进入执行程序后收得房款，且所收房款用作他用，并未履行判决义务，具有明显的抗拒执行的主观故意，属于有执行能力而抗拒执行情形，依法应予以刑事处罚。鉴于具有从轻处罚情节，依法对被执行人判处缓刑，取得了良好的法律效果和社会效果。

案例7：张某拒不执行判决、裁定公诉案

【基本案情】

2012年6月28日，安徽省安庆市大观区人民法院判决张某与查某离婚，并将该市大观区一处房产的所有权判决给查某。民事判决生效后，查某于2013年1月30日申请对该房屋强制执行。2013年5月6日，大观区人民法院向被执行人张某发出执行通知书，告知其要按照民事判决书确定的义务交付房屋，被执行人张某拒不签收通知书，并对送达人员进行谩骂。2013年10月25日，法院在张某居住房屋处张贴公告，责令张某在指定期间迁出该房屋，到期仍不履行的，将依法强制执行。当天，张某对法院工作人员谩骂，并在屋内手持木棍挥舞，不让法院工作人员张贴公告。2014年1月14日，大观区人民法院执行人员对张某采取强制搬迁措施，张某情绪激动并殴打办案人员，致使一名办案人员嘴部受伤流血。

2015年7月27日，被执行人张某被公安机关抓获归案，后检察机关提起公诉。大观区人民法院经审理认为，被告人张某对人民法院生效判决有能力执行而拒不执行，情节严重，其行为已构成拒不执行判决、裁定罪。鉴于本案系婚姻、家庭纠纷引起且已履行完毕，酌情对被告人予以从轻处罚。依法判处被告人张某拘役五个月零十日。

【典型意义】

被执行人不签收执行文书，阻碍张贴公告，对法院执行人员，采取谩骂、殴打等方式抗拒执行，致执行人员受伤，其行为已构成拒不执行判决、裁定罪，依法应予刑事处罚。鉴于具有从轻处罚情节，依法对被执行人从轻判处。

案例8：韩某拒不执行判决、裁定公诉案

【基本案情】

朱某与韩某、康某民间借贷纠纷一案，河南省禹州市人民法院于2015年3月作出民事判决，判决韩某偿还朱某借款45万元及利息。判决生效后，朱某申请强制执行。禹州市人民法院依法向韩某送达了执行通知书、限制高消费令、报告财产令，韩某收到上述法律文书后拒不履行判决确定的义务。案件在审理期间，禹州市人民法院于2014年10月10日对韩某所有的位于禹州市博雅苑一处房产进行财产保全，于2015年10月12日向其发出评估、拍卖裁定书，于2016年1月25日张贴腾房公告，限韩某及该房住户于张贴公告之日起40日内腾空迁出。腾房公告到期后，被执行人韩某仍拒绝腾房，禹州市人民法院于2016年3月30日对被执行人采取了拘留措施。拘留后被执行人韩某仍拒绝腾房，致使执行工作无法进行。2016年5月9日，禹州市人民法院将韩某涉嫌构成拒不执行判决、裁定罪有关证据线索移送公安机关。公安机关将韩某刑事拘留，韩某及其亲属与朱某达成和解协议，并将房屋腾空。

禹州市人民法院经审理认为，被告人韩某对人民法院的判决、裁定有能力执行而拒不执行，情节严重，其行为已经构成拒不执行判决、裁定罪。鉴于被告人韩某如实供述自己的罪行，且韩某及其亲属与申请执行人达成和解协议，对其可从轻处罚。依法判处韩某有期徒刑一年，缓刑一年。

【典型意义】

被执行人拒不腾空房屋，阻碍执行法院对被执行财产进行处置，被拘留后仍对抗执行，导致执行工作无法进行，其行为已经构成拒不执行判决、裁定罪，依法应予以刑事处罚。鉴于具有从轻处罚情节，对被执行人依法判处缓刑。

案例 9：王某拒不执行判决裁定公诉案

【基本案情】

王某与宋某所生之子王某国因意外事故死亡，事故责任方给付王某、宋某赔偿金人民币 77 万元，王某得款后拒不给付宋某应得的份额，宋某遂提起诉讼，吉林省磐石市人民法院作出（2012）磐民一初字第 1014 号民事判决，判决王某返还宋某人民币 30 万元，并负担案件受理费 5920 元。判决生效后，王某未主动履行给付义务，宋某申请强制执行。磐石市人民法院立案执行后，王某在有能力履行法院生效判决的情况下，拒不执行判决书中确定的义务。2013 年 6 月，王某因拒不执行判决，被法院先后两次司法拘留，但仍对抗执行。法院将其涉嫌拒不执行判决罪的线索移送公安机关，后检察机关提起公诉。被执行人王某与宋某达成和解协议，王某给付宋某人民币 205920 元，案件履行完毕。

磐石市人民法院经审理认为，被告人王某对人民法院判决有能力执行而拒不执行，情节严重，其行为已构成拒不执行判决罪。鉴于被告人王某有悔罪表现，可对其适用缓刑。依法判处被告人王某有期徒刑一年六个月，缓刑二年。

【典型意义】

被执行人有钱款可供执行，明显有能力执行而对抗执行，在法院两次对其实施司法拘留措施后仍拒不执行，情节严重，依法应予以刑事处罚。鉴于具有从轻处罚情节，依法被判处缓刑。

案例 10：北京某建筑工程有限公司、郑某拒不执行判决、裁定自诉案

【基本案情】

孙某与北京某建筑工程有限公司劳动仲裁纠纷案，北京市平谷区劳动人事争议仲裁委员会京平劳人仲字〔2015〕第 17 号、第 1009 号裁决书裁决：北京某建筑工程有限公司给付孙某工资款、医疗费、生活费及各项补助金、赔偿金共计17万余元。因北京某建筑工程有限公司未履行仲裁裁决，孙某申请强制执行。北京市平谷区人民法院立案执行后，于2015年6月10日、8月30日分别作出（2015）平执字第02248号、第2931号执行裁定，裁定对北京某建筑工程有限公司相关财产予以执行，还采取了纳入失信被执行人名单、限制其法定代表人郑某高消费等执行措施，但被执行人北京某建筑工程有限公司仍拒不履行义务。

2016年1月，孙某以北京某建筑工程有限公司、郑某为被告，依法向平谷区人民法院提起刑事自诉，请求以拒不执行判决、裁定罪追究二被告人的刑事责任，平谷区人民法院经审查依法予以受理。案件审理期间，郑某认识到自己错误，并积极筹措资金履行义务，后双方达成执行和解，由北京某建筑工程有限公司共给付孙某十万元了结两起执行案件。孙某提交撤回拒不执行判决、裁定罪自诉申请，平谷区人民法院依法作出刑事裁定，准许孙某撤诉。

【典型意义】

按照《中华人民共和国刑法修正案（九）》的相关规定，单位可以成为拒不执行法院判决、裁定犯罪主体。本案被执行人不履行人民法院作出的执行仲裁裁决的执行裁定，被纳入失信被执行人名单、法定代表人被限制高消费后，仍拒不履行给付义务。申请执行人提起自诉，人民法院依法予以立案审查，充分运用法律手段打击单位为被执行人的拒执行为，促成双方达成执行和解，以准予撤诉方式结案，取得良好的法律效果和社会效果。

案例11：张某非法处置查封的财产案

【基本案情】

王某诉张某等借款纠纷一案，山东省桓台县人民法院依法作出民事调解书，张某等应偿还王某借款本金及利息38万元。王某在诉讼期间申请财产保全，桓台县人民法院于2014年7月9日以

（2014）桓民初字第1528-1号民事裁定书依法查封了机器设备。因张某等未主动履行还款义务，王某申请强制执行，2014年8月25日，桓台县人民法院立案执行。经查，在查封期限内，张某擅自将查封设备内的电火花数控线切割机一台和立式升降台铣床一台抵债给他人。桓台县人民法院责令张某将该两台设备追回，张某未追回。

桓台县人民法院将张某涉嫌非法处置查封的财产罪的线索移送公安机关。经公安机关侦查、检察机关起诉，桓台县人民法院经审理认为，被告人张某将法院的查封财产擅自抵债，致使查封财产无法追回，其行为已构成非法处置查封的财产罪。鉴于被告人张某经公安机关电话传唤后到案，归案后如实供述其犯罪事实，系自首，依法可从轻处罚。在简易审理中自愿认罪，可酌情予以从轻处罚。依法判处张某有期徒刑六个月。张某不服，提出上诉，淄博市中级人民法院依法驳回上诉，维持原判。

【典型意义】

被执行人将人民法院诉讼期间保全查封的财产擅自抵债给他人，且查封的财产未追回，妨害了人民法院执行工作。人民法院以非法处置查封的财产罪判处其有期徒刑六个月，有效打击了在立案执行前非法处置已被查封的财产，逃避执行的犯罪行为，丰富了打击拒执行为的司法实践。

案例12：程某申请大观区人民法院再审无罪国家赔偿案

【基本案情】

2006年4月27日，安徽省某机床有限公司原董事长、总经理程某因涉嫌贪污罪被安庆市大观区人民检察院刑事拘留，同年5月11日被决定逮捕，同月30日被取保候审。2007年7月31日，大观区人民法院认定程某犯职务侵占罪，判决免予刑事处罚。程某未提出上诉，判决生效。2011年7月6日，安庆市中级人民法院再审判决程某无罪。

【处理结果】

程某以无罪被羁押34天为由,向大观区人民法院提出国家赔偿申请,大观区人民法院逾期未作决定。程某向安庆市中级人民法院赔偿委员会申请作出赔偿决定。2014年7月23日,安庆市中级人民法院赔偿委员会以大观区人民法院判决免予刑事处罚,未实际侵犯人身自由权为由,决定驳回程某的国家赔偿申请。程某向安庆市人民检察院提出赔偿监督申请。安庆市人民检察院认为该国家赔偿决定书适用法律错误,遂提请安徽省人民检察院依法监督。2015年6月19日,安徽省人民检察院依据国家赔偿法第三十条第三款之规定,向安徽省高级人民法院赔偿委员会提出重新审查意见。2015年9月6日,安徽省高级人民法院赔偿委员会作出赔偿决定:撤销安庆市中级人民法院赔偿委员会的国家赔偿决定;安庆市大观区人民法院支付程某人身自由赔偿金7470元;安庆市大观区人民法院在侵权影响范围内,为程某恢复名誉,并支付精神损害抚慰金1200元。

【典型意义】

本案是关于赔偿义务机关后置设定的案件。本案中,安庆市中级人民法院赔偿委员会作出决定时,仅评价免予刑事处罚未实际侵犯程某人身自由权,未对前期的拘留、逮捕羁押行为进行评价,不符合国家赔偿法第二十一条确定的后置吸收赔偿原则。安徽省人民检察院依法提出监督意见,安徽省高级人民法院赔偿委员会依法纠正原违法不当的赔偿决定,维护了赔偿请求人程某的合法权益,实现了较好的法律效果和社会效果。

案例13:蒙某申请青秀区人民检察院无罪逮捕国家赔偿案

【基本案情】

2013年4月5日,蒙某因涉嫌盗窃罪被南宁市公安局南湖分局刑事拘留,同月28日,被南宁市青秀区人民检察院批准逮捕。同年6月27日,南宁市公安局南湖分局移送青秀区人民检察院审查起诉。2014年1月9日,青秀区人民检察院以事实不清、证据不足为由,依据刑事诉讼法第一百七十一条第四款的规定,决定对蒙某不起诉。

【处理结果】

2014年2月8日,蒙某以无罪逮捕被错误关押为由,向青秀区人民检察院提出国家赔偿申请。青秀区人民检察院认为,蒙某在审查批捕阶段做了虚假供述,承认其在公安机关所作供述是真实的,导致作出批捕决定,属于国家赔偿法第十九条第一款规定的情形,决定不予赔偿。蒙某向南宁市人民检察院提出复议。2014年6月13日,南宁市人民检察院作出复议决定,认为公安机关提取证据存在瑕疵,在此期间蒙某所作的有罪供述应予排除,不应认定为其故意作虚假供述,蒙某请求赔偿的事项属于国家赔偿法第十七条第二款规定的赔偿范围;决定撤销青秀区人民检察院刑事赔偿决定书,青秀区人民检察院支付蒙某人身自由赔偿金55992元。

【典型意义】

本案是关于免责条款适用的国家赔偿案件。本案中,赔偿请求人蒙某提出赔偿申请后,赔偿义务机关南宁市青秀区人民检察院认为,蒙某在审查批捕阶段做了虚假有罪供述,导致作出批捕决定,属于国家赔偿法第十九条第一项规定的情形。上述认定忽视了有罪供述与故意作虚伪供述在认识因素和意志因素等方面的重要区别。即,青秀区人民检察院不能把曾经作过有罪供述一概认定为故意作虚伪供述,只有查明行为人主观上确实出于故意,并作出了与客观真相相反的供述,才能依法认定为故意作虚伪供述。在实践中,赔偿义务机关主张依据国家赔偿法第十九条第一项的情形免除赔偿责任的,应当就该免责事由的成立承担举证责任。

案例14:朱某申请徐闻县人民检察院无罪逮捕国家赔偿案

【基本案情】

2012年7月17日,朱某因涉嫌故意伤害罪被徐闻县公安局刑事拘留，同月 27 日被徐闻县人民检察院批准逮捕。同年 8 月 3 日，徐闻县公安局将该案移送徐闻县人民检察院审查起诉，同月 20 日，徐闻县人民检察院向徐闻县人民法院提起公诉。2013 年 1 月 10 日，徐闻县人民检察院撤回起诉，同月 11 日，徐闻县人民法院裁定准许徐闻人民检察院撤回起诉，同月 21 日，徐闻县公安局向徐闻县人民检察院申请撤回该案，同月 22 日，徐闻县人民检察院同意徐闻县公安局撤回案件。同年 2 月 8 日，徐闻县公安局对朱某变更强制措施为取保候审。

【处理结果】

2014 年 7 月 17 日，朱某向徐闻县人民检察院提出国家赔偿申请，认为该院违法行使职权，对其合法权益造成损害。同月 21 日，徐闻县人民检察院以公安机关尚未撤销朱某涉嫌故意伤害案，刑事诉讼程序未终结，不符合国家赔偿立案条件为由，决定不予立案。同年 10 月 13 日，朱某向湛江市人民检察院申请复议。2014 年 12 月 12 日，湛江市人民检察院作出复议决定，认为根据《人民检察院刑事诉讼规则（试行）》第 459 条的规定，徐闻县人民检察院以"事实、证据有变化"为由向徐闻县人民法院撤回对朱某涉嫌故意伤害罪一案的起诉，应当在撤回起诉后三十日以内对朱某作出不起诉决定。徐闻县人民检察院逾期没有依法对朱某作出不起诉决定，根据法律规定，可视为本案刑事诉讼程序已经终结。徐闻县人民检察院认为本案刑事诉讼程序尚未终结，朱某的赔偿申请不符合国家赔偿条件的决定不当；并决定徐闻县人民检察院支付朱某人身自由赔偿金 41542 元；徐闻县人民检察院在侵权行为影响的范围内，为朱某消除影响、恢复名誉、赔礼道歉。

【典型意义】

本案是关于认定撤回起诉后终止追究刑事责任的国家赔偿案件。本案中，赔偿请求人朱某被变更强制措施为取保候审，期满后超过一年多的时间，原案仍未依法作出终结性结论，导致不能启动国家赔偿程序。复议机关湛江市人民检察院依法认定原案刑事诉讼程序已视为终结,并及时作出复议决定,保障了赔偿请求人依法取得国家赔偿的权利,对于规范执法行为也发挥了积极的引导和促进作用。案件处理符合此次发布的《最高人民法院、最高人民检察院关于办理刑事赔偿案件适用法律若干问题的解释》精神。

案例 15:胡某申请濮阳市中级人民法院重审无罪国家赔偿案

【基本案情】

胡某因涉嫌故意杀人罪于 2002 年 3 月 23 日被刑事拘留,同年 4 月 17 日被逮捕。在检察机关提起公诉后,濮阳市中级人民法院(下称濮阳中院)以犯故意杀人罪四次判处胡某死刑、缓期二年执行,但均被二审法院撤销原判,发回重审。在第四次重审期间,检察机关于 2010 年 12 月 29 日决定撤回起诉,濮阳中院裁定予以准许。获准撤诉后,检察机关又将案件退回公安机关补充侦查,公安机关随即将胡某释放并变更强制措施为监视居住。2011 年 7 月 19 日监视居住期满后,胡某未再被采取强制措施,实际被羁押 3225 天。

【处理结果】

胡某于 2011 年 12 月 13 日向濮阳中级法院申请国家赔偿,该院不予受理。胡某向河南省高级人民法院赔偿委员会申请作出国家赔偿决定,该院赔偿委员会认为刑事案件发回重审过程中,检察机关撤回起诉后,没有在法定期限内再行起诉的,赔偿请求人有权依法申请国家赔偿,据此决定撤销濮阳中院不予受理案件通知,指令该院予以受理。濮阳中院受理后认为,"申请刑事赔偿要以刑事诉讼程序终结为先决条件……胡某是在刑事诉讼程序中因羁押期限内不能结案被释放,并因其案件不能在法定期限内办结,需要继续侦查被监视居住,后因监视居住期间届满又被解除监视居住,不能确认胡某所涉及的刑事案件程序已经终结,也不能确认胡某与其涉及的刑事案件无关。胡某不符合申请国家赔偿的条件。"据此,该院于 2013 年 3 月 21 日作出(2012)濮中法赔字第 3 号决定,驳回胡某的国家赔偿申请。胡某再次申请河南省高级人民法院赔偿委员会作出国家赔偿决定,该院赔偿委员会审理后于2015年11月16日作出决定:一、撤销濮阳中院(2012)濮中法赔字第3号决定书;二、濮阳中院按照2014年度国家职工日平均工资标准(219.72元)赔偿胡某被羁押3225天的赔偿金70.8597万元;三、濮阳中院赔偿胡某精神损害抚慰金15万元;四、濮阳中院在胡某户籍所在乡以公告形式为其消除影响、恢复名誉、赔礼道歉。

【典型意义】

本案是关于发回重审后被认定构成终止追究刑事责任情形的国家赔偿案件。本案中,胡某因涉嫌故意杀人罪被刑事拘留、逮捕,四次被以犯故意杀人罪判处死刑、缓期二年执行,但均被二审法院撤销原判,发回重审。在第四次重审期间,检察机关撤回起诉获得准许后,又将案件退回公安机关补充侦查,公安机关随后将胡某释放并变更强制措施为监视居住,监视居住期满后也未再采取强制措施。从保护公民合法权益的宗旨出发,重审期间濮阳中院准许检察机关撤回对胡某的起诉,此后检察机关长达数年未重新起诉,应认定为对胡某的刑事诉讼程序已经终结,胡某有权申请国家赔偿。濮阳中院处理自赔案件中以"不能确认胡某所涉及的刑事案件程序已经终结,也不能确认胡某与其涉及的刑事案件无关"为由驳回胡某的赔偿申请,使胡某陷入刑事案件终结无期,申请赔偿受理无望的程序困境。河南省高级人民法院对此予以纠正,为遭遇程序梗阻不能获得国家赔偿的公民提供了有效的程序救济和权利保障,与《司法解释》关于认定"属于终止追究刑事责任情形"的规定一致,体现了国家赔偿法救济权利、保障人权、规范公权的立法精神。

案例16:杨某、王某申请辽中县人民检察院刑事违法扣押国家赔偿案

【基本案情】

1992年7、8月间,王某成(已故,系共同赔偿请求人杨某的

丈夫、王某的父亲。）与辽中县肖寨门供销社口头达成承包经营该社废旧物收购站的协议，双方约定了经营范围、方式、纳税及利润分配等问题，明确由辽宁省辽中县肖寨门供销社提供经营执照及银行账户，其后王某成按约定交纳了销售额的3%。1993年4月3日，辽宁省辽中县人民检察院（以下简称辽中县检察院）以王某成涉嫌偷税为由对其刑事拘留，同月17日决定对其取保候审并予以释放。王某成被限制人身自由15天。经辽中县检察院委托沈阳市税务咨询事务所鉴定，认定王某成属无证经营，其行为构成偷税。1994年3月3日，辽中县人民检察院向辽中县人民法院提起公诉。同年6月6日，辽中县人民法院以事实不清、证据不足为由，退回辽中县人民检察院补充侦查。经补充侦查，辽中县检察院认为王某成不是独立纳税人，非纳税主体，纳税申报应是作为企业法人的供销社的义务，因此王某成不能被认为无证经营，亦不构成偷税罪，决定撤销此案。王某成向辽中县人民检察院申请退回收缴的税款，该院以已经上缴税务机关为由不予退还。2007年7月13日，王某成病故。其后，王某成的妻子杨某作为王某成的继承人向辽中县检察院申请国家赔偿。另，王某成涉嫌偷税案侦办过程中，辽中县人民检察院先后三次从辽中县肖寨门供销社账户扣划的125681元为王某成所有。辽中县检察院先后七次共扣押、扣划王某成168681元，除去退还7500元，共有161181元未返还。

【处理结果】

辽中县检察院作出辽检刑赔字〔2012〕1号刑事赔偿决定，决定返还扣押的税款47500元；赔偿王某成被羁押期间的误工费2439元。杨某不服，向沈阳市人民检察院申请复议，沈阳市人民检察院逾期未作决定，遂向沈阳市中级人民法院赔偿委员会申请作出赔偿决定。该院作出（2013）沈中委赔字第4号决定，维持辽中县检察院赔偿王某成被羁押期间的误工费2439.75元、返还扣押的税款47500元的决定；增加返还47500元的利息和精神损害抚慰金1000

元。向辽宁省高级人民法院提出申诉,辽宁省高级人民法院赔偿委员会(2013)辽法委赔监字第30号驳回申诉通知驳回了申诉。其后,最高人民法院赔偿委员会作出(2014)赔监字第25号决定,决定对本案进行直接审理,并作出(2014)赔监字第25号国家赔偿决定,维持辽中县检察院赔偿王某成人身自由赔偿金2439元和精神损害抚慰金1000元的决定;决定由辽中县检察院赔偿、王某161181元及利息。

【典型意义】

本案是关于刑事违法扣押赔偿的案件。辽中县检察院在侦查王某成偷税案时扣押了其钱款,后因不构成偷税罪而撤销案件,但当时划扣的钱款一直未予返还。此种情形,即刑事案件终结后,办案机关不予返还扣押财产,属于国家赔偿法第十八条规定的侵犯财产权的刑事赔偿范围。本案检察机关以收缴的财产已上缴税务机关为由不予返还,理由不能成立。本案的处理,与《司法解释》第三条的规定精神相一致,体现了国家赔偿法保护合法财产权利的权利救济法本质,也体现了规范公权力行使的国家治理功能。

案例17:陈某、刘某申请桐庐县公安局违法刑事拘留国家赔偿案

【基本案情】

2010年10月1日晚,原浙江省桐庐县某有限公司董事长杨某因行车问题,在其公司大门口与桐庐县分水镇胡某等人发生纠纷。双方因口角不合,从言语争执发展到肢体冲突。杨某叫来员工叶某、陈某、刘某等人,对胡某等人进行滋事殴打。经鉴定,胡某等人被殴打致轻伤、轻微伤不等。2010年10月2日,陈某、刘某因涉嫌殴打他人被传唤至桐庐县公安局分水派出所。10月3日,桐庐县公安局将杨某等人寻衅滋事行为刑事立案,并于同日决定对陈某、刘某刑事拘留。2010年10月6日,桐庐县公安局在进一步侦查后,以证据不足为由解除对陈某、刘某的刑事强制措施,并撤销对二人的刑事立案。

【处理结果】

杭州市中级人民法院赔偿委员会经审理认为,根据《中华人民共和国刑法》第二百九十三条之规定,寻衅滋事罪的客观要件为:"(一)随意殴打他人,情节恶劣的;……"据此规定,情节恶劣的殴打他人的行为构成寻衅滋事罪。根据《中华人民共和国刑事诉讼法》第六十一条(注:修正后为第八十条)第(二)项之规定,公安机关对于现行犯或者重大嫌疑分子,如果有被害人或者在场亲眼看见的人指认他犯罪的,可以先行刑事拘留,即先行拘留须以被拘留人系现行犯或重大嫌疑分子为前提。本案中,陈某、刘某不属于上述情形,因而桐庐县公安局将陈某、刘某刑事拘留主要证据不足,该刑事拘留决定违反了《中华人民共和国刑事诉讼法》的规定,应当承担赔偿责任。决定:一、分别撤销赔偿义务机关桐庐县公安局的刑事赔偿决定和杭州市公安局的刑事赔偿复议决定。二、赔偿义务机关桐庐县公安局赔偿侵犯陈某、刘某人身自由权4天的赔偿金。

【典型意义】

本案是关于违法刑事拘留审查判断标准的国家赔偿案件。人民法院赔偿委员会在审查判断刑事拘留决定是否违法时,既要对办案机关采取强制措施的程序是否合法进行审查,也要对采取该强制措施的条件是否合法进行实质审查。根据刑事诉讼法的规定,公安机关对于现行犯或者重大嫌疑分子,如果有被害人或者在场亲眼看见的人指认他犯罪的,可以先行拘留。本案中,人民法院赔偿委员会经实质审查,认为陈某、刘某不属于现行犯或重大嫌疑分子,桐庐县公安局将陈某、刘某刑事拘留主要证据不足,该刑事拘留决定违反了刑事诉讼法规定的条件。据此,受害人有取得国家赔偿的权利。

案例18:黄某申请福建省高级人民法院再审无罪国家赔偿案

【基本案情】

1998年3月2日,福建省福州市人民检察院指控黄某等人犯绑架罪、非法拘禁罪,向福建省福州市中级人民法院(以下简称福州中院)提起公诉。福州中院于1998年11月6日及2000年4月11日两次作出有罪判决。经福建省高级人民法院两次裁定发回重审,福州中院于2002年8月22日作出刑事附带民事判决,认定黄某犯绑架罪,判处死刑,缓期二年执行,犯非法拘禁罪,判处有期徒刑三年,合并决定执行死刑,缓期二年执行。2006年11月25日,福建省高级人民法院作出刑事附带民事裁定,驳回上诉,维持原判。因被告人及其亲属申诉,福建省高级人民法院经审查后提起再审。2015年5月29日,福建省高级人民法院作出(2015)闽刑再终字第3号刑事附带民事判决,认定黄某不构成绑架罪,判决:一、维持原审关于非法拘禁罪部分的判决,即原审被告人黄某犯非法拘禁罪,判处有期徒刑三年;二、撤销原审关于绑架罪部分的判决。黄某于当日被释放。其后,黄某以再审无罪为由,提出国家赔偿申请。

自1996年6月2日被羁押至2015年5月29日获释,黄某共被完全限制人身自由6936天。扣除其因非法拘禁罪被判处的三年刑期后,其被完全限制人身自由天数为5841天。

【处理结果】

在国家赔偿案件办理过程中,福建省高级人民法院与赔偿请求人黄某就其提出的国家赔偿申请事项多次进行协商,通过协商,黄某对国家赔偿的法定性、抚慰性表示理解与认同,对福建省高级人民法院在协调过程中进行的赔礼道歉,亦表示接受。为此,双方依法达成赔偿协议。福建省高级人民法院决定支付黄某人身自由赔偿金1283384.52元,精神损害抚慰金580000元,共计1863384.52元,并在侵权行为影响的范围内为黄某消除影响,恢复名誉。

【典型意义】

本案是关于数罪并罚中个罪被改判无罪的国家赔偿案件。本案中,福建省高级人民法院的刑事附带民事判决,维持原审关于非法拘禁罪部分的判决,撤销原审关于绑架罪部分的判决。《中华人民共和国国家赔偿法》第十七条第三项规定，依照审判监督程序再审改判无罪，原判刑罚已经执行的，受害人有取得赔偿的权利。这一规定应理解为是针对具体个罪而言的，黄某绑架罪被撤销，应当认定为属于再审改判无罪。因监禁期限超出再审判决确定的刑期，黄某对超期监禁部分有取得国家赔偿的权利。

案例 19：滕某申请吉林省某监狱违法不作为国家赔偿案

【基本案情】

赔偿请求人滕某因犯盗窃、抢劫罪于 1996 年被判处有期徒刑 16 年，后在某监狱服刑。1999 年 12 月 30 日，滕某与吴某、刘某、孟某（均为服刑人员）四人被临时安排组成一个相互监督的互包组，在该监区内的水泥生产加工场地做推煤工作。其间，滕某等三人与吴某因发生口角。后四人擅离岗位到主控室休息。当日 5 时左右，吴某趁滕某等三人熟睡之机，拿起室内砸煤用的铁钎，向滕某等三人头部连续击打数下，发现三人没有反应后，认为三人已死亡，遂从该二楼窗外铁梯爬到楼顶欲跳楼自杀。当日 5 时许，三人被发现受伤，某监狱管教员及其他监狱管理人员赶到现场后，组织对伤员进行了救治，并于当日 22 时 45 分，将吴某抓获。滕某后经吉林三源司法鉴定所鉴定为：脑软化灶形成左侧肢体偏瘫，肌力四级，属七级伤残；颅脑缺损 160 平方厘米，属九级伤残。修复颅骨费用约 5620 元至 21000 元之间属合理。后吴某被四平市中级人民法院以故意杀人罪判处死刑。

【处理结果】

吉林省高级人民法院赔偿委员会审理认为，本案某监狱劳动现场存在安全问题，监狱干警监管措施不到位，根据相关规定结合本案案情，可以确定某监狱在监管上存在一定的不作为情形。根据国家赔偿法及相关规定，某监狱应当承担一定比例的赔偿责任。因本案中滕某所受伤害系吴某直接造成，另滕某在受伤前亦随同其他服刑人员擅自脱离推煤岗位，其自身亦有一定违规之处，故根据本案具体情况，吉林省高级人民法院赔偿委员会确定由某监狱承担30%的监管不作为责任。决定由某监狱向赔偿请求人滕某支付国家赔偿款总计人民币136519.11元。

【典型意义】

本案是关于监狱管理机关怠于履行职责而承担国家赔偿责任的案件。监狱管理机关对其看管的服刑人员，具有法定的监管职责，如其怠于行使该职责，造成服刑人员的损害，即使损害系其他服刑人员的加害行为直接造成，监狱管理机关亦应就其不作为行为对造成损害结果所起的作用，结合其过错程度，承担一定比例的国家赔偿责任。